财务会计相关理论与应用研究

张爱民　蔡雅平　严云露　著

中国商务出版社
CHINA COMMERCE AND TRADE PRESS

图书在版编目（CIP）数据

财务会计相关理论与应用研究 / 张爱民，蔡雅平，
严云露著. -- 北京：中国商务出版社，2021.9（2023.3重印）
　ISBN 978-7-5103-4010-9

　Ⅰ.①财… Ⅱ.①张… ②蔡… ③严… Ⅲ.①财务会
计—研究 Ⅳ.①F234.4

中国版本图书馆CIP数据核字(2021)第203102号

财务会计相关理论与应用研究
CAIWU KUAIJI XIANGGUAN LILUN YU YINGYONG YANJIU
张爱民　蔡雅平　严云露著

出　　　版：	中国商务出版社
地　　　址：	北京市东城区安定门外大街东后巷 28 号　　　邮编：100710
责任部门：	融媒事业部（010-64515164　631229517@qq.com）
策划编辑：	舒朝普
责任编辑：	张永生
总 发 行：	中国商务出版社发行部（010-64515164）
网　　　址：	http://www.cctpress.com
邮　　　箱：	cctp@cctpress.com
印　　　刷：	河北赛文印刷有限公司
开　　　本：	185 毫米 ×260 毫米　　　1/16
印　　　张：	14.75　　　　　　　字　数：311 千字
版　　　次：	2021 年 9 月第 1 版　　　印　次：2023 年 3 月第 2 次印刷
书　　　号：	ISBN 978-7-5103-4010-9
定　　　价：	40.00 元

凡所购本版图书有印装质量问题，请与本社总编室联系。（电话：010-64212247）

前　　言

　　财务会计作为传统的对外提供财务报告的会计，随着技术和经济环境的变化，其理论和实务也在发展。首先，信息技术的日新月异为财务会计工作的现代化带来了机遇，众多信息披露工具的出现也给财务会计带来了前所未有的竞争压力，传统的财务会计面临如何适应新技术环境的挑战，以求得生存和发展；其次，近年来资本市场的迅猛发展，业已成为我国财务会计改革和发展的主要动力，上市公司规模大，业务复杂，组织设计和业务创新层出不穷，不断给财务会计实务提出新的课题，当然也给财务会计理论的发展带来了动力。

　　会计作为一种商业语言，其国际化的呼声和压力空前高涨，会计标准是否国际化已成为我国市场经济地位能否为西方成熟市场经济国家所认可的重要因素。针对财务会计所处的经济环境及发展趋势，本书内容的安排力求体现现实性和前瞻性，既立足于我国财务会计的理论知识，又与我国现实的经济环境和会计实务相结合，及时反映我国财务会计的新动向和新发展。

　　本书共分为八章。第一章为现代会计的产生与发展，主要阐述了国际和中国现代会计学的产生与发展过程及标准体系。第二章对财务会计的概念框架进行了阐述，包括财务会计概念框架涉及的概念、性质、作用、内容，以及有关国家的财务会计概念框架，还对国际财务报告准则理事会概念框架的主要内容进行了介绍。第三章研究了我国会计模式的选择与变迁。第四章介绍了现行的要素计量理念——资产负债观，阐述了资产计价和利润确定的理论。第五章阐述了资产和权益的确认与计量理论，主要内容包括资产的计量模式的选择，以及流动资产、固定资产、无形资产及权益的确认与计量理论。第六章对财务报告分析与改进进行了研究。第七章主要从企业合并的概念出发，通过阐述资源配置与会计计量的关系，根据资源配置的两种机制，阐明了同一控制和非同一控制的由来，说明了权益结合法和购买法的理论渊源。第八章讨论会计政策、会计估计及其变更等事项。

　　值本书付梓之际，笔者要郑重地感谢写作过程中所参阅论著的作者，他们的真知灼见给了我许多的启迪。由于水平有限、时间仓促，加之财务会计理论与方法仍处在不断发展和完善的过程中，书中不足之处在所难免，恳请读者批评指正。

编　者

2021 年 6 月

目　　录

▶ 第一章

现代会计的产生与发展

现代会计产生与发展的历史进程对研究财务会计问题有重要的影响。现代会计500多年的发展演变历史进程充分表明，现代会计的理论与方法是为了适应现代经济管理的需要而产生与发展的；同时现代会计的理论与方法又在一定程度上推动与促进着经济与社会的发展。明确两者之间的依存关系，对研究财务会计理论与实务问题具有重要的作用。

第一节　国际现代会计的产生与发展

1994年国内外会计学界隆重举行意大利数学家卢卡·帕乔利《算术、几何、比及比例概要》（也称为《数学大全》）问世500周年的纪念活动，反映了一个重要的事实：1494年帕乔利的这本名著在意大利威尼斯城出版发行，标志着现代会计学的产生。现代会计学500年的发展史充分说明，社会生产力的发展、科学技术进步以及相应产生的经济管理需要，是现代会计学产生与发展的根本原因。500多年来，科技革命推动着经济社会向前发展，也促使着现代会计理论与方法在实践中不断地充实与完善。成本会计学与管理会计学的产生与发展，使现代会计学进入了新的发展阶段，极大地丰富了会计理论与方法宝库。实践证明，会计具有推动经济乃至全社会进步与发展的巨大作用。会计的产生与发展是基于经济发展的需要，反过来会计又能够在相当程度上推动科技发展与经济社会的进步。当前，中国正处于完善社会主义市场经济体制的关键时期，正在为建立适应社会主义市场经济发展的新会计模式而进行一场伟大的会计革命。研究科技革命与会计发展的关系对搞好中国的会计改革工作具有重要的促进作用。

一、现代会计的产生及其原因

会计学也像其他任何学科一样，有着其产生、发展、形成、演进的历史过程。会计学的发展史表明，经济发展与管理的需要，是现代会计学产生与发展的基础。13 世纪初的意大利北部城邦佛罗伦萨、热那亚、威尼斯等地出现了发达的商业与金融业；商业与金融业经营管理上的需求使复式簿记得以产生并流转开来。1494 年 11 月 10 日在意大利威尼斯城出版发行的划时代巨著《算术、几何、比及比例概要》，全面、系统地总结了复式簿记方法，使复式簿记成为一门完整的科学，拉开了现代会计学发展的序幕。

二、现代会计的发展

（一）簿记以及成本会计的产生与发展

簿记学的发展与创立，从 15 世纪末到 19 世纪中叶经历了近 400 年的风雨沧桑。在此期间，尽管于 18 世纪发生了以蒸汽机发明为标志的产业革命，工厂化的机器生产方式开始登上历史舞台，但以作坊、工场手工业为主的生产方式，以独资或合伙经营为主的企业组织形式，仍占主导地位。人们最为重视的仍是企业的财务状况和财富积累，这就使得反映经济业务的簿记学和反映企业债权债务情况的资产负债表在此期间得以较快地发展。

17 世纪初，荷兰数学家、会计学家西蒙·斯蒂文最早提出了编制资产负债表的设想。在其思想影响下，英国的东印度公司在 1671 年 4 月 30 日的股东大会上，报出了第一份准公开的资产负债表。1844 年，英国发布了世界上第一部认可公司独立法人地位的法律：合作股份公司法，明确要求合作股份公司编制年度资产负债表；1857 年，德国法律也明确要求编制年度资产负债表。

19 世纪铁路的诞生和以内燃机发明为标志的第二次产业革命，使得大规模生产经营成为可能。大规模生产所需的巨额资金决非独资或合伙所能承担得了的。生产力发展的需要，导致了由较多的私人投资者或财团共同提供资金的股份有限公司组织形式的形成。这样就产生了两个新的问题：一是股份公司要在法律上成为法人，并明确其在投资、经营、交易等方面所有债权、债务的权利和责任；二是要准确地核算损益，定期向投资者和债权人反映经营状况和财务成果，并对企业的损益进行分配。这一系列新的业务导致了成本会计学的出现，使现代会计学从19世纪中下叶开始进入了发展的第二阶段，即成本会计学的发展演进历史时期。

早期成本会计的主要目的在于为确定损益提供成本数据。美国哈佛大学企业管理研究院的成本会计学权威尼克逊教授曾经认为，成本会计在其发展的早期，主要是对工厂产品成本的计算，用于存货计价、决定损益和制订售价。这意味着，早期的成本会计以满足确定损益和编制财务报表需要为限，并未形成健全的成本会计制度。根据美国联邦商务委员会1916年的一份调查报告，当时美国工商业仅10%有产品成本，40%有约略的估计，50%连估计成本也没有。由于企业只注重成本核算，不注重成本管理，企业产品成本难免会升高，进而丧失竞争能力。随着生产发展、规模扩大，企业表面一片兴旺，实际上危机四伏。20世纪20年代发生的经济大危机，使美国有40%以上的企业垮台倒闭。这次经济危机发生的原因有许多，但缺少对生产耗费的监督，不重视经济效益，是导致企业经营失败的重要因素之一。

从20世纪30年代初开始，成本会计学进入了以成本控制为中心的新的历史发展阶段。这个时期的成本会计工作，主要围绕着以下三方面展开：

1. 建立标准成本制度

制定标准成本，建立标准成本会计制度，是企业控制产品和劳务成本的一种重要手段。通过制订与完善产品和劳务的标准成本，有助于企业对生产经营过程中的各项实际耗费实行有效的监督与控制。

2. 实行预算管理

企业在建立产品和劳务的标准成本和预定间接费用分配率的基础上，通过编制营业预算以反映产品和劳务成本控制的总目标；并运用弹性预算方法与标准成本相配合，以控制费用支出，降低产品和劳务成本。

3. 建立责任会计制度

企业在制订产品标准成本、实行生产过程成本控制和业绩考核的基础上，开始建立与实施责任会计制度。

在这一阶段，成本会计处理技术、程序和原则不断改进；成本计算方法由制造业推广到其他行业；成本会计的实务从记录、归集历史成本向以成本控制为主发展；成本会计的作用由确定产品成本扩展作为管理的工具和制订产品售价的依据；等等。这些标志着一个健全、完善的成本会计制度正在逐步形成。如果说早期的成本会计学仍然是普通会计学的附带部分的话，那么这一阶段成本会计理论与实践的发展，足以表明成本会计学已经从普通会计学中分离了出来，成为了一门相对独立的会计学科。

第二次世界大战期间，民用物品奇缺，物价高涨，获利容易；而军用产品则以保证供应为目的，价格从宽。为了保证军火数量与质量，美国政府采用了实际成本加成的定价制度，这意味着成本越高，利润越大。这种做法容易使企业忽视内部管理和成本控制，也在一定程度上阻碍了成本会计学的进一步发展。战时会计人员缺乏，先进的会计理论与实务难以建立和实施，也是会计理论与实务停滞不前的重要原因之一。

（二）管理会计的产生与发展

管理会计的产生与管理科学的发展有密切的关系。20世纪初，生产专业化、社会化程度的提高以及日趋激烈的市场竞争，使得企业强烈地意识到，要想在竞争中生存和发展，必须加强内部管理，提高生产效率，努力降低成本费用，获取最大限度的利润。适应该阶段社会经济发展的客观要求所产生的科学管理理论（泰罗制），为管理会计概念的提出奠定了理论基础。1922年，奎因坦斯在其编著的《管理会计：财务管理入门》一书中，首次提出了管理会计的概念。但鉴于当期的历史环境，管理会计单独成科的条件并未成熟。

第二次世界大战以后，特别是自20世纪50年代以来，资本主义经济发展出现了新的形势：一方面，现代科学技术突飞猛进并大规模地应用于生产，使生产力获得了十分迅速的发展；另一方面，生产规模不断扩大与国内市场相对狭小的矛盾日益突出，迫使企业去寻找国外市场并不断提高自身的市场竞争能力，这导致了市场竞争的国际化。随着世界市场的扩大，国际大资本、跨国公司的形成，国际金融环境变得不稳定，生产经营日趋复杂，市场情况瞬息万变，资本收益不断下降，导致社会矛盾不断扩大，市场竞争逐渐加剧，经济危机日益加深。在新的形势下，企业的生产技术如果不发展，管理工作如果没有新的提高，企业就会被挤垮、淘汰。为了在竞争中求得生存，在企业管理中以提供财务成本信息为主的管理实践，就迫切需要进行理论总结以求不断提高，在新的基础上形成相对独立的会计管理领域。现代科学技术的发展，为新的会计领域的形成奠定了基础，提供了条件。为了适应企业内部管理的需要，为了促使企业管理部门重视预测与决策工作，加强生产经营过程的控制与业绩考核，以提供未来的财务成本信息为主、服务于企业内部管理的管理会计就从传统会计中独立了出来，成为了与财务会计（传统会计中对外服务部分）并驾齐驱、相对独立的现代会计领域。传统会计划分为对外为主的财务会计和对内为主的管理会计两大部分，传统会计学划分为财务会计学与管理会计学两大理论体系，标志着现代会计学进入了新的发展阶段。1952年，国际会计师联合会年会正式采纳了"管理会计"的表述并用来统称企业内部会计体系，标志着管理会计的正式形成。

现代管理会计是在传统会计中的成本会计的基础上发展起来的。早期的成本会计侧重于成本的记录与计算，而现代成本会计则以成本计算为基础，侧重于对成本概念的理解，向成本规划、预测、决策、控制等方向发展。成本会计的作用从侧重于提供过去的成本信息向侧重于提供未来的成本信息、为企业内部管理服务的方向发展，这就使得成本会计与现代管理会计产生了密切的关系。原来从属于成本会计学的一部分内容如标准成本、预算控制、差异分析、成本特性分析、本量利分析等，已成为现代管理会计的重要组成部分。为了适应社会主义市场经济体制的建立与发展，中国会计改革的一项重大举措，就是将成本费用管理完全纳入企业内部管理。这意味着，现代成本会计已完全成为现代管理会计领域的一部分。应当指出的是，确定与损益有关的财务成本费用与确定产品成本是两项完全不同的工作。前者需严格遵循会计准则以及有关规定，以保证据以编制的财务报表具有一致性和可比性；而后者则是完全为企业内部管理服务的。在管理会计中对产品成本的计算与反映，取决于企业内部成本规划、成本决策、成本控制以及业绩评价与考核的需要。从这一意义上，成本会计学在很大程度上是根据加强企业内部管理的需要来研究产品成本计算方法及其选择的；变动成本计算、标准成本计算、责任成本计算、制造成本计算、作业成本计算等成本计算方法的产生及运用，就是这一基本思路的具体体现。将材料采购过程中的非合理损耗从材料采购成本中剔除；将停工待料损失、生产人员闲置、非正常性废品损失等与生产人员责任无关的经济损失不列入产品成本，有利于对产品成本的有效控制与考核。而这些损失，则属于财务成本费用的组成部分。将成本会计学纳入管理会计学的范畴，是中国社会主义市场经济发展的客观需要，也是由管理会计的性质决定的。

财政部于 2014 年 10 月 27 日印发了《财政部关于全面推进管理会计体系建设的指导意见》（财会〔2014〕27 号），提出了全面推进管理会计体系建设、在企事业和行政单位大力发展管理会计的基本要求。2016 年 6 月 22 日，财政部印发了《管理会计基本指引》（财会〔2016〕10 号），明确了管理会计指引体系、管理会计的目标、单位应用管理会计应当遵循的原则、管理会计应用环境、对管理会计活动的定义以及单位应用管理会计涉及的相关工作、管理会计工具方法及其主要应用领域以及管理会计信息与报告等内容。2017 年 9 月 29 日，财政部印发了《管理会计应用指引第 100 号——战略管理》（财会〔2017〕24 号）等 22 项具体指引，标志着中国管理会计体系建设取得了新的成就。

（三）国际会计标准的产生与发展

社会经济的发展，国际经济交往的扩大，国内国际金融市场与资本市场的形成等，在客观上对会计信息的社会化、标准化提出了要求。美国会计师协会于 1938 年成立了会计程序委员会，负责制订会计准则，标志着美国公认会计原则的正式形成。1959 年美国注册会计师协会成立了会计原则委员会；1973 年 6 月成立的财务会计准则理事会取代了原来的组织，成为独立的权威性的财务会计准则的制定机构。在美国会计准则的影响下并源于对会计趋同的需要，英国、法国、日本、加拿大、澳大利亚、德国等国家，也纷纷根据本国的具体情况开始着手制定各自的会计准则。1973 年 6 月，由澳大利亚、加拿大、法国、德国、荷兰、日本、墨西哥、英国和美国等 9 个国家的 16 个主要会计职业团体发起，在英国伦敦成立了国际会计准则委员会，开始制定与发布国际会计准则，标志着国际会计准则一体化格局开始形成。

2001 年 4 月，国际会计准则理事会取代了国际会计准则委员会，开始发布国际财务报告准则。

（四）物价变动会计的产生与发展

第二次世界大战结束至 20 世纪 60 年代中期，是资本主义经济发展的黄金时期。然而从 20 世纪 60 年代末开始，以美国为首的一些发达资本主义国家出现了较严重的通货膨胀，这促进了通货膨胀会计理论与实务的发展。现行购买力会计模式、现行成本会计模式、现行销售价格会计模式等通货膨胀会计模式的发展，丰富了现代会计理论，也对传统会计原则惯例等提出了挑战。例如，通货膨胀是导致"实物资本保全"理论产生与发展的重要原因之一；通货膨胀使人们开始重视对"利润概念及其确定"问题的再认识，并将此归为高级财务会计研究的重要内容。国际会计准则第 15 号和 29 号，原美国财务会计准则公告第 33 号及其补充和修订、第 89 号（代替第 33 号），原英国标准会计实务公告第 16 号等会计准则中已涉及通货膨胀会计处理问题，对规范通货膨胀会计实务、丰富通货膨胀会计理论发挥了重要的作用。

第二节　中国现代会计的产生与发展

一、中国现代会计的产生

1840 年以后中国经济与社会管理体制的多次变革，导致了三次重大的会计改革。1840 年鸦片战争和帝国主义列强的入侵，使中国沦为半殖民地半封建社会。外国侵略破坏了封建的自给自足的自然经济基础，加速了自然经济的解体，同时培育了发展资本主义的某些客观条件，促进了资本主义现代工业的产生，也加快了中国商品经济的发展。与自给自足经济相适应的传统中式簿记，已难以适应当时经济管理的需要。西方复式簿记的传入，导致了中国近代史上第一次重大的会计改革。1905 年清代著名学者蔡锡勇所著《连环账谱》一书，将西方借贷记账法正式引入中国，掀起了中国会计发展史上第一次会计改良、改革运动。20 世纪二三十年代，以中国著名会计学家、教育家潘序伦先生为首的改革中式簿记学派和以中国著名会计学家徐永祚先生为代表的改良中式簿记学派为借贷复式簿记在中国工商界的推广使用做出了巨大的贡献。但由于中国地广人多，经济发展不平衡，且受传统思想的束缚，西方复式簿记的推广使用仅限于大城市和沿海经济发达地区，改良与改革的争议并未真正解决，大部分地区仍沿用传统的中式簿记。这意味着这一时期的会计改革是不彻底的，改革的任务并未完成，这是由当时仍以自然经济为主导的社会经济发展水平所决定的。

二、中国现代会计的发展

1949 年中华人民共和国成立以后，开始建立以公有制为基础的社会主义计划经济体制。为了适应高度集中统一的计划经济的特点和要求，我国引进了苏联的会计模式，并结合中国的特点进行了一定的创新，形成了为计划产品经济服务的会计学体系。苏联模式的引入是对旧中国会计理论、制度、方法的变革，是中国历史上第一次全面、彻底的会计改革，也是中国会计发展史上第二次重大的会计改革。在当时特定历史条件下，这次会计改革对于在全国范围内统一会计方法、建立会计秩序、提供会计信息、培养会计人才等，具有重要的作用。在此期间作出的"经济越发展，会计越重要"的科学论断至今仍具有重要的意义。在 1949—1979 年的 30 年中，根据不同时期经济发展与管理的需要，我国会计学体系和会计制度体系进行了若干次改革，并开展了关于社会主义会计理论问题的研究，结合中国的特点创立了增减复式记账法，并进行了借贷记账、收付记账和增减记账等三种复式簿记的对比、分析和应用，这些都是对苏联会计模式结合中国特点所进行的发展与变革，也是由计划经济体制下经济管理的需要所决定的。

三、中国现代会计的改革

（一）中国从 20 世纪 80 年代初开始进行的会计改革

1978 年 12 月十一届三中全会做出了进行国民经济管理体制改革的战略决策，使中国的会计工作进入了一个新的历史发展时期。1980 年 10 月 29 日至 11 月 7 日召开的全国会计工作会议，改变了"会计是经济管理必不可少的重要工具"的提法，指出"会计是经济管理的一个重要组成部分"，这对中国的会计改革具有重要的指导意义。根据国民经济管理体制改革与经济发展的要求，这一阶段的会计改革工作主要围绕着以下几方面进行：①通过颁布《中华人民共和国会计法》和制定、修订有关会计规章制度，初步形成了一个以《中华人民共和国会计法》为主体的中国会计法规体系；②通过颁发《会计人员职权条例》《会计专业技术资格考试暂行规定》《会计专业技术资格考试暂行规定实施办法》等文件，对会计人员专业技术任职问题进行了规范；③注重会计人才的培养和会计人员业务素质的提高；④开展会计工作达标升级活动，全面提高会计工作水平；⑤建立注册会计师制度，推动注册会计师业务的发展；⑥通过颁布有关规定，规范会计电算化行为，促进会计电算化事业的发展；⑦开展会计理论研究与学术交流，注重中国会计学整体水平的不断提高。

1991 年 7 月，财政部印发了《会计改革纲要（试行）》，明确了中国会计改革的方向、目标和主要任务。《会计改革纲要（试行）》指出："会计改革的指导思想是，坚持改革的社会主义方向，强化会计的经济管理职能，促进双增双节，提高经济效益。"该纲要对指导会计改革沿着正确的轨道前进，发挥了重要的作用。

从 20 世纪 80 年代初期开始，出于改革开放的需要，针对改革开放中出现的需要进行会计核算的新生事物（例如基本建设借款、对外投资、无形资产等），中国曾三次修订印发了企业会计核算制度。

（二）中国从 20 世纪 90 年代初开始进行的会计改革

1992 年十四大提出的建立社会主义市场经济体制的总目标，使中国的会计改革找到了新的立足点。《企业会计准则》和分行业会计制度的颁布实施，标志着中国第三次重大会计改革迈出了转轨变型的关键性一步。如果说自 1979 年以来在会计改革上所做的一切努力属于第三次重大会计改革的预演和基础准备的话，那么围绕着社会主义市场经济体制的建立所取得的一系列会计改革的突破性进展，表明第三次会计改革已全面展开。

为了适应建立社会主义市场经济体制的需要，经国务院批准，1992 年 11 月 30 日财政部发布了《企业财务通则》（财政部令第 4 号）和《企业会计准则》（财政部令第 5 号），随后又先后印发了《工业企业财务制度》等 10 个分行业财务制度和《工业企业会计制度》等 13 个分行业会计制度，从 1993 年 7 月 1 日起施行。

中国从 1995 年开始印发具体会计准则的征求意见稿。1997 年 5 月 22 日印发了中国第一个具体会计准则：《企业会计准则——关联方关系及其交易的披露》（财会〔1997〕21 号），自 1997 年 1 月 1 日起在上市公司执行。

到 2003 年底为止，中国陆续出台并逐步修订了 16 个具体准则，包括现金流量表，资产负债表日后事项，收入，债务重组，建造合同，投资，会计政策、会计估计变更和会计差错更正，非货币交易，或有事项，无形资产，借款费用，租赁，中期财务报告，存货固定资产。

中国曾在 1998 年 1 月 5 日印发了《股份有限公司会计制度》（财会〔1998〕7号），从 1998 年 1 月 1 日起施行，进行了统一企业会计核算制度的积极尝试。

中国在 2000 年 12 月 29 日印发了《企业会计制度》（财会〔2000〕25 号），从 2001 年 1 月 1 日起施行，取代了试行了 3 年的股份有限公司会计制度。

除了《企业会计制度》以外，中国还曾分别出台了《金融企业会计制度》（财会〔2001〕49 号）和《小企业会计制度》（财会〔2004〕2 号），分别适用于金融类企业和小企业的会计核算。

为了适应特殊行业和特殊业务会计核算的需要，中国从 2001 年开始出台专业会计核算办法。财政部 2001 年 9 月 12 日印发的《证券投资基金会计核算办法》（财会〔2001〕53 号），是中国第一个专业会计核算办法。以后，还陆续出台了《电信企业会计核算办法》（财会〔2002〕17 号）、《民航企业会计核算办法》（财会〔2003〕18号）、《从事银行卡跨行信息转接业务的企业会计核算办法》（财会〔2002〕23 号）、《施工企业会计核算办法》（财会〔2003〕27 号）、《新闻出版业会计核算办法》（财会〔2004〕1 号）、《铁路运输企业会计核算办法》（财会〔2004〕4 号）、《保险中介公司会计核算办法》（财会〔2004〕10 号）、《投资公司会计核算办法》（财会〔2004〕14号）、《电影企业会计核算办法》（财会〔2004〕19 号）、《水运企业会计核算办法》（财会〔2004〕20 号）、《信托业务会计核算办法》（财会〔2005〕1 号）、《担保企业会计核算办法》（财会〔2005〕17 号）等专业会计核算办法。按照财政部的规定，企业需要在执行《企业会计制度》的同时，执行专业会计核算办法。

（三）中国从 21 世纪初开始进行的会计改革

中国从 21 世纪开始进行以会计准则国际趋同为主要目标的改革。2005 年 11 月，中国会计准则委员会通过与国际会计准则理事会签署协议，做出了中国企业会计准则国际趋同的承诺。2006 年 2 月 15 日包括基本准则和 38 项具体准则在内的新企业会计准则体系的发布，意味着中国在会计准则国际趋同方面迈出了实质性的步伐。

2010 年 4 月 2 日，财政部正式印发了《中国企业会计准则与国际财务报告准则持续趋同路线图》（财会〔2010〕10 号），提出了中国企业会计准则与国际财务报告准则持续全面趋同路线图的主要项目和时间安排。

到 2017 年底为止，伴随着 12 个企业会计准则解释以及公允价值计量，合营安排，在其他主体中权益的披露，持有待售的非流动资产、处置组和终止经营四项具体准则和修订后的基本准则，以及职工薪酬、财务报表列报、合并财务报表、长期股权投资、金融工具确认和计量、金融资产转移、套期会计、金融工具列报、政府补助、收入等具体准则的陆续公布或印发，中国逐步跟上了国际财务报告准则体系变革的步伐。

中国还将通过修订和完善企业会计准则体系，在与国际财务报告准则全面趋同上取得新的进展。

中国会计准则国际趋同取得的实质性进展得到了国际上的充分肯定。2007年12月16日，中国内地与香港签署了两地会计准则等效联合声明，确认两地会计准则实现了等效。2008年12月12日，欧盟委员会就第三国会计准则等效问题发布规则，决定自2009年起至2011年底的过渡期内，允许中国企业进入欧盟境内市场时采用中国企业会计准则编制财务报告。2012年4月12日欧盟委员会做出2012年第194号实施决定，通过了对2008年第961号实施决定进行的修改，从2012年1月1日起，按照中国会计准则编制的年报和中期报告，应被认为与按照欧盟认可的国际财务报告准则编制的年报和中期报告等效。

2015年11月18日，财政部与国际财务报告准则基金会在北京发表联合声明，重申了全面趋同的目标，以及通过成立联合工作组进一步深化合作的意向。

第三节　中国现行会计标准体系

中国现行的会计标准体系，包括企业会计标准体系、行政事业单位会计标准体系、基本建设会计标准体系、政府会计标准体系和其他会计标准体系。

一、企业会计标准体系

（一）基本准则

在现行体制下，除了《中华人民共和国会计法》以外，企业会计基本准则属于规范企业会计核算行为的最高层次。

经国务院批准，财政部1992年11月30日发布的《企业会计准则》（财政部令第5号），实际上就是基本准则。该准则于1993年7月1日起施行。由于新准则体系的出台，该准则于2007年被国务院令第516号公布的《国务院关于废止部分行政法规的决定》宣布作废。

财政部 2006 年 2 月 15 日发布的《企业会计准则——基本准则》（财政部令第 33 号），于 2007 年 1 月 1 日起施行。2014 年 7 月 23 日对其中的公允价值概念的表述进行了修改（财政部令第 76 号），自公布之日起施行。

（二）企业会计具体准则

财政部于 2006 年 2 月 15 日以财会〔2006〕3 号印发了存货（CAS① 1）、长期股权投资（CAS 2）、投资性房地产（CAS 3）、固定资产（CAS 4）、生物资产（CAS 5）、无形资产（CAS 6）、非货币性资产交换（CAS 7）、资产减值（CAS 8）、职工薪酬（CAS 9）、企业年金基金（CAS 10）、股份支付（CAS 11）、债务重组（CAS 12）、或有事项（CAS 13）、收入（CAS 14）、建造合同（CAS 15）、政府补助（CAS 16）、借款费用（CAS 17）、所得税（CAS 18）、外币折算（CAS 19）、企业合并（CAS 20）、租赁（CAS 21）、金融工具确认和计量（CAS 22）、金融资产转移（CAS 23）、套期保值（CAS 24）、原保险合同（CAS 25）、再保险合同（CAS 26）、石油天然气开采（CAS 27）、会计政策、会计估计变更和差错更正（CAS 28）、资产负债表日后事项（CAS 29）、财务报表列报（CAS 30）、现金流量表（CAS 31）、中期财务报告（CAS 32）、合并财务报表（CAS 33）、每股收益（CAS 34）、分部报告（CAS 35）、关联方披露（CAS 36）、金融工具列报（CAS 37）和首次执行企业会计准则（CAS 38）等 38 项具体准则，自 2007 年 1 月 1 日起首先在上市公司范围内执行，然后逐步推广到所有的大中型企业。

从 2014 年初到 2017 年底，财政部先后印发了公允价值计量（财会〔2014〕6 号）（CAS 39）、合营安排（财会〔2014〕11 号）（CAS 40）、在其他主体中权益的披露（财会〔2014〕16 号）（CAS 41）和持有待售的非流动资产、处置组和终止经营（财会〔2017〕13 号）（CAS 42）4 项具体准则，并对职工薪酬、财务报表列报、合并财务报表、长期股权投资、金融工具列报、政府补助、金融工具确认和计量、金融资产转移、套期会计、金融工具列报、政府补助和收入 12 项具体准则进行了修订。

（三）企业会计准则解释

从 2007 年到 2021 年 1 月 26 日为止，财政部先后印发了企业会计准则解释第 1 号至第 14 号，对企业会计核算中涉及的一些专门问题做出了解释。

（四）其他会计核算规定

2014 年 3 月 17 日，财政部印发了《金融负债与权益工具的区分及相关会计处理规

---

① CAS，即 China Accounting Standards，中国会计准则。

定》（财会〔2014〕13 号），自发布之日起施行。该办法在企业执行 CAS 37（2017）时被废止。

财会〔2014〕13 号文的规定属于对 CAS 22（2006）和 CAS 37（2006）规范内容的补充，适用于经相关监管部门批准，企业发行的优先股、永续债、认股权、可转换公司债券等金融工具的会计处理。

2015 年 11 月 26 日，财政部印发了《商品期货套期业务会计处理暂行规定》（财会〔2015〕18 号），自 2016 年 1 月 1 日起施行。该办法在企业执行 CAS 24（2017）时被废止。

2016 年 12 月 3 日，财政部印发了《增值税会计处理规定》（财会〔2016〕22 号），自发布之日起施行。

2016 年 12 月 20 日，财政部印发了《企业破产清算有关会计处理规定》（财会〔2016〕23 号），自发布之日起施行。

二、基本建设会计标准体系

到 2017 年底，实行独立核算的国有建设单位从事基本建设业务的会计核算，执行的仍是 1995 年 10 月 4 日财政部印发的《国有建设单位会计制度》（财会字〔1995〕45 号）。

1998 年 6 月 8 日，财政部印发了《国有建设单位会计制度补充规定》（财会字〔1998〕17 号），对国有建设单位基本建设业务会计核算中涉及的相关会计科目的设置、相关业务的账务处理以及会计报表编制等事项做出了补充规定。

财政部于 2017 年 10 月 24 日印发了《政府会计制度——行政事业单位会计科目和报表》（财会〔2017〕25 号）（以下简称《政府会计制度》），要求自 2019 年 1 月 1 日起施行。执行《政府会计制度》的行政事业单位，其基本建设业务核算不再执行《国有建设单位会计制度》。由于企业的基本建设业务也基本执行了企业会计准则的规定，故《国有建设单位会计制度》将逐步退出历史舞台。

三、政府会计标准体系

按照财政部负责人的解释，政府会计标准体系由基本准则、具体准则及其应用指南和政府会计制度组成。基本准则属于政府会计的概念框架。

（一）政府会计准则

1. 基本准则

2015 年 10 月 23 日，财政部公布了《政府会计准则——基本准则》（财政部令第

78号），自2017年1月1日起施行。这标志着政府会计标准体系开始建立。

按照《政府会计准则——基本准则》的规定，政府会计由预算会计和财务会计构成。其中，预算会计实行收付实现制，国务院另有规定的，依照其规定；财务会计实行权责发生制。

政府会计主体应当编制决算报告和财务报告。

决算报告的目标是向决算报告使用者提供与政府预算执行情况有关的信息，综合反映政府会计主体预算收支的年度执行结果，有助于决算报告使用者进行监督和管理，并为编制后续年度预算提供参考和依据。政府决算报告使用者包括各级人民代表大会及其常务委员会、各级政府及其有关部门、政府会计主体自身、社会公众和其他利益相关者。

财务报告的目标是向财务报告使用者提供与政府的财务状况、运行情况和现金流量等有关信息，反映政府会计主体公共受托责任履行情况，有助于财务报告使用者做出决策或者进行监督和管理。政府财务报告使用者包括各级人民代表大会常务委员会、债权人、各级政府及其有关部门、政府会计主体自身和其他利益相关者。

2015年11月16日，财政部印发了《政府财务报告编制办法（试行）》（财库〔2015〕212号），从2017年1月1日起施行。

2015年12月2日，财政部还分别印发了《政府部门财务报告编制操作指南（试行）》（财库〔2015〕223号）和《政府综合财务报告编制操作指南（试行）》（财库〔2015〕224号）。

2. 具体准则

到2020年底，财政部共印发了存货、投资、固定资产、无形资产、公共基础设施和政府储备物资六项具体准则。

3. 具体准则指南

到2017年底为止，财政部只印发了固定资产一项具体准则应用指南。

（二）政府会计制度

1. 财政总预算会计制度

1997年，财政部印发了《财政总预算会计制度》（财预字〔1997〕287号），为统一规范财政总预算会计核算行为提供了制度依据。

2015年10月10日，财政部印发了修订后的《财政总预算会计制度》（财库〔2015〕192号），自2016年1月1日起施行，并同时废止了财预字〔1997〕287号以及《财政部关于地方政府专项债券会计核算问题的通知》（财库〔2015〕91号）等规范性文件。

2. 政府会计制度

2017 年 10 月 24 日，财政部印发了《政府会计制度》，自 2019 年 1 月 1 日起施行。实施范围是行政事业单位。该文鼓励行政事业单位提前执行《政府会计制度》。

以上政府会计标准的陆续印发，标志着中国政府会计准则体系建设已取得重大进展。

四、其他会计标准体系

（一）小企业会计标准体系

1. 小企业会计制度

2004 年 4 月 27 日，财政部印发了《小企业会计制度》（财会〔2004〕2 号），要求从 2005 年 1 月 1 日起施行。

财政部对施行小企业会计制度有以下要求：①《小企业会计制度》适用于在中华人民共和国境内设立的不对外筹集资金、经营规模较小的企业；②所谓"不对外筹集资金、经营规模较小的企业"，是指不公开发行股票或债券，符合原国家经济贸易委员会、原国家发展计划委员会、财政部、国家统计局 2003 年制定的《中小企业标准暂行规定》（国经贸中小企〔2003〕143 号）中界定的小企业，不包括以个人独资及合伙形式设立的小企业；③符合《小企业会计制度》规定的小企业可以按照《小企业会计制度》进行核算，也可以选择执行《企业会计制度》。

2. 小企业会计准则

2011 年 10 月 18 日，财政部印发了《小企业会计准则》（财会〔2011〕17 号），自 2013 年 1 月 1 日起在小企业范围内施行。《小企业会计制度》届时废止。

《小企业会计准则》适用于在中华人民共和国境内依法设立的、符合《中小企业划型标准规定》所规定的小型企业标准的企业。但不包括以下小企业：①股票或债券在市场上公开交易的小企业；②金融机构或其他具有金融性质的小企业；③企业集团内的母公司和子公司。

按照财政部的规定，符合规定的小企业，可以执行《小企业会计准则》，也可以选择执行《企业会计准则》。

（二）民间非营利组织会计标准体系

2004 年 8 月 18 日财政部印发的《民间非营利组织会计制度》（财会〔2004〕7

号），于 2005 年 1 月 1 日起执行。该制度的适用范围是：在中华人民共和国境内依法设立的符合制度规定特征的民间非营利组织，包括依据国家法律、行政法规登记的社会团体、基金会、民办非企业单位、宫观、清真寺、教堂等。

该制度规定的民间非营利组织应当同时具备的特征有：①该组织不以营利为目的；②资源提供者向该组织投入资源不取得经济回报；③资源提供者不享有该组织的所有权。

第四节　国际会计标准的产生与发展

一、国际会计标准的产生与发展

国际会计标准包括由国际会计准则理事会发布的规范企业和民间非营利组织会计处理行为的国际财务报告准则体系，以及由国际公共部门会计准则理事会发布的国际公共部门会计准则体系。本书侧重于讨论国际财务报告准则体系。

1973 年 6 月，经澳大利亚、加拿大、法国、德国、日本、墨西哥、荷兰、英国和美国等九个国家的 16 个主要会计职业团体发起，在伦敦成立了国际会计准则委员会（International Accounting Standards Committee，IASC），开始从事制定国际会计准则的工作。

中国于 1998 年成为 IASC 的成员。

自 1973 年 6 月 IASC 成立至 2001 年 3 月底为止，IASC 共发布了 41 项国际会计准则（International Accounting Standards，IAS）。到 2017 年底，有 13 项被取代或取消，在用的有 28 项国际会计准则，其中，《国际会计准则第 11 号：建造合同》和《国际会计准则第 18 号：收入》将从 2018 年 1 月 1 日开始被 IFRS 15 取代；《国际会计准则第 17 号：租赁》从 2019 年 1 月 1 日开始被 IFRS 16 取代。

2001 年 4 月 1 日，IASC 被正式改组为国际会计准则委员会基金会（IASC Foundation），其下设的国际会计准则理事会（International Accouting Standards Board，IASB）替代了 IASC，开始发布国际财务报告准则（International Financial Reporting Standard，IFRS），并对国际会计准则进行修订。

二、国际财务报告准则基金会及其各组成机构

国际会计准则委员会基金会于 2010 年 7 月 1 日正式更名为国际财务报告准则基金

会（IFRS Foundation）。该基金会属于为公共利益工作的独立的非营利性私营组织。

国际财务报告准则基金会的各组成机构如下：

（一）受托人

受托人的主要工作职责是推动 IASB 的工作和 IFRS 的应用。受托人每三年重新任命一次。其中 6 名委托人来自亚洲地区；6 名来自欧洲；6 名来自北美洲；1 名来自非洲；1 名来自南美洲；2 名来自其他地区。

（二）国际会计准则理事会（IASB）

IASB 成员由国际财务报告准则基金会受托人任命。2009 年 1 月受托人投票决定将理事会成员由原来的 15 人增加到 16 人。名额分配情况为：美国 4 人；英国 2 人；法国、德国、瑞典、澳大利亚、南非、日本、中国、印度、巴西和韩国各委派 1 人。其中 4 人承担准则制定的职责；3 人承担报表编制的职责；三人承担报表使用的职责；3 人承担报表审计的职责；2 人承担监管职责。

（三）国际财务报告准则咨询委员会

国际财务报告准则咨询委员会（IFRS Advisory Council）是国际财务报告准则基金会受托人和 IASB 的正式咨询机构，其成员由国际财务报告准则基金会受托人任命。

（四）国际财务报告准则解释委员会

国际财务报告准则解释委员会（IFRS Interpretations Committee）曾叫作国际财务报告解释委员会（IFRIC），2017 年底由国际财务报告准则基金会受托人任命的 14 人构成。

（五）国际财务报告准则基金会监督理事会

国际财务报告准则基金会监督理事会（Monitoring Board，MB）成立于 2009 年 1 月。成立监督理事会的主要目的是通过与全球公共权力部门建立联系，以增强国际财务报告准则基金会的公共受托责任。监督理事会是 IFRS 制定机构的最高权力机构，主要职责是监督受托人，确保受托人按照基金会章程履职，同时还参与受托人的任命过程，并负责任命受托人。

2017 年底监督理事会的成员包括：国际证券委员会组织的理事会及其增长和新兴市场委员会、日本金融厅、美国证券交易委员会、欧盟委员会、巴西证券委员会、韩国金融服务委员会和中国财政部。巴塞尔银行监管委员会作为观察员参加相关活动。

2016 年 8 月 19 日，国际财务报告准则基金会监督理事会公开宣布，中国财政部成为监督理事会成员。

三、现行国际会计准则体系

《国际会计准则第 8 号：会计政策、会计估计变更和差错》中对 IFRS 有以下定义：

IFRS 是指由 IASB 采纳的准则和解释，包括 IFRS、IAS 以及由国际财务报告解释委员会（IFRIC）或其前身常务解释委员会制定并经国际会计准则理事会批准的解释。

目前 IFRS 体系由以下内容构成：

（一）国际财务报告准则

到 2020 年底，IASB 共发布了 17 项 IFRS，包括首次采纳 IRFS（IFRS 1）；以股权为基础的支付（IFRS 2）；企业合并（IFRS 3）；保险合同（IFRS 4）；持有待售非流动资产和终止经营（IFRS 5）；矿产资源的勘探和评价（IFRS 6）；金融工具：披露（IFRS 7）；经营分部（IFRS 8）；金融工具（IFRS 9）；合并财务报表（IFRS 10）；合营安排（IFRS 11）；其他主体中权益的披露（IFRS 12）；公允价值计量（IFRS 13）；规制递延账户（IFRS 14）；与客户之间的合同产生的收入（IFRS 15）；租赁（IFRS 16）和保险合同（IFRS 17）。

其中，IFRS 16 和 IFRS 17 分别从 2019 年 1 月 1 日和 2021 年 1 月 1 日开始生效；IFRS 4 在 IFRS 17 生效之日起被废止。

（二）国际会计准则

2020 年底仍有效的 IAS 有 28 项，包括财务报表列报（IAS 1）；存货（IAS 2）；现金流量表（IAS 7）；会计政策、会计估计变更和差错（IAS 8）；报告期后事项（IAS 10）；建造合同（IAS 11）；所得税（IAS 12）；不动产、厂房和设备（IAS 16）；租赁（IAS 17）；收入（IAS 18）；员工福利（IAS 19）；政府补助会计处理与政府援助的披露（IAS 20）；外汇汇率变动的影响（IAS 21）；借款费用（IAS 23）；关联方披露（IAS 24）；退休福利计划的会计处理和报告（IAS 26）；单独财务报表（IAS 27）；对联营企业的投资（IAS 28）；恶性通货膨胀经济中的财务报告（IAS 29）；金融工具：列报（IAS 32）；每股收益（IAS 33）；中期财务报告（IAS 34）；资产减值（IAS 36）；准备金、或有负债和或有资产（IAS 37）；无形资产（IAS 38）；金融工具：确认和计量（IAS 39）；投资性房地产（IAS 40）和农业（IAS 41）。

其中，IAS 39 在 IFRS 9（2014）生效之日起被废止；IAS 11 和 IAS 18 在 IFRS 15

生效之日起被废止；IAS 17 在 IFRS 16 生效之日起被废止。

（三）国际财务报告准则解释

国际会计准则解释和国际财务报告解释由国际财务报告解释委员会（International Financial Reporting Interpretation Committee，IFRIC）制定。IFRIC 于 2002 年 3 月取代了其前身常设解释委员会（Standing Interpretation Committee，SIC）。根据国际会计准则委员会基金会章程的规定，IFRIC 的任务是为国际会计准则和国际财务报告准则的运用提供解释并定期为在国际会计准则、国际财务报告准则以及国际会计准则理事会框架中没有专门解释的财务报告事项提供指南，并承担国际会计准则理事会要求的其他工作。

2011 年，IFRIC 更名为国际财务报告准则解释委员会（IFRS Interpretations Committee）。

2020 年底有效的国际财务报告准则解释有两套体系。

1. 常设解释委员会解释公告

到 2002 年 2 月底，常设解释委员会共发布了 33 项解释公告。

到 2020 年底，SIC 1、SIC 2、SIC 3、SIC 5、SIC 6、SIC 8、SIC 9、SIC 11、SIC 12、SIC 13、SIC 14、SIC 15、SIC 16、SIC 17、SIC 18、SIC 19、SIC 20、SIC 22、SIC 23、SIC 24、SIC 27、SIC 28、SIC 30、SIC 31、SIC 33 已分别被取代。

2. 国际财务报告准则解释委员会解释公告

从 2002 年 3 月至 2020 年底，国际财务报告准则解释委员会共发布了 23 项解释公告。其中，IFRIC 3 在 2005 年 6 月举行的 IASB 会议上被废止；IFRIC 8 和 IFRIC 11 在 2009 年 6 月 18 日修订 IFRS 2 时被废止；IFRIC 13、IFRIC 15 和 IFRIC 18 被 2014 年 5 月 28 日发布的 IFRS 15 取代；IFRIC 4 被 2016 年 1 月 13 日发布的 IFRS 16 取代。

（四）中小企业国际财务报告准则

《中小企业国际财务报告准则》由 IASB 于 2009 年 7 月 9 日发布，自发布之日起施行。

在 2003 年 9 月举行的会议上，IASB 决定有必要为中小企业制定适用的会计准则，中小企业会计准则的内容应当包括 IASB 概念框架中涉及的基本概念、原则以及相关的国际财务报告准则指南及其解释。

2004 年 6 月 24 日，IASB 发布了有关中小企业会计准则的初步意向公开征求意见；2005 年 4 月 5 日，IASB 进一步印发了对中小企业确认与计量的修改意见；2007 年 2 月 15 日，ISAB 发布了《中小企业国际财务报告准则》的征求意见稿。

《中小企业国际财务报告准则》正式发布后，IASB 于 2013 年 10 月 3 日发布了对其进一步修改的征求意见稿。

四、英国会计准则

(一) 英国会计准则的产生与发展

长期以来，英国是通过其《公司法》中的相关条款来规范企业的会计行为的。随着公司发展环境的变化以及受到美国发展会计准则的影响，20世纪30年代中期，英国通过成立"会计研究会"，开始从事会计准则的研究。从1942年开始，由英格兰和威尔士特许会计师协会（the Institute of Charted Accountants in England and Wales，ICAEW）陆续发表一些不具备约束力的《会计原则建议书》，作为企业会计实务的指导性规范。到1969年，共发布了29项建议书。

1969年12月12日，ICAEW发布了一项打算在20世纪70年代制定会计准则的公告，随即英国会计标准筹划指导委员会（Accounting Standards Steering Committee，ASSC）陆续发布了《标准会计实务公告》（Statement of Standard Accounting Practice，SSAP）。1976年2月，会计标准筹划指导委员会改组为会计标准委员会（Accounting Standards Committee，ASC）。到1990年底，共发布了25项标准会计实务公告。

英国《公司法1989》通过对《公司法1985》进行修订，首次明确了会计准则的地位，并要求公司董事会公告中说明编制的财务报表是否采纳了适用的会计准则。这意味着英国的会计准则取得了相应的法律地位。

1990年8月，英国财务报告理事会（Financial Reporting Council，FRC）下属的会计准则理事会（Accounting Standards Board，ASB）取代了会计标准委员会，开始陆续发布《财务报告准则》（Financial Reporting Standards，FRS），逐步替代原来的SSAP。到2011年底为止，共发布了30项财务报告准则。其中8项财务报告准则直接采用了IASB采纳或发布的IAS和IFRS，逐步迈出了会计准则国际趋同的步伐。

2014年底以前英国会计准则由以下四部分构成：

1. 财务报告原则公告

财务报告原则公告相当于美国的"财务会计概念公告"和IASB的"财务报告概念框架"等文件，属于制定会计准则的概念框架。ASB从20世纪90年代起开始研究《财务报告原则公告》，并于1995年发布了《财务报告原则公告》第一份完整的征求意见稿。1999年3月，ASB又发布了《财务报告原则公告》的第二次征求意见稿。在以上两次征求意见稿的基础上，《财务报告原则公告》最终于1999年12月正式发布。

2. 具体会计准则

英国的具体会计准则由30项FRS和尚未被废止的SSAP构成。仍然有效并实施到

2014 年底的 SSAP 有 8 项。

3. 小型主体财务报告准则

考虑到上市公司与非上市公司、大中型企业与小型企业，以及一般的企业与特殊行业的企业的会计要求应有所不同等情况，为了减轻小型报告主体的负担，简化小型报告主体的会计处理方法，ASB 从 20 世纪 90 年代中期起就开始研究关于《小型主体会计准则》（Financial Reporting Standard Smaller Entities，FRSSE）的问题。ASB 于 1997 年 11 月正式发布了 FRSSE，并在以后对其进行了多次修订。FRSSE 实际上是英国会计准则的简化版本，它的要求虽然比会计准则的要求低，但 FRSSE 对小型报告主体设立了严格的确定标准，并且明确指出 FRSSE 不适用于以下报告主体：①大中型公司、集团和其他报告主体；②上市公司；③银行、建筑互助协会或保险公司等。

4. 紧急问题工作小组摘要

紧急问题工作小组摘要（UITF Abstracts）是由 ASB 发布的紧急问题工作小组对某些特殊问题形成的一致意见的摘要。制定和发布 UITF（Urgent Issues Task Force）摘要的主要目的是：当现有的会计准则或有关会计立法对某些重要会计问题的处理存在不尽人意或矛盾之处时，对采用什么样的会计处理方法形成一致意见。ASB 前后陆续发布了 46 项 UITF 摘要，其中有 15 项已先后被废止。已发布的 UITF 摘要只要没有被新的会计准则所取代或被取消，就必须如同遵守 SSAP 与 FRS 那样被遵守。

（二）英国财务报告准则改革

英国改革财务报告准则体系的设想源于欧盟在 2002 年第 1606 号法令做出的决定。按其决定，欧盟成员国的上市公司应当从 2005 年开始采纳 IFRS 编制的合并财务报表。对此有必要对原有的由两套准则构成的英国财务报告准则体系进行根本性的变革，以适应其他报告主体编制高质量、可理解财务报表的需要。

从 2002 年开始，ASB 开始着手对会计准则进行更新。FRC 从 2012 年 7 月 2 日起通过改组 ASB 直接承担了发布 FRS 的职责后，开始着手对现行财务报告准则进行根本性改革。从 2012 年开始先后发布了以下 6 项新的财务报告准则，取代了原有的所有的财务报告准则：

1. 财务报告准则第 100 号（FRS 100）

FRS 100 于 2012 年 11 月发布，它规范了 FRS 的适用范围并明确规定，新的财务报告准则体系从 2015 年 1 月 1 日开始生效。FRS1～30①，尚未被废止的 8 项 SSAP（包括

---

① 2012 年 11 月发布的 FRS 100 中并没有要求废止 FRS 27，但 2014 年 3 月发布的 FRS 103 中提出在开始实施时取代 FRS 27。

SSAP 4、SSAP 5、SSAP 9、SSAP 13、SSAP 19、SSAP 20、SSAP 21 和 SSAP 25）以及31 项紧急问题工作小组摘要（ UITF Abstracts）都在新的财务报告体系执行之日起被废止。

《财务报告原则公告》《财务报告原则公告——公共利益主体①解释》和《报告公告：退休福利—披露》三个公告也在新的财务报告体系执行之日起被废止。

FRS 100 将主体划分为四类：执行欧盟采纳的 IFRS 编制财务报表的主体、分别执行 FRS 101 和 FRS 102 编制财务报表的主体以及执行 FRSSE 编制财务报表的主体。

执行 FRSSE 或者 FRS 102 编制财务报表的主体，还需要执行相关的推荐实务公告（SORPs），并在财务报表中予以披露。推荐实务公告的相关条款对特定业务的会计处理及其披露做出了相关建议。

FRS 100 还对 FRSSE 的相关内容进行了修订，并提供了相当于财务报告准则解释的引用指南。

在 2012 年版的基础上，根据随后相关的修订内容，2015 年 9 月和 2017 年 12 月，FRC 先后发布了对 FRS 100 的修订。

2. 财务报告准则第 101 号（FRS 101）

FRS 101 于 2012 年 11 月发布，它简化了披露的框架；2014 年 8 月，FRS 101 修订版发布；2015 年 9 月和 2017 年 12 月，FRS 101 又经历了两次修订。

该准则为需要编制个别财务报表②的子公司和母公司提供了披露豁免条款。按照 FRS 101 的表述，执行 FRS 101 编制个别财务报表的企业，除了执行 FRS 101 的豁免条款以外，应按照欧盟采纳的 IFRS 进行确认、计量和披露。

3. 财务报告准则第 102 号（FRS 102）

FRS 102 是应用于英国和爱尔兰共和国的财务报告准则，2013 年 3 月 19 日首次发布；2014 年 8 月 7 日发布的修订版，体现了以下修订内容：①2014 年 3 月 19 日根据金融工具列报的要求对基本金融工具和其他金融工具内容进行的修订；②2014 年 3 月 19日针对服务特许权安排事项的修订；③2014 年 7 月根据 IFRS 9 的修订对基本金融工具和套期会计内容进行的修订；④对一些低级印刷错误的修订。

该准则提供了一套完整的对相关会计行为进行规范的准则体系，包括财务报表列报；财务状况表；综合收益表和利润表；权益变动表；利润与保留盈余表；现金流量

① 按照 FRS 100 中的解释，公共利益主体是指以对外公开提供产品和服务，而不是以向股东提供财务回报为主要目的的主体。
② 个别财务报表是英国《公司法 2006》中的表述。按照 FRS 100 的解释，个别财务报表的含义中包含了单独财务报表（Separate financial statement）的概念。可以认为，依据 IFRS 编制的个别财务报表就是单独财务报表。

表；财务报表附注；合并与单独财务报表；会计政策、估计和差错；基本金融工具；其他金融工具发行；存货；在联营企业的投资；在合营企业的投资；投资性房地产；不动产、厂房和设备；除了商誉的无形资产；企业合并与商誉；租赁；准备金与或有事项；负债与权益；收入；政府补助；借款费用；股份支付；资产减值；员工福利；所得税；外币折算；恶性通货膨胀；报告期后事项；关联方披露；特殊活动等主题内容。特殊活动具体涉及农业、采掘活动、服务特许权安排、金融机构、退休福利计划、财务报表、遗产等内容。

FRS 102 的第二部分规范了相关概念和一般原则，包括财务报表的目标、财务报表信息的质量特征、相关概念和基本原则等，相当于财务报告概念框架的构成内容。

FRS 102 采取了类似于《中小企业国际财务报告准则》的范式和构成内容，用单一的文本替代了大多数英国会计准则。

按照 FRC 的要求，不执行欧盟采纳的 IFRS 以及 FRS 101 和 FRSSE 的企业，应当按照 FRS 102 的规定编制财务报表。

在 2014 年版的基础上，根据随后相关的修订内容，2015 年 9 月、2016 年 3 月、2016 年 9 月、2017 年 5 月和 2017 年 12 月，FRC 还先后发布了对 FRS 102 的修订。

4. 财务报告准则第 103 号（FRS 103）

FRS 103 于 2014 年 3 月发布，它规范了保险合同的会计处理。施行 FRS 102 并具有保险合同业务的企业，应当施行 FRS 103。FRC 于 2017 年 2 月和 2017 年 12 月对 FRS 103 进行了修订。

FRS 103 基于 IFRS 4 和 FRS 27（人寿保险）中的条款进行编制，并在实施之日废止 FRS 27。

5. 财务报告准则第 104 号（FRS 104）

FRS 104 规范了中期财务报告的编制，于 2015 年 5 月发布；2016 年 1 月 1 日起施行。2017 年 12 月，FRC 发布了对 FRS 104 的修订。

6. 财务报告准则第 105 号（FRS 105）

FRS 105 是用于微型主体的财务报告准则，于 2015 年 7 月发布；2016 年 1 月 1 日起施行。2016 年 5 月和 2017 年 12 月，FRC 发布了对 FRS105 的修订。

FRC 修订发布的 6 项 FRS 依据了英国《公司法 2006》相关条款的规定。例如，按照 FRS 101 和 FRS 102 编制个别财务报表依据的是《公司法 2006》第 395 款（1）（a）的规定；按照欧盟采纳的 IFRS 编制个别财务报表依据的是《公司法 2006》第 395 款（1）（b）的规定。此外《公司法 2006》还明确禁止了一些企业执行欧盟采纳的 IFRS，例如第 395 款（2）要求从事慈善事业的公司应按照公司法的规定编制个别财务报表。

FRC 属于英国承担会计准则制定和实施的独立机构，其组织形式是一家有限责任公司；但其主席和副主席由负责商务、技术革新与技能的国务大臣任命。

FRC 下设三个委员会：规范与准则委员会、执行委员会和指导委员会。规范与准则委员会下设的会计理事会承担着制定 FRS 100 等财务报告准则的职责。

五、美国会计准则

美国的会计准则体系，包括由 FASB 发布的规范企业和民间非营利组织的财务会计准则体系，由美国联邦会计准则咨询委员会发布的联邦财务会计准则体系，以及美国政府会计准则理事会发布的州政府和地方政府会计准则体系。本书侧重于讨论财务会计准则体系。

美国是世界上着手制定会计准则最早的国家。早在 20 世纪 30 年代，美国联邦议会根据《证券交易法》成立的证券交易委员会（U. S. Securities and Exchange Commission，SEC），开始发布《会计系列文告》（Accounting Series Releases，ASR）、《财务报告文告》（Financial Reporting Requirements，FRR）和《工作人员会计文告》。

1939 年，美国注册会计师协会下设的会计程序委员会（Committee on Accounting Procedure，CAP）开始发布公认会计原则公告——《会计研究公报》（Accounting Research Bulletins，ARB），开创了由民间机构制定会计准则的范例。

会计程序委员会的后继者——会计原则委员会（Accounting Principles Board，APB）从 1958 年开始发布《会计原则委员会意见书》。

1973 年成立的 FASB（Financial Accounting Standards Board，财务会计标准委员会）开始发布《财务会计准则公告》（Statement of Financial Accounting Standards，SFAS）和《财务会计准则委员会解释》。到 2009 年 6 月底为止，FASB 共发布了 168 项 SFAS，7 项财务会计概念公告和 48 项 FASB 解释。其中概念公告第三号已经被概念公告第六号取代。

考虑到所发布太多的、格式不一的准则对遵循 GAAP（General Acceptable Accounting Principle，一般公认会计原则）的不利影响，FASB 在 2004 年就考虑建立会计准则汇编来简化权威 GAAP 文献的问题。2009 年 6 月 30 日发布的《SFAS 168：财务会计准则理事会会计准则汇编和公用会计原则等级》中明确表示，FASB 不再发布 SFAS，而是通过发布会计准则更新公告（Accounting Standard Update，ASU），来更新会计准则汇编（The Codification）。

从 2009 年 7 月 1 日起，FASB Codification 成为发布非政府美国公用会计原则的唯一官方来源。除了 SEC 发布的指南外，只存在一个级别的权威性公认会计原则。所有其他的会计文献不再具有权威性。

FASB 提出，会计准则汇编建设具有以下三个主要目标：

（1）通过将权威性美国公认会计原则汇编成册以方便用户的使用。

（2）保证汇编的内容能够正确地反映 2009 年 7 月 1 日权威性的美国公认会计原则。

（3）通过创立汇编研究制度来保证对汇编内容进行及时更新。

美国会计准则汇编成册后，原来数千项单独的准则被按照主题进行了分类。2009 年 7 月 1 日 FASB 首次发布的准则汇编中包括了原来发布的所有准则，被划分为 9 个大类大约 90 个主题。

第一类：一般原则类的公认会计原则，涉及的主题代码为 105～199 号，包括公认会计原则（105）等。

第二类：列报类，涉及的主题代码为 205～299 号，包括财务报表列报（205）；资产负债表（210）；股东权益表（215）；综合收益（220）；利润表（225）；现金流量表（230）；财务报表附注（235）；会计变更和差错更正（250）；变动物价（255）；每股收益（260）；分部报告（270）；有限责任主体（272）；个人财务报表（274）；风险与不确定性（275）；分部报告（280）等。

第三类：资产类，涉及的主题代码为 305～399 号，包括现金及现金等价物（305）；应收款项（310）；投资：债务与权益证券（320）；投资：权益法与合营企业（323）；投资：其他（325）；存货（330）；其他资产和递延费用（340）；无形资产：商誉与其他（350）；不动产、厂房与设备（360）等。

第四类：负债类，涉及的主题代码为 405～499 号，包括负债（405）；资产报废与环境义务（410）；退出或处置费用义务（420）；递延收入（430）；承诺事项（440）；或有事项（450）；担保（460）；债务（470）；区分负债与权益（480）等。

第五类：权益类，涉及的主题代码为 505～599 号，包括权益（505）等。

第六类：收入类，涉及的主题代码为 605～699 号，包括收入确认（605）；与客户之间的合同产生的收入（606）等。

第七类：费用类，涉及的主题代码为 705～799 号，包括销售与劳务成本（705）；补偿：通则（710）；补偿：非退休离职后福利（712）；补偿：退休福利（715）；补偿：股票补偿（718）；其他费用（720）；研究与开发（730）；所得税（740）等。

第八类：广泛交易类，涉及的主题代码为 805～899 号，包括企业合并（805）；合作性协议（808）；新设合并（810）；衍生工具与套期（815）；公允价值计量（820）；金融工具（825）；外汇（830）；利息（835）；租赁（840）；关联方披露（850）；重组（852）；服务特许权安排（853）；后续事项（855）；转移与服务（860）等。

第九类：产业类，涉及的主题代码为 905 ~ 999 号，包括农业（905）；航空（908）；环境：博彩业（924）；企业（926）；采掘活动：石油和天然气（932）；金融服务：保险（944）；金融服务：投资公司（946）；不动产（970）；医疗卫生主体（954）；非盈利主体（958）；计划会计：退休金计划（966）；管制性业务（980）；软件（985）等。

汇编中不含非权威性美国公认会计原则，例如在会计实务、教科书、相关文献中表述的公认会计原则以及其他相关内容。

在已经发布的财务会计准则公告中，除了《第 164 号——非营利组织：兼并与收购》《第 166 号——金融资产转移会计处理》和《第 167 号——对财务会计准则公告解释第 46 号（R）的修订》以外，其他一律被取代。其他发布的财务会计准则公告解释等文件也一律被取代。到 2010 年底为止，所有发布财务会计公告已全部被取代，但保留了财务会计概念公告。

FASB 从 2009 年 7 月 1 日起，通过发布会计准则更新公告（ASU），对会计准则汇编的内容进行修订和更新。例如，FASB 在 2014 年 5 月通过发布会计准则更新公告 2014 年第 9 号，增加了涉及与客户之间的合同产生的收入的主题内容（主题代码为 606）；在 2016 年 2 月通过发布会计准则更新公告 2016 年第 2 号，对租赁会计处理行为（主题代码为 842）进行了修订；在 2017 年 9 月通过发布会计准则更新公告 2017 年第 13 号，对收入确认（主题代码为 605）、与顾客之间合同产生的收入（主题代码为 606）、租赁（主题代码为 840）等进行了修订。

FASB 于 1973 年由美国财务会计基金会建立。FAF（Financial Accounting Foundation，财务会计基金会）是一家独立的民间组织，负责为 FASB 提供资金。FASB 由七名成员组成，这些成员由 FAF 任命，任期为 5 年。可连续任职两期。

六、澳大利亚会计准则

从 20 世纪 60 年代开始，澳大利亚迈出了制定会计准则的步伐。1966 年，澳大利亚成立了澳大利亚会计研究基金会（Austaralia Accounting Research Foundation，AARF），并通过下设的会计准则委员会开始制定澳大利亚会计准则（Australia Accounting Standards，AAS）。1991 年 1 月，根据《澳大利亚证券及投资委员会法案 1991》成立的澳大利亚政府机构：澳大利亚会计准则理事会（Australia Accounting Standards Board，AASB），开始替代 AARF 承担制定澳大利亚会计准则的职责。到 1999 年底，共发布了 38 项 AAS。

1999 年 AASB 进行改组，并从 2000 年 1 月 1 日起制定和发布 AASB 准则，并逐步替代 AAS。AASB 作为政府机构履行制定与发布会计准则的职责在《澳大利亚证券及投资委员会法案 2001》中再次得到了确认。

按照《澳大利亚公司法 2001》的规定，澳大利亚财务报告理事会（Financial Reporting Committee，FRC）为 AASB 制定了会计准则国际趋同的战略发展导向。按其要求，澳大利亚从 2005 年开始全面采用 IFRS 作为其国内财务报告准则，逐步取代了澳大利亚原来的会计准则。澳大利亚采取与 IRFS 全面趋同的主要意图是降低澳大利亚企业在国际资本市场上的筹资成本。

2004 年 7 月，AASB 发布了将在 2005 年开始施行的与 IFRS 等效的澳大利亚会计准则（A - IFRS），包括与 IFRS 等效的系列和与 IAS 等效的系列以及与 IASB 采纳的会计准则解释相对应的 AASB 会计准则解释。

澳大利亚政府要求按照《澳大利亚公司法 2001》编报财务报告的企业，都必须采纳澳大利亚会计准则。此外，政府、慈善机构等非营利经济组织，也需要执行澳大利亚会计准则。考虑到 IFRS 并不能完全适应非营利组织的需要，对此澳大利亚允许这些机构同时采用 AASB 专门针对非营利组织的一些附加指南。

与 IFRS 体系以及美国会计准则体系不同，澳大利亚通过出台一套会计准则体系，双重地规范企业、民间非营利组织以及公共部门的会计处理行为。

澳大利亚会计准则体系如下：

（一）会计准则

澳大利亚会计准则包括与 IFRS 等效的澳大利亚会计准则理事会准则（编号为 AASB 1～17 号）、与 IAS 等效的澳大利亚会计准则理事会准则（编号为 AASB 101～141 号）以及其他澳大利亚会计准则理事会准则（AASB 1004～1059 号）。

（二）会计准则解释

2006 年以前，澳大利亚会计解释由紧急问题小组发布。从 2006 年中期开始，AASB 开始替代紧急问题小组，直接履行发布澳大利亚与国际财务报告准则解释等效的解释和国内会计准则解释。

（三）概念框架

AASB 于 2004 年 7 月 15 日发布了与《国际会计准则理事会框架》趋同的《财务报表编制与列报框架》。其在 2007 年 9 月 24 日和 2007 年 12 月 13 日经过两次修订后，于 2009 年 1 月 1 日开始生效。按照 IASB 于 2010 年 9 月发布的概念框架，AASB 于 2013 年 12 月 20 日和 2014 年 6 月 4 日再次进行了修订编纂。最新修订版本从 2014 年 7 月 1

日开始执行。

1990 年 8 月发布的《会计概念公告第 2 号——通用财务报告的目标》（SAC 2）和《会计概念公告第 3 号——财务信息质量特征》（SAC 3）以及 1995 年 3 月发布的《会计概念公告第 4 号——财务报表要素定义与确认》（SAC 4）已分别被废止。

AASB 是澳大利亚会计准则的制定机构。2000 年成立的财务报告理事会（FRC）和 AASB 都属于澳大利亚的政府机构。AASB 主席由负责金融服务、公积金与公司法事务的部长任命；理事会成员由 FRC 任命。

七、新西兰会计准则

在 20 世纪 90 年代初期以前，原新西兰会计师协会承担着制定新西兰会计准则的职责。新西兰会计师协会后更名为新西兰特许会计师协会（New Zealand Institute of Charted Accountants，NZICA）。按照 1993 年财务报告法案的规定成立的新西兰会计准则审查理事会（Accounting Standards Review Board，ASRB），承担了批准但不是制定会计准则的职责。按照财务报告法案的规定，任何个人和组织都可以制定会计准则，并提交给 ASRB 审核批准。但是在实务中，只有 NZICA 在制定准则，并提交 ASRB 批准。

考虑在实施过程中存在的问题，2011 年通过对财务报告法案进行修订，设立了新西兰对外报告理事会（External Reporting Board，XRB）。XRB 的 9 名成员由政府任命。

XRB 下设两个理事会：新西兰会计准则理事会（New Zealand Accounting Standards Board，NZASB）以及新西兰审计与鉴证准则理事会（New Zealand Auditing and Assurance Standards Board，NZAuASB）。新西兰会计准则理事会成员由 XRB 任命。

NZASB 的主要工作职责，是制定与发布新西兰会计准则。

2004 年以前，新西兰会计准则属于适用于国内营利部门、公共部门和非营利部门等不同主体的单一会计准则体系。这种做法，在国际上只有澳大利亚和新西兰采用。2002 年，ASRB 决定新西兰应采纳与 IFRS 趋同的新西兰会计准则，以取代国内会计准则。这一决定与澳大利亚和欧盟的决定保持一致。

为了适应公共部门和非营利部门主体报告信息使用者的不同需要，NZICA 和 ASRB 将利润导向主体和公共利益主体的区别，作为建立与 IFRS 等效的新西兰会计准则的一部分。这与英国的做法是一致的。公共利益主体被界定为以社会利益而不是营利为目标的主体；有关公共利益主体的专门条款写入了 NZ IFRS 中。

其结果是，形成了适用于各部门所有主体的一套基于 IFRS 的会计准则体系，但其中包括有专门针对公共利益主体的内容。

在 2007 年，ASRB 决定符合规定条件的小型主体，应被允许继续执行国内准则或旧的通用会计实务（Old GAAP）而不是 NZ IFRS。

由于 IFRS 的发展主要是为了适应资本市场主体的需要，与非资本市场主体使用者的关联性不强，这引起了新西兰公共利益主体部门的关注。该部门认为有必要建立两套会计准则体系：一套适应营利主体的需要；一套适应公共利益主体的需要。

《新西兰会计准则框架》产生于 2004 年。按照 1993 年新西兰财务报告法案的规定，经新西兰商务部部长 2012 年 4 月 2 日批准，XRB 发布了修订后的会计准则框架。其中规定，新西兰会计准则框架由适用于两个部门和不同层级的会计准则体系构成。2015 年 12 月，对 2012 年版的会计准则框架进行了修订。

两个部门涉及营利主体和公共利益主体。

（一） 适用于营利主体的会计准则体系

营利主体进一步划分为两个层级：

（1）承担对外公开信息职责的主体和公共部门营利性大型主体，执行与 IFRS 趋同的新西兰会计准则体系（NZ IFRS）以及其他所需的新西兰会计准则。

公共部门主体可划分为营利主体和公共利益主体。按照《新西兰会计准则框架》中的解释，新西兰国有企业属于公共部门的营利主体。

公共利益主体也可进一步划分为公共部门的公共利益主体和私营部门的公共利益主体。

大型主体是指按照 NZ IFRS 的规定在利润表和其他综合收益表中确认的费用超过 3000 万新元的主体。

（2）无须承担对外公开信息职责的主体和公共部门的营利性非大型主体，可选择执行简化信息披露要求的与 IFRS 趋同的新西兰会计准则体系。

（二） 适用于公共利益主体的会计准则体系

（1）需要对外公开会计信息的主体和大型主体，执行公共利益主体会计准则体系。

（2）无须对外公开会计信息的主体和非大型主体，执行简化信息披露要求的公共利益主体会计准则。

（3）对于无须会计信息公开并且其费用不超过 200 万新元的主体，执行应计基础下简化的公共利益主体会计准则。

（4）法律允许现金会计的主体，执行现金基础下简化的公共利益主体会计准则。

▶ 第二章

财务会计概念框架研究

财务会计概念框架或财务报告概念框架是国际财务会计重要的理论基础，是 IASB、FASB、ASB、AASB、XRB 等国际或境外会计组织制定财务会计准则或财务报告准则的依据或指南。与此不同，中国采取了不同的表述方式，将类似于国际上的概念框架界定为"基本准则"，并发挥着统驭各项具体准则制定的作用。什么是概念框架？概念框架对制定会计准则都发挥着怎样的作用？国际上的概念框架与中国的基本准则关系如何？中国是否有必要建立概念框架体系？这些问题是本章讨论的主要内容。

第一节　概念框架简述

一、概念框架涉及的基本概念

在国内外会计学界，围绕着概念框架问题的讨论，已有超过40年的历史。财务会计中的概念框架涉及两种表述：①财务会计概念框架；②财务报告概念框架。概念框架是财务会计理论的核心内容之一。

从理论研究的角度看，由于概念框架涉及全部财务会计活动，故采取财务会计概念框架的表述是适当的。与此不同，现代会计准则侧重于对财务报告编制、列报和相关信息披露的规范；对会计要素确认和计量的规范实际上是为规范财务报告的编报服务的。故为会计准则的制定提供理论依据或原则规范的概念框架，采取了财务报告概念框架的表述。

（一）国际上对概念框架的界定

在国际上，财务会计概念框架的表述最早是由 FASB 提出的，并通过发布有关概念框架的公告，对概念框架进行了界定和规范。从 1978 年至 2000 年，FASB 发布的 1~7 号公告，均采取了"财务会计概念公告"的表述。在 2010 年 9 月发布的第 8 号公告中，采取了"财务报告概念框架"的表述。

FASB 曾在 1976 年对概念框架下过这样的定义："概念框架是由一部章程、一套目标和基本原理组成的互相之间具有内在关联的逻辑体系，这个逻辑体系能够表明财务会计和财务报表的性质、作用以及局限性，明确会计的根本目的与意图是财务会计的目标；会计内容涵盖的基本概念是财务会计的基本原理，并且在会计处理各事项的选择、计量、汇总中始终以原理贯通，最后将结果传递给具有利益关系的集团的过程。"

而在 1980 年 5 月发布的财务会计概念公告第 2 号中，FASB 将概念框架的定义调整为："概念框架是由目标和相互关联的基本概念组成的连贯的理论体系。"该定义将概念框架表述为一套理论体系，不仅发挥着指导财务会计准则制定的作用，而且对这方面的研究有重要的影响。

到 2020 年底为止，FASB 共发布了八项概念公告，在国际上取得了最权威的有关概念框架的研究成果。

IASC 在 1989 年 4 月批准并于当年 7 月发布了《财务报表编制与列报框架》（以下简称《框架 1989》）。2001 年 4 月，《框架 1989》被 IASB 采纳。

2010 年 9 月 28 日，IASB 发布了《财务报告概念框架 2010》（以下简称《概念框架 2010》），主要修订了《框架 1989》中的"财务报告的目标"和"财务信息质量特征"等内容。

IASB 对概念框架的解释是：IASB《框架》表述了为外部使用者编制和列报财务报表的基本概念。《框架》为理事会发展未来的财务报告准则提供了指南，为解决在 IAS 或 IFRS 或解释中没有直接表述的会计问题提供了指导。

2015 年 5 月 18 日，IASB 发布了《财务报告概念框架（征求意见稿）》，面向全球公开征求意见。

ASB 在 1999 年 10 月批准、1999 年 12 月发布的《财务报告原则公告》中，表述了编制财务报表的一些基本要求。可以认为，该公告相当于英国的概念框架。

ASB 发布的《财务报告原则公告》，参考了 IASC 发布的《框架 1989》和会计师公共部门委员会国际联合会发布的《国际公共部门有关财务报表列报的会计准则》等文件。

从 2015 年 1 月 1 日开始，FRC 废止了《财务报告原则公告》，开始在 FRS 102 中体现财务报告概念框架的相关内容。

AASB 于 2004 年 6 月发布了与 IASC《框架 1989》趋同的《财务报表编报框架》，成为澳大利亚正式的概念框架。澳大利亚概念框架于 2007 年 12 月对该框架进行了修订。

根据 IASB 于 2010 年 9 月出台的概念框架，AASB 先后于 2013 年 12 月和 2014 年 6 月对其概念框架进行了修订，修订版的概念框架自 2014 年 7 月 1 日开始生效。

在新西兰，XRB 出台的《新西兰会计准则框架》，其中涉及的只是会计准则体系的构架结构，而不是概念框架的内容。到 2017 年底，新西兰出台的概念框架，只有新西兰会计准则理事会于 2016 年 5 月 19 日发布的《公共利益主体概念框架》。

总体来看，IASB 和 FASB、AASB 等均将概念框架界定为指导会计准则制定的一种理论体系。与其不同，英国似乎将概念框架纳入了准则的范畴。

以上所述对中国学者的概念框架问题研究产生了重要的影响。

（二）中国学术界对概念框架的讨论

葛家澍先生在 1984 年撰写的《美国财务会计理论发展的新阶段——评价（财务会计概念公告）（1～3 号）》一文，也许是我国最早探讨财务会计概念框架的学术论文。随后，有大量的中国学者和实务工作者，对财务会计概念框架问题进行了积极的探讨。有学者于 2004 年撰文，提出了建立中国财务会计概念框架的设想。葛家澍先生认为，概念框架不是会计准则，它应是会计理论的组成部分，但这个理论是密切联系实际，直接用来评估、制定和发展准则的理论。他赞同 FASB 的观点，并以此为基础来讨论概念框架问题。陈少华先生认为："财务会计概念框架实质上是由财务会计中最基本的一系列相互关联的概念组成的一个完整的框架体系，目的在于指导会计准则的制定或者应用。"这些观点无疑受到了 IASB、FASB 等的影响，也在很大程度上代表了目前国内大多数会计学者的观点和看法。

目前，中国尚未制定出台概念框架。但按照中国财政部的解释，中国发布的《企业会计准则——基本准则》（以下简称《基本准则》），具有财务会计概念框架的特征。但沈颖玲、汪祥耀认为，《基本准则》替代不了概念框架，待条件成熟后，我国仍需要构建财务会计概念框架。章雁先生在比较美国财务会计概念框架和中国《基本准则》主要差异的基础上，提出了进一步发展《基本准则》并积极实现由《基本准则》向财务会计概念框架顺利过渡的建议。与此不同，俸芳女士认为，尽管中国有许多会计专业工作者认为概念框架属于理论体系，并通过相关论文发出了构建中国概念框架的呼呀，但中国财政部采取的基本态度是：将类似于概念框架的《基本准则》界定为用于指导会计准则制定的高层次部门规章，而不是一种理论体系。中国用于指导会计准则制定与实施的概念框架应属于会计准则，而不是一个理论体系。这是由中国会计立法的国情所决定的。中国不需要独立于《基本准则》的概念框架。用《基本准则》替代概念框架也许并非是指导具体准则制定与实施的理想选择，但却是现行体制下的一种最优选择。如果要坚持走与国际趋同的中国概念框架构建之路，将涉及对中国会计法的修订和中国现行会计管理体制的改革。针对这些问题的讨论，无疑将对丰富与完善中国财务会计理论体系产生积极要的影响。

二、概念框架的性质

讨论概念框架性质涉及的主要问题是：概念框架是一个理论体系，还是一项准则？关于概念框架的性质，陈少华先生认为，财务会计概念框架属于财务会计理论的一部分。财务会计概念框架可以作为制定会计准则的理论基础，用于评估和发展会计准则，但本身不属于会计准则。这实际上是对中国财政部看法提出的不同意见。

IASB 认为，其发布的《框架1989》不是一项准则，而是用来指导解决在准则中没有直接表述的会计问题的。然而在缺乏专门应用于某交易的准则或解释的状况下，IASB 要求一项交易在提供和运用会计政策时必须使用其判断标准以保证会计政策所产生的信息是关联和可靠的。为了制定这些判断标准，IASB 要求管理当局考虑在《框架1989》中提供有关资产、负债、收益和费用的定义、确认标准和计量的概念。

AASB 也认为，框架不属于澳大利亚的会计准则，因而也不作为任何计量和披露的标准。框架中的任何条款都不优先于任何澳大利亚会计准则。

与以上观点不同，中国财政部认为，中国《基本准则》类似于 IASB《框架1989》和 FASB 的《财务会计概念公告》，在企业会计准则体系建设中扮演着同样的角色，它在整个企业会计准则体系中起着统驭作用。《基本准则》规范了包括财务报告目标、会计基本假设、会计信息质量要求、会计要素的定义及其确认、计量原则、财务报告等在内的基本问题，是会计准则制定的出发点，是制定具体准则的基础。

由于英国 FRC 是通过发布的 FRS 102 来体现财务报告概念框架的，表明概念框架也属于财务报告准则的一项构成内容。

需要明确的是，中国的《基本准则》类似于国际上通用的概念框架，但并不是概念框架。需要进一步讨论的相关问题是：除了《基本准则》以外，中国是否需要构建自身的概念框架？中国能否用《基本准则》替代国际上通用的概念框架？如果需要构建中国概念框架体系，概念框架的地位如何，与《基本准则》的关系如何？针对这些问题的讨论，有助于丰富与完善中国财务会计理论体系。

三、概念框架的作用

（一）对概念框架作用的一般性认识

一般认为，制定概念框架具有以下作用：

1. 可为分析、评估和指导会计准则的制定提供理论基础

制定与发展会计准则体系，需要有上位法的统驭，或者相关理论的指导。国际准则与美国准则等是由民间会计组织独立承担建设职责的，不受相关法律法规的规范与限制，故具有理论指导性质的概念框架的出台，可为民间组织制定各项会计准则提供理论基础。FASB 认为，概念公告设立的目标和基本概念，可以为财务会计和财务报告的发展提供依据。

2. 可以节约财务报告准则的制定成本

IFRS 体系是由若干个既相互独立又相互联系的具体准则所构成的。与 CAS 体系不同，IFRS 体系中没有统驭全局的基本准则，这样如果再缺乏一个用于指导各准则制定的概念框架理论体系，各准则起草小组在制订准则时，就难免会顾此失彼，难以协调各准则之间的关系，进而影响到准则的质量。一个科学有效的概念框架体系有助于为制定准则提供指南，协调各准则之间的规范行为，不仅有利于缩短准则制定出台的时间，而且有利于降低制定准则的经济代价。

3. 有助于使用者理解财务报告

现代财务会计是通过编制财务报告来向使用者提供用于经济决策的财务信息的。一个科学有效的概念框架体系有助于增强财务报告提供者与使用者之间的沟通，帮助使用者了解财务报告涉及的一些基本概念与基本原理，理解基于财务报表提供相关财务指标和相关信息的含义和局限性，这对使用者制定经济决策是非常必要的。

4. 有助于抵制利益集团的压力

有了概念框架，财务报告准则的制定就有了明确的方向。由于财务报告准则对财务报告编制的规范涉及不同利益主体或利益集团的切身利益，所以一些有权势的利益集团往往希望通过对财务报告准则制定的影响甚至一定程度的干预，来维护自身的利益。为了使出台的财务报告准则更具有公平性，更能够体现全社会公众而不是少数利益集团的利益，就需要有一个明确的理论体系来予以指导，这有助于在一定程度上减少来自利益集团的批评和压力，以利于达到制定准则体系的目标。

（二）基本准则的作用

中国财政部认为，《基本准则》具有以下两方面的作用：

1. 统驭具体准则的制定

随着中国经济的迅速发展，会计实务问题层出不穷，会计准则需要规范的内容日益增多，体系日趋庞杂。在这样的背景下，为了确保各项准则的制定建立在统一的理念基础之上，《基本准则》就需要在其中发挥核心作用。《基本准则》规范了会计确认、计量和报告等一般要求，是准则的准则，它对各具体准则的制定起着统驭作用，可以确保各具体准则的内在一致性。《基本准则》第三条明确规定："企业会计准则包括基本准则和具体准则，具体准则的制定应当遵循本准则（即基本准则）。"在企业会计准则体系的建设中，各项具体准则也都严格按照《基本准则》的要求加以制定和完善，并且在各具体准则的第一条中作了明确规定。

2. 为处理会计实务中出现的、具体准则尚未规范的新问题提供会计处理依据

在会计实务中，由于经济交易事项的不断发展、创新，具体准则的制定有时会出现滞后的情况，一些新的交易或者事项在具体准则中尚未规范但又急需处理。这时，企业不仅应当对这些新的交易或者事项及时进行会计处理，而且在处理时应当严格遵循《基本准则》的要求，尤其是《基本准则》关于会计要素的定义及其确认与计量等方面的规定。因此，《基本准则》不仅扮演着具体准则制定依据的角色，也为处理会计实务中出现的、具体准则尚未做出规范的新问题提供了会计处理依据，从而确保了企业会计准则体系对处理所有会计实务问题的规范作用。

第二节 中国财务会计核算制度中的概念框架内容

中国从 1992 年 11 月开始，先后通过发布《企业会计准则》《企业会计制度》《基本准则》等，开始涉及并规范了概念框架中涉及的相关内容。但最权威并与 IASB《框架1989》的表述趋同的内容，是体现在《基本准则》中的。本节主要讨论《基本准则》中的概念框架内容。

一、财务会计报告的目标

财务报告的目标定位十分重要，它决定着财务报告应向谁提供有用的会计信息，

应当保护谁的经济利益，决定着财务报告所要求会计信息的质量要求，决定着会计要素的确认与计量原则，是财务会计系统的核心与灵魂。基本准则规定，财务报告的目标是向财务报告使用者提供与企业财务状况、经营成果和现金流量等有关的会计信息，反映企业管理层受托责任履行情况，有助于财务报告使用者做出经济决策。这样的表述，与 IASB《框架1989》中的表述基本是一致的。

财务报告使用者主要包括投资者、债权人、政府及其有关部门和社会公众等。

概括而言，中国企业财务报告的目标是向财务报告使用者提供对制定经济决策有用的信息，并兼有反映受托责任履行情况的要求。其中，满足投资者、债权人决策的要求是会计准则的主要目标，这是与 1992 年 11 月发布的《企业会计准则》中将会计信息应当满足国家宏观经济管理的需要作为首要目标的显著区别，也是我国资本市场的核心定位。

二、会计假设讨论

假设是科学研究中所需的前提设定。对此可以认为，会计假设是会计处理应当明确的前提条件。这些前提条件或者会计假设对交易或事项的会计处理有重要的影响。但既然是假设，就意味着存在着与假设条件不同的可能性。

《基本准则》中界定的会计假设，包括会计主体、持续经营、会计分期和货币计量。我国自 1992 年 11 月 30 日发布的《企业会计准则》中开始明确会计假设的概念和内容以来，这方面的规范基本没有变化。

但这四项会计假设中，真正符合会计假设要求的只有持续经营一项。

持续经营是指在可以预见的将来，企业将会按当前的规模和状态继续经营下去，不会停业，也不会大规模削减业务。在这一假设下，会计确认、计量和报告应以企业持续、正常的生产经营活动为前提。

《基本准则》规定，企业会计确认、计量和报告应以持续经营为前提。可以认为，持续经营假设为企业计提固定资产折旧、确认无形资产摊销等会计处理提供了基本前提。

企业有可能采取的、与持续经营假设不同的经营活动是有期限经营。如果企业实行的是有期限的经营活动，尽管其持有的固定资产的经济寿命有可能比经营期限长，也只能按照经营期限计提折旧。

会计主体、会计分期和货币计量这三项似乎不符合会计假设的基本要求，因为不存在发生其他情况的可能性。

会计主体体现的是对企业会计确认、计量和报告空间范围的限定。按此要求，企业只能对其本身发生的交易或者事项进行会计确认、计量和报告，不能对其他会计主体（例如企业股东、债权人、职工等）发生的交易或事项进行确认、计量和报告，所以会计主体不应被界定为一项会计假设。IFRS《概念框架2010》采取的是"报告主体"的表述。

会计分期要求将一个企业持续经营的生产经营活动划分为一个个连续的、长短相同的期间，通过按期编报财务报告，及时向财务报告使用者提供有关企业财务状况、经营成果和现金流量的信息。如果不划分会计期间，就无法按照权责发生制的要求确认经营损益和向投资者分配利润。故会计分期也不应被界定为一项会计假设。

会计主体在财务会计确认、计量和报告时，只能采取货币计量方式来反映会计主体的各项生产经营活动。如果采取了其他计量方式，就有可能将会计与统计、计划以及其他管理行为混为一谈，所以故货币计量也不应被界定为一项会计假设。

在理论界，也有一些学者提出了不同的观点。例如戴德明先生等就认为，权责发生制也属于会计核算的基本前提。

三、会计基础

会计基础包括应计基础（权责发生制）和现金基础（收付实现制）。

（一）收付实现制

收付实现制是指以实际收取或支付现金为标志来确认企业的收入和费用。采用收付实现制，企业如果没有收到现金，不应确认收入；取得了现金，尽管尚未提供产品和服务，同样需要确认为企业的一项收入。没有支付现金，不应确认为企业的费用；支付了现金，不管是否取得了资产或者接受了劳务，都应确认为企业的一项费用。

如果会计核算针对的是从事某项业务或某工程项目在整个寿命周期内的收支情况，可采用收付实现制；如果会计核算只是为了体现会计主体财富的增长变动情况，则收付实现制也算是一个不错的选择。

现金流量表中有关现金流动的信息，是按照收付实现制的要求提供的。

现行体制下，采用收付实现制核算基础的单位，主要是实行预算会计核算的行政单位和事业单位。

（二）权责发生制

权责发生制是指以实际取得的收取现金的权利或者实际确认的支付现金的责任为标志来确认企业的收入和费用。对此，是否确认收入和费用，与企业是否收到或者支付了现金没有必然联系。应收账款、应收票据、预付账款、存货等资产类科目，以及应付账款、应付票据、预收账款等负债类科目，就成为与权责发生制核算基础相关的会计科目。

16 世纪中叶，所有权与经营权分离的生产经营方式逐渐出现，产生了分期确认损益以适应分期向投资者分配利润的需要。不可否认，只有权责发生制才有利于满足这一核算要求。尽管权责发生制中存在着会计信息失真、会计舞弊等问题，导致会计学界的一些学者对其颇有微词，但在现阶段，权责发生制仍具有难以撼动的主体地位。

《基本准则》中规定的企业会计核算基础是权责发生制。除了编制现金流量表所需的信息以外，企业应采用权责发生制核算与提供编制其他财务报表所需的资料和财务数据。

四、会计要素及其确认和计量

（一）会计要素

会计要素是根据交易或者事项的经济特征对所确定的财务会计对象的基本分类，它既是会计确认和计量的依据，也是确定财务报表结构和内容的基础。

《基本准则》规定，我国企业会计要素按照其性质分为资产、负债、所有者权益、收入、费用和利润。其中，资产、负债和所有者权益要素侧重于反映企业的财务状况，收入、费用和利润要素侧重于反映企业的经营成果。

会计要素的界定和分类使财务会计系统更加科学严密，并可为使用者提供更加有用的信息。

利润是否属于一个独立的会计要素值得商榷。利润是指企业在一定会计期间的经营成果，在利润表中体现为收入减去费用后的净额；利润的计量取决于收入和费用的计量。在资产负债表中，除了利润分配以外，利润计入了所有者权益。这意味着利润要素并不独立存在。伴随着企业会计准则体系的发展和完善，利润要素将被逐步淡化并有可能被取消。

《基本准则》还引入了利得和损失的概念，来体现企业非日常活动形成或发生的经济利益的流入或流出。利得和损失划分为直接计入所有者权益的利得和损失，以及计入当期损益的利得和损失。有必要关注利得和损失的具体构成内容。

（二）会计要素确认和计量

《基本准则》中分别规范了各会计要素确认的条件。

会计要素计量划分为初始计量和后续计量。但《基本准则》中主要规范的是会计计量属性。

《基本准则》中规定的会计计量属性，包括历史成本、重置成本、可变现净值、现值和公允价值。同时规定，企业在对会计要素进行计量时，一般应采用历史成本；采用重置成本、可变现净值、现值、公允价值计量的，应保证所确定的会计要素金额能够取得并可靠计量。

2014 年 1 月 26 日财政部印发的 CAS 39 中对公允价值的定义是：公允价值，是指市场参与者在计量日发生的有序交易中，出售一项资产所能收到或者转移一项负债所需支付的价格。2014 年修订后的《基本准则》中规定："在公允价值计量下，资产和负债按照市场参与者在计量日发生的有序交易中，出售资产所能收到或者转移负债所需支付的价格计量。"这与 IFRS 13 中对公允价值的定义基本上保持了一致。

五、会计信息质量要求

中国财政部认为，会计信息质量要求是对企业财务报告中所提供会计信息质量的基本要求，是使财务报告中所提供会计信息对使用者决策有用应具备的基本特征。在 1992 年出台的《企业会计准则》中，会计信息质量要求曾被表述为"会计核算的一般原则"；2000 年 12 月出台的《企业会计制度》采取的是"会计核算基本原则"的表述。

《基本准则》涉及的会计质量特征，包括可靠性、相关性、可理解性、可比性、实质重于形式、重要性、谨慎性和及时性，与 IASB《框架 1989》中的表述基本一致。

针对未来的不确定性，谨慎性强调的是"做最坏的会计处理准备"。按照谨慎性或稳健性的要求，从 1992 年开始明确了计提应收账款坏账准备和存货跌价准备的会计处理规定；并随后将计提资产减值准备的要求扩大到固定资产、无形资产、在建工程、可供出售金融资产等资产项目。

与"谨慎性"相适应的计量要求是历史成本法和摊余成本。

但《基本准则》中明确的"公允价值"计量属性实际强调的是"中性"，这与"谨慎性"的要求不符。

六、财务会计报告

财务会计报告包括会计报表及其附注和其他应当在财务会计报告中披露的相关信息和资料。会计报表至少应当包括资产负债表、利润表、现金流量表等报表。

《小企业会计准则》发布后，小企业编制财务报表执行《小企业会计准则》的规定。

《基本准则》突出了附注的作用，将附注作为财务报表的有机组成部分，要求企业在附注中对重要的报表列示项目以及未能在这些报表中列示项目作有关说明，以更加全面、系统地反映企业财务状况、经营成果和现金流量的全貌，有助于使用者做出更加科学合理的决策。此外，《基本准则》还规定，财务报告还应当包括除财务报表之外的其他相关信息，具体可以根据有关法律法规的规定和外部使用者的信息需求而定。

与以前的表述相比，《基本准则》不再要求编制"财务情况说明书"，但规定财务会计报告应当包括"其他应当在财务会计报告中披露的相关信息和资料"。

第三节　有关国家的财务会计概念框架

一、美国财务会计概念框架

美国从 20 世纪 70 年代开始发布对财务会计概念框架的研究成果。到 2020 年底为止，共发布了 8 项财务会计概念公告。

美国财务会计概念框架的主要内容如下：

（一）关于财务报告的目标

FASB 在 1978 年 11 月通过发布《财务会计概念公告第 1 号：企业财务报告的目标》，明确了企业财务报告目标的概念。

FASB 在 1980 年 12 月通过发布《财务会计概念公告第 4 号：非企业组织财务报告的目标》，明确了非企业组织财务报告目标的概念。

2010 年 9 月 28 日 FASB 发布了《概念公告第 8 号：财务报告概念框架》。其中的第一章《通用财务报告的目标》替代了概念公告第 1 号。

（二）关于有用财务信息质量特征

FASB 在 1980 年 5 月通过发布《财务会计概念公告第 2 号：会计信息质量特征》，明确了会计信息质量特征的概念。

2010 年 9 月 28 日 FASB 发布了《概念公告第 8 号：财务报告概念框架》。其中的第三章《有用财务信息的质量特征》替代了概念公告第 2 号。

该公告将质量特征划分为基本质量特征和增强性质量特征。基本质量特征包括相关性和忠实表达两个质量特征；增强性质量特征包括可比性、可验证性、及时性和可理解性，与 IASB《概念框架 2010》中的表述是一致的。

（三） 关于财务报表要素

FASB 在 1980 年 12 月通过发布《财务会计概念公告第 3 号：企业财务报表要素》，明确了企业财务报表要素的概念。

FASB 在 1985 年 12 月发布了《财务会计概念公告第 6 号：财务报表要素》，替代了概念公告第 3 号，并对概念公告第 2 号的内容进行了修改。

（四） 关于企业财务报表的确认和计量

FASB 在 1984 年 12 月通过发布《财务会计概念公告第 5 号：企业财务报表的确认和计量》，明确了企业财务报表确认和计量的要求。

FASB 在 2000 年 2 月通过发布《财务会计概念公告第 7 号：在会计计量中使用现金流量信息和现值》，对这一特殊计量事项做出了界定。

二、英国财务报告理事会概念框架

英国财务报告理事会（FRC）于 2015 年 9 月发布的 FRS 102 修订版第二部分："概念和普遍原则"中涉及的有关概念框架的主要内容如下：

（一） 财务报表的目标

财务报表的目标是向广泛领域里的用户提供对决策有用的有关企业财务状况、业绩和现金流动等信息。财务报表也体现有关受托管理责任的结果。

（二） 财务报表信息质量特征

在 FRS 102 中列举的质量特征，包括可理解性、相关性、重要性、实质重于形式、稳健、完整性、可比性、及时性、效益与成本平衡等。

FRS 认为，财务信息产生的效益，应当超过为提供这些信息发生的成本。需要进一步考虑的问题是，享有财务信息效益的往往是广阔领域里的外部用户，而这些用户也许并不需要负担提供财务信息的成本。

（三） 财务状况

财务状况是指在财务状况表中列报的某特定日期的资产、负债和权益之间的关系。

FRS 102 中对资产、负债和权益进行了定义。这些定义与 IASB 概念框架中的定义基本一致。

在财务状况表中确认的权益，可划分为股东投入的权益、保留盈余和确认为其他综合收益的利得或损失。满足定义和确认条件的资产、负债和权益才能在财务状况表中确认。

（四）经营业绩

经营业绩是指报告期企业收益和费用的关系。FRS 允许企业编制一张反映业绩的财务报表（综合收益表）或两张财务报表（利润表和综合收益表）。

FRS 102 将收益定义为"报告期经济利益的增加，可具体表现为资产的流入或增加，负债的减少"。收益将导致权益的增加，但不包括权益投资者的投入。

FRS 102 将收益划分为收入和利得：①收入是指企业正常活动中产生的收益，包括销售收入、收费收入、利息收入、股利收入、使用费收入、租金收入等；②利得是指符合收益定义但不属于收入的其他项目。利得需要在综合收益表中单独列报。

（五）资产、负债、收益和费用的确认

FRS 102 认为，确认是指将符合定义和确认条件的资产、负债、权益、收益和费用计入财务状况表和综合收益表的过程。

应满足的确认条件有：①与该项目有关的未来经济利益很有可能流入或流出企业；②该项目具有能够可靠计量的成本或价值。

（六）资产、负债、收益和费用的计量

FRS 102 认为，计量是指确定计入财务报表中的资产、负债、收益和费用的货币金额的过程。计量涉及对计量基础的选择。计量不同的资产、负债、收益和费用需要采用不同的计量基础；历史成本和公允价值是两种通用的计量基础。

（七）普遍确认与计量原则

FRS 102 要求企业按照 IASB 概念框架和欧盟采纳的 IFRS 中的普遍原则来确认和计量资产、负债、收益和费用。

（八）应计基础

企业应采用应计基础编制财务报表，现金流量表除外。采用应计基础，企业应当在满足其定义和确认条件时确认资产、负债、权益、收益和费用。

（九） 财务报表确认

该部分内容具体涉及对资产、负债、收益、费用、综合收益和损益确认的具体要求。

按其要求，除了企业合并中被合并方的或有负债以外，企业不应将或有负债确认为一项负债。

（十） 初始计量

按其要求，企业应当按照历史成本对资产和负债进行初始计量。按照 FRS 的要求应当以其公允价值或其他计量基础计量的除外。

（十一） 后续计量

该部分内容具体涉及对金融资产和金融负债、非金融资产、除了金融负债的其他负债等的后续计量要求。

三、澳大利亚会计准则理事会概念框架

（一） 澳大利亚财务会计概念框架的产生与发展

澳大利亚财务会计概念框架的研究从 1987 年开始起步。在 20 世纪 80—90 年代，澳大利亚会计研究基金会曾先后发布了四个会计概念公告，初步形成了澳大利亚的会计概念框架体系。四个公告的内容如下：

会计概念公告第 1 号：报告主体的定义。

会计概念公告第 2 号：通用财务报告的目标，1990 年 8 月发布。

会计概念公告第 3 号：财务信息质量特征，1990 年 8 月发布。

会计概念公告第 4 号：财务报表要素的定义和确认，1995 年 3 月发布。

按照澳大利亚会计准则与国际财务报告准则趋同的发展要求，AASB 在 2004 年 7 月发布了《财务报表编制与列报框架》（以下简称《框架》），《框架》与 IASB 的《框架 1989》保持了趋同。AASB 在 2007 年 9 月 24 日和 2007 年 12 月 13 日对《框架》进行了修订编纂，修订版于 2009 年 1 月 1 日开始的会计年度生效。按照 IASB 于 2010 年 9 月发布的概念框架，AASB 于 2013 年 12 月 20 日和 2014 年 6 月 4 日两次对该《框架》进行了修订和编纂。最新修订编纂的版本从 2014 年 7 月 1 日开始施行。

（二）AASB 概念框架的主要内容

修订后《框架》的主要内容如下：

1. 引言

在引言部分，明确了发布《框架》的目的和适用范围，并说明《框架》不是一项准则。如果《框架》的内容与准则有矛盾，应执行准则的规定。《框架》的主要作用，是指导准则的制订。伴随着时间的推延，将逐步消除《框架》与准则之间的差异。

2. 标的假设

伴随着应计基础的取消，《框架》中涉及的标的假设只有一个：持续经营。

3. 财务报表要素

《框架》涉及的财务报表要素主要有：①与财务状况相关的要素。与财务状况相关的要素是资产、负债和权益。《框架》中对资产、负债和权益的概念进行了定义。②与经营业绩相关的要素。与经营业绩有关的要素是收益和费用。《框架》中对收益和费用的概念进行了定义。③资本保全调整。

4. 财务报表要素的确认

《框架》中明确了报表要素确认的一般条件；对未来经济利益的可能性以及计量可靠性进行了说明；并明确了资产、负债、收益和费用等要素的确认要求。

5. 财务报表要素的计量

主要内容是计量基础的选择。涉及的计量基础包括历史成本、现行成本、可实现（清算）价值和现值。

6. 资本与资本保全的概念

涉及的主要内容有：①资本的概念。资本的概念划分为财务资本和实物资本。②资本保全的概念和利润的确定。资本保全划分为财务资本保全和实物资本保全。财务资本保全和实物资本保全对利润的确定有重要的影响。

《框架》附录属于《框架》的组成部分。附录主要讨论了目标与质量特征。其中的第一章讨论了通用财务报告的目标；第三章讨论了有用财务信息的质量特征。

第三章中涉及的质量特征包括基本质量特征和增强性质量特征。

基本质量特征包括相关性和忠实性表达。其中，与相关性有关的概念是重要性。

增强性质量特征包括可比性、可验证性、及时性和可理解性。

第四节　国际财务报告准则理事会概念框架的主要内容

2010 年 9 月 28 日，IASB 发布的《概念框架 2010》，主要涉及以下内容：①财务报告的目标；②有用财务信息的质量特征；③报告主体；④构成财务报表要素的定义、确认和计量；⑤资本的概念和资本保全

IASB 于 2015 年 7 月 18 日发布了《财务报告概念框架（征求意见稿）》。其中包括第一章"通用财务报告的目标"、第二章"有用财务信息质量特征"、第三章"财务报表与报告主体"、第四章"财务报表要素"、第五章"确认与终止确认"、第六章"计量"、第七章"列报与披露"和第八章"资本与资本保全的概念"。

一、财务报告的目标

IASB 采用的是"财务报告目标"的表述，并在《概念框架 2010》的第一章，具体讨论了通用财务报告的目标。

IASB 认为，通用财务报告的目标是：为目前和潜在的投资者、贷款人和其他债权人提供对决策有用的有关报告主体的财务信息，这些决策是为向该主体提供资源而制定的。

这表明了以下两层含义：①财务报告提供的财务信息是对目前和潜在的投资者、债权人等报告使用者制定经济决策有用的财务信息；②这些经济决策涉及的主要内容，是如何向提供财务信息的报告主体提供经济资源。与报告主体无关的经济决策所需的信息，报告主体的财务报告没有必要提供。

IASB 指出，通用财务报告不能提供使用者制定经济决策所需的所有信息，对此有必要通过其他渠道获取相关信息。

很显然，IASB 采纳的是决策有用观。

二、报告主体

IASB 采用了"报告主体"的表述。《概念框架 2010》第二章涉及的主要内容是报告主体，但其内容到 2017 年底尚未正式发布。

IASB 曾在 2010 年 3 月发布了《报告主体》的征求意见稿，并提出该部分内容正式发布后将构成第二章的内容。其中对报告主体的界定是："报告主体是现有及潜在权

益投资者、贷款人及其他资源提供者所关注的经济活动的特定领域，而且这些资源提供者不能直接获得是否需要向企业提供资源和这些资源是否被管理层有效利用的决策有用的信息。"

充分考虑了国际学术界一些专家的意见和建议，IASB《财务报告概念框架（征求意见稿）》中将报告主体重新界定为"选择或者被要求编制通用财务报表的主体"。按其解释，报告主体可以不是一个法律主体而是一个法律主体的一部分，或者由两个或两个以上的主体构成。

IASB提出，由两个或者两个以上的不具有母子控制关系的主体联合编制的财务报表，属于汇总财务报表。

科学界定报告主体的边界，是报告主体理论的重要内容。

三、标的假设

《框架1989》中曾讨论的标的假设，包括权责发生制和持续经营；但没有涉及会计主体（或报告主体）、会计分期、货币计量等会计假设。这也许是我国的一些学者也提出权责发生制属于会计假设的重要原因之一。

但《概念框架2010》中涉及的标的假设，只有持续经营假设一项，没有再将权责发生制视为一项标的假设。

IASB有关持续经营假设的表述是：财务报表假设企业将持续经营。如果这一假设不正确，需要进行披露并采用不同的报告基础。

看来《概念框架2010》的表述更为科学一些，确实只有持续经营符合会计假设的基本特征。

IASB《财务报告概念框架（征求意见稿）》第三章中的财务报表部分，也只界定了持续经营假设。IASB认为，框架基于报告主体能够在可预计的未来持续经营的假设，即报告主体既不打算也不需要清算或停止经营。如果报告主体打算或需要清算或者停止经营，则需要采取不同的基础编制财务报表并将其在财务报表中披露。

四、有用财务信息的质量特征

《概念框架2010》的第三章，具体讨论了有用财务信息的质量特征。

关于有用财务报表的质量特征，IASB认为，质量特征是指使财务报表提供的信息对使用者有用的那些属性。

《框架1989》中界定了可理解性、相关性、可靠性和可比性四个质量特征，同时提出重要性和及时性是相关性的组成部分；并在可靠性中引入了稳健的理念。

相比较之下,《概念框架2010》认为,有用财务信息的质量特征包括基本质量特征和增强性质量特征。

财务信息如果是相关的并且能够忠实地予以表达其内容,则该财务信息就是有用的财务信息;如果这些财务信息同时还是可比的、可验证的、及时的以及可理解的,那么这些财务信息的有用性就增强了。

(一) 基本质量特征

《概念框架2010》中界定的基本质量特征是相关性和忠实性表达。其中,重要性和计量不确定性被认为是相关性的重要方面。

IASB实际上是用忠实表达替代了可靠性这一质量特征。IASB删除"可靠性"的主要原因,是认为可靠性这一概念并没有直接表达出它意图表达的含义;可靠性的含义比较复杂而且不够准确,容易产生理解上的歧义;容易与可验证性等质量特征产生混淆。

IASB认为,如果信息是有用的,必须是相关的并需要忠实地予以表达。

要完全做到忠实表达,应体现完整、中性和无差错三个特征。其中的"无差错"并非意味着要求对外报告的财务信息必须是准确无误的,而是主体应当对自身的选择做出准确无误的解释和说明。

(二) 增强性质量特征

《概念框架2010》中界定的增强性质量特征包括可比性、可验证性、及时性和可理解性。

IASB认为,可比性、可验证性、及时性和可理解性是有助于增强具有相关性和可忠实表达的信息有用性的质量特征。

与《框架1989》相比,《概念框架2010》中不再采用"稳健性"的主要理由,是因为稳健性与中性的要求是矛盾的。中性质量特征要求财务报告提供的信息不应当带有倾向性,不应当被主观地予以强化或者弱化。但IASB也承认,目前多个具体准则(例如资产减值准则)中仍在体现对稳健性的应用。故目前IASB也在考虑再次强调稳健性的可能性。

五、财务报表构成要素

IASB在其概念框架中,将财务报表要素划分为反映财务状况或资产负债表要素(资产、负债和权益),以及反映业绩或利润表的要素(收益和费用)。

（一）资 产

资产是指由于过去事项的结果而由主体控制的、预期会导致未来经济利益流入主体的一种资源。

鉴于在讨论中 IASB 倾向于认为资产必须能够产生经济利益的流入，故在《财务报告概念框架（征求意见稿)》中将资产的定义调整为："资产是由过去事项形成的，主体所控制的现时经济资源，经济资源是具有产出经济利益潜在能力的权利。"

（二）负 债

负债是指由于过去事项而承担的一种现实义务，该义务的履行预期会导致含有经济利益的资源流出主体。

鉴于在讨论中 IASB 倾向于认为负债必须能够导致经济利益的流出，故在《财务报告概念框架（征求意见稿)》中将负债的定义调整为："负债是过去事项形成的，主体所承受转移经济资源的现时义务。"

（三）权 益

权益是指主体资产在扣除企业全部负债后的一种剩余利益。

权益索取权是指对剩余利益的索取权。权益索取权包括对股利的索取权利、对清算时剩余资产的索取权利和其他权利。普通股股东、优先股股东、确认为一项权益工具的永续债持有者等也许拥有不同的权益索取权。权益索取权是通过有关法律法规、合同等方式予以规定或约定的。

IASB 采取权益，而不是所有者权益的表述，有必要引发对这两个概念是否存在区别的思考。例如，如果将符合条件的永续债确认为一项所有者权益，是否意味着永续债的持有人属于所有者？

（四）收 益

收益是指会计期间内经济利益的增加，其形式表现为因资产流入、资产增加或是负债减少而引起的权益增加，但不包括与权益参与者出资有关的权益增加。

由于收益不局限于日常活动，故 IASB 对收益的界定意味着计入其他综合收益的利得也属于收益的范畴。

（五）费 用

费用是指在会计期间经济利益的减少，其形式表现为因资产流出、资产折耗或是产生负债而导致的权益减少，但不包括与权益参与者分配有关的权益减少。

由于费用不局限于日常活动，故 IASB 对费用的界定也意味着计入其他综合收益的损失属于费用的范畴。

六、财务报表要素的确认和终止确认

(一) 确认

关于财务报表要素的确认，IASB 指出：确认是指将满足要素定义和以下确认标准的项目列入资产负债表或损益表的过程；与该项目有关的任何未来利益可能会流入企业或流出企业；该项目的成本或价值能够可靠计量。

1. 资产的确认

如果一项资产的未来经济利益很有可能流入企业，并且其成本或价值能够可靠地加以计量，则应在资产负债表中确认该项资产。

2. 负债的确认

如果由于一项现时义务的履行，含有经济利益的资源很有可能流出企业，并且其结算金额能够可靠地加以计量，则应在资产负债表中确认该项负债。

3. 收益的确认

如果与资产的增加或负债的减少相关的未来经济利益的增加已经发生，并且能够可靠地加以计量，则应在收益表中确认收益。这实际意味着，在确认收益的同时，也要确认资产的增加或负债的减少。

4. 费用的确认

如果与资产的减少或负债的增加相关的未来经济利益的减少已经发生，并且能够可靠地加以计量，则应在收益表中确认费用。这意味着，在确认费用的同时，也要确认资产的减少或负债的增加。

(二) 终止确认

终止确认是指将原确认为一项资产或者负债的全部或一部分从财务状况表中移除的行为。

终止确认的主要原因，是由于一些交易或事项的发生，使得原确认为一项资产或负债的项目丧失或不再具备确认的条件。例如主体丧失了对原确认的一项资产的控制权；主体不再承担原确认一项负债的偿还义务等。

七、财务报表要素的计量

（一）计量属性的选择

关于财务报表要素的计量，IASB 采取了计量基础的表述，其对计量所做的定义是：计量是指为了在资产负债表和收益表中确认和列示有关财务报表的要素而确定其货币金额的过程。这一过程涉及具体计量基础的选择。IASB 讨论了历史成本、现行成本、可变现（结算）价值、现值等四种计量基础，但没有涉及公允价值计量基础。

IASB 认为，历史成本仍然是编制财务报表时最常用的计量基础。虽然它有时也可以与其他的计量基础结合使用。此外，有些企业为了处理非货币资产价格变动的影响，还采用了现行成本基础，以弥补历史成本会计模式的不足。

20 世纪 90 年代以后，伴随着一些新准则的发布和对现行准则的修订，越来越多的会计要素计量采取了公允价值计量基础。这也许是 IASB 选择用"中性"替代"稳健性"的重要原因之一。

2011 年 5 月 12 日，IASB 发布了 IFRS 13，成为最新的有关公允价值计量的会计规范。

在 IFRS 13 中对公允价值进行了界定，建立了单一的计量公允价值的国际财务报告准则框架，并对公允价值计量披露提出了要求。

IFRS 13 对公允价值的定义是：公允价值是指市场参与者在计量日发生的有序交易中，出售一项资产所能收到或转移一项债务所需支付的价格。

《财务报告概念框架（征求意见稿）》中将计量基础划分为历史成本和现行价值两个类别。

历史成本计量基础中包括了现行成本的概念。IASB 认为，现行成本和历史成本都属于取得价值，不同于现行价值计量基础。

现行价值包括公允价值、资产的使用价值和债务履约价值。资产的使用价值是指主体打算持续使用资产预期产生的现金流量的现值；债务履约价值是指主体打算偿还债务所预期产生的现金流量的现值。

八、资本和资本保全的概念

（一）资本的概念

资本保全的概念关系到主体如何定义力求保全的资本，因为它提供了计量利润的参照点，从而也就规定了资本概念和利润概念的联系。它是区别主体资本回报和资本回收的前提。资产的流入必须大于保全资本所需的金额，才可以作为利润，也才可以作为资本回报。利润是从收益中扣除费用（包括适当的资本保全调整）以后的余额。如果费用大于收益，这一余额就是亏损。

IASB 认为，绝大多数主体在编制财务报表中采纳了财务资本的概念。按照财务资本的概念，资本体现为主体的净资产或权益；按照实物资本的概念，资本被界定为主体的生产能力。

（二）资本保全的概念和利润的确定

1. 财务资本保全

在财务资本保全概念下，扣除该期间业主的投入以及向业主的分配，如果主体期末净资产的货币金额超过了期初净资产的货币金额，就意味着赚取了利润。

2. 实物资本保全

在实物资本保全概念下，扣除该期间业主的投入以及向业主的分配，如果主体期末的实物生产能力或经营能力超过期初的实物生产能力或经营能力，就意味着赚取了利润。

资本保全的概念关注的是主体如何界定自身的资本、如何保全资本。

实物资本保全理念的提出，主要源于 20 世纪 60 年代至 20 世纪 90 年代初期在英美等主要西方国家出现的通货膨胀问题。自 20 世纪 90 年代初期以来，伴随着通货膨胀问题在主要发达国家的有效遏制，有关实物资本保全问题的讨论在逐步淡化。

IASB 承认，在为数不多的情况下，概念框架和具体国际会计准则之间可能存在矛盾。在存在矛盾的情况下，具体国际会计准则高于概念框架。然而，由于理事会在制定新准则和审议现有准则的过程中，会受到概念框架的指引，概念框架和具体国际会计准则之间的矛盾情况将随着时间的推移而减少，概念框架将以 IASB 的工作积累为基础不断地进行修订。

▶ 第三章

我国会计模式的选择与变迁研究

第一节　会计模式的含义

一、会计模式的含义

1999版的《辞海》中对模式的解释是：亦作"范形"，一般指可以作为范本、模本、变本的样式。模式作为术语在不同的学科有不同的含义。在社会学中，模式是研究自然现象或者社会现象的图式理论和解释方案，同时也是一种思想体系或者思维方式。现代汉语词典的解释，模式是指某一事物的标准形式，这种标准形式可能因为其十足的个性化使得同一项事物产生不同的模式。用模式来描述的事项可大可小，大者可以描述一个国家的模式，小者可以描述一个家庭的模式。模式可以描述的事项几乎包括了人们生活中的一切领域：政治的、经济的、文化的、法律的、社会的等。模式（pattern）或者称为范形（model），是由范式（paradigm）引申而来的。美国学者托马斯·库恩的《科学革命的结构》一书中将范式作为核心概念，即一个范式就是一个公认的模型或模式，说明了科学理论发展的本质和规律性。在库恩提出核心概念"范式"之后，世界各国、各学科的学者根据自己的理解，对范式做出了各自学科的定义并将其运用到不同的研究对象上，同时也引申出了诸如经济模式、社会模式、行为模式等概念。当模式用于描述会计领域中的某些标准形式时，就产生了"会计模式"（accounting pattern）。

会计模式是指按一定的会计特征对一定国家或者地区的会计制度（accounting system）的构成要素所进行的综合和描述。会计模式与会计制度是国际会计与比较会计研究中经常出现并且有时候交替使用的概念。狭义的会计制度是进行会计工作做应遵循的规则、方法、程序的总称。而广义的会计制度应该包括会计管理体制、会计规范、会计监督等构成要素。以我国为例，《中华人民共和国会计法》第八条规定："国家实行统一的会计制度。国家统一会计制度由国务院财政部门根据本法制定并公布。"第五十条规定："国家统一会计制度，是指国务院财政部门根据本法制定的关于会计核算、会计监督、会计机构和会计人员及会计工作管理的制度。"这里所称的会计制度即为广义的会计制度，而不仅仅指《企业会计制度》一类的会计规范。应当说明，会计制度和会计模式有着类似的内涵，但并不是等同的概念。会计制度是具体的，反映一定国家或地区的标准化会计实践活动，是同具体的会计实践紧密联系的，而会计模式是抽象的，通过排除会计制度中的具体细节而获得理论的抽象，反映了会计制度的理论基础及主要特征。按照惯例，本书也同样不对会计模式和会计制度进行严格的区分。

二、会计模式的两分法——基于会计属性的重构

基于对会计模式和会计实践关系的认识，笔者认为，会计模式和会计之间具有同构性，即会计模式应该具备会计所具备的一切主要的特征。因而对会计的认识和研究成果很大程度上可以用来指导会计模式的研究，如会计目标、本质、职能，会计的系统性，会计和环境的关系等，尤其是会计属性，都可以在会计模式的研究中得以映照。会计属性是隶属于会计本质方面的特性，是会计区别于其他事物的一种内部规定性。目前会计理论界大都承认会计具有两重属性，即会计既具有技术性，又具有社会性。从会计产生和发展的过程看，会计总是随着生产力的发展而发展——会计的记账方法由简单到复杂，由低级到高级，逐步完善，成为一门技术性很强的较为严谨的体系，会计这种同生产力紧密联系，随生产力发展而发展的特性是不以人的意志为转移的，它体现了会计的自然属性，表现为会计具有一整套专门的技术方法体系，这就是会计的技术性。这种属性具有超阶级性、多样性及系统性和环境适应性，是各国会计得以融通、相互借鉴、趋向国际化的主要动力。另一方面，会计对社会环境的依赖关系，决定了会计也具有鲜明的社会属性，表现在会计总是要反映特定的生产关系，受一定的政治、经济、法律、文化等社会环境的制约，是为一定的政治目的或经济政策和特定的利益集团服务的，它由体现社会性的各种因素（如会计组织管理、会计规范、会计监督、会计教育等）组成，这些因素多是以正式制度的形式存在的，因此也可将其归结为制度性因素，可见，会计的社会属性直接体现着生产关系，只要不同的生产方

式存在，只要国家利益、集体利益和个人利益之间的矛盾存在，就必然会出现会计理论与实务水平的差异。基于上述认识，我们可以从技术性和制度性的二维视角对会计模式进行重构，将会计惯例、会计程序和方法等实务操作层面的要素归结为会计模式的技术层面，或是技术性会计模式，而将体现会计社会属性的以正式制度（法律、规范、条例等）形式存在的各种要素归集为会计模式的制度性层面，或是制度性的会计模式（见图3-1）。

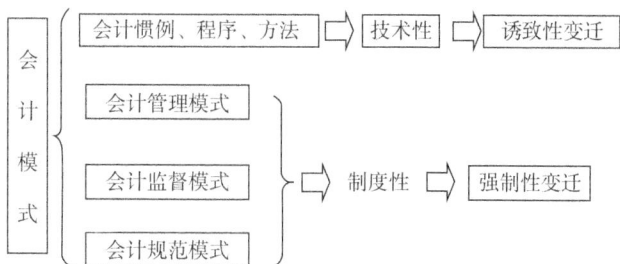

图 3-1　会计模式的二分法及其变迁路径示意图

在会计模式的传统研究中，多数学者只侧重于探讨制度性会计模式，如会计规范、会计标准，以及会计管理模式、监督模式等要素，很少有人将会计惯例、会计程序和方法等技术层面的要素纳入研究视野之所以会出现这种情况，是因为很多学者认为会计模式只是对会计主要特征的概括和总结。这种观点是不恰当的，因为，一方面，会计惯例是国际会计比较中一个很重要的指标，会计模式诸多方面的差异，多可以从会计惯例的差异得以体现；另一方面，会计惯例并不直接等同于会计规范和会计标准，在个别情况下，已经发布的会计准则也可能没有成为流行的会计惯例，或是因为经济环境的变化而停止执行或废止，更重要的是，二者的形成机理是不同的：前者是在会计实践中逐渐形成的常规或通行的做法，是非正式制度，或者说是内生制度的范畴；后者是国家或职业团体发布的并强制力保证实施的正式制度，属于外生制度的范畴，因而二者变迁的路径也存在差异。可见，将会计惯例纳入研究的视野对于更好地认识我国经济转轨时期会计模式的选择与变迁并深入探寻隐藏于内的本质性的规律是有益的。

三、国际会计制度变迁及趋同分析

（一）会计模式由多种因素决定

各国的会计事务及其管理方式都是其政治、经济、法律、历史、地理、文化、教育等因素相互作用的结果，以上环境因素的不同组合和变化，导致了各种不同会计模式的形成和转化。

常勋教授在分析会计模式的影响因素时，总结了八项社会经济环境因素和一项文化因素。社会经济环境因素包括：①法律制度；②企业资金来源；③税制；④政治和经济联系；⑤通货膨胀；⑥经济发展水平；⑦教育水平；⑧地理条件。文化因素则是指社会价值观或其他有关原则，例如不同国家的文化对个人主义、权力距离、不确定性和阳刚性有不同的偏好，对职业化还是法规化、统一性还是灵活性、稳健主义还是激进主义、保密性还是透明性有不同的态度，从而会对会计模式产生不同的影响。王松年教授则从以下六个方面分析了各国会计模式产生差异的原因：①政治经济体制；②法律制度；③税法规定；④企业资本结构；⑤会计职业团体；⑥民族文化特性。一种会计模式与众不同的一个显著特征，是该模式采用了哪一种会计规范形式，是以会计准则为主还是以会计法规和核算制度为主。通常认为，美国、英国等海洋法系（或普通法系）国家主要采用会计准则、审计准则的形式对企业财务报告加以规范和监管，而法国、德国等大陆法系（或成文法系）国家主要采用有关法规或会计核算制度对企业财务报告做出规定。

一个国家采用什么形式的会计制度，从总体上说，应由该国的宏观会计环境因素决定。例如，从法律上说，该国采用的是成文法还是普通法；从经济上说，该国采用的是市场经济还是计划经济，经济发展水平和开放程度已达到哪一个地步，资本市场的发育程度如何，是通货膨胀经济还是通货紧缩经济等；从政治上说，该国的政治管理体制如何，采用的是集权制度还是分权制度，讲究的是权力垄断还是自由民主等；从社会文化看，该国文化崇尚的是个人主义还是集体主义，是积极乐观还是稳健谨慎的心态，具有封闭保密还是公开透明的价值观等。近几十年来，各国对不同会计制度形式的采用，尤其与以下具体因素有关：

1. 资本市场发展程度

企业资本如果主要来自于政府或银行贷款，为了保护政府（包括国家投资者）或银行的利益，维护国家金融秩序，通常会使用立法或行政手段对企业财务报告做出规范。相反，如果企业资本主要通过资本市场来自于公众投资者，一般会使用会计准则形式对公司财务报告做出规范，来满足公众利益的和有效决策的需要。美国、英国等西方发达国家的资本市场发展历史较为悠久，市场运行监督机制比较完善，上市公司数量和影响都很大，参与资本市场的投资者众多，且通常都接受过较高水平的专业教育。资本市场发展程度较高国家的广大投资者对企业提供高质量会计信息的要求自然就顺理成章，需要会计准则来加以规范。而对于新兴市场国家和没有设立资本市场的国家，上市公司通常数量少、规模小，尚没有形成所谓的"产权文化"，这些国家一般习惯按照法规或会计核算制度对企业会计实务和财务报告做出规定。

2. 证券管理机构推动

一般而言，各国上市公司是应用会计准则的主要力量。各国会计准则的产生和发展，与相关国家证券管理机构的支持密切相关。证券管理机构为加强本国资本市场管理，从保障资本市场有效运行的考虑出发，一般要制定系列的证券和金融法规，其中通常包括关于上市公司会计信息披露方面的规范。由于会计问题具有较强的专业技术性，证券管理机构多数会将制定适用于上市公司会计准则的权利，委托给有关会计职业组织或独立会计准则制定机构，自己仅保留对会计准则制定和执行的监督权、否决权。如美国证券交易委员会在将会计准则制定权先后委托给会计程序委员会、会计原则委员会和财务会计准则委员会后，自己不再制定会计准则，它在对会计准则的制定实施过程进行监督的同时，形成了会计准则的"执行机制"，即对所有上市公司报送的注册文件和年度报告遵守会计准则情况均进行严格检查和监督，以保证会计准则的有效实施。有一些国家的证券管理机构与会计准则制定机构之间配合不够默契，部分会计准则在上市公司中的应用受到了来自于证券管理机构的反对，使会计准则的执行效果大打折扣。

3. 对国际经济依赖程度

部分国家对会计制度规范形式的应用，尤其是从某种规范形式转化为另一种形式，通常与该国对国际社会开放和依赖程度有较为密切的关系。我国改革开放后会计制度的变迁，就是最好的例证。在实行改革开放政策前，我国"一无内债，二无外债"，国家经济很少参与国际社会的大循环，对国外资金、技术和管理也没有迫切需求，一直实行传统和统一的会计核算制度，没有出现太大的问题。随着改革开放的逐步深入，我国经济与全球经济的关系日益紧密，为了快速发展社会主义商品经济和市场经济，我国既需要大量的国际资金和先进技术，也要求在管理体制和管理方法上向国际惯例学习借鉴，这对我国会计改革提出了较为迫切的需求。当我国企业到国外筹资、在香港发行 H 股和在国内发行 B 股时，需要根据其他国家或国际会计准则编制财务报告。

因此，我国从 20 世纪 80 年代开始研究尝试，90 年代初正式推行并逐步加快了会计改革步伐，明确了以会计准则作为我国会计制度的主要规范形式之一。此次改革的重要一环是颁布了《企业会计准则》，然后又陆续制定和颁布了具体会计准则，逐步取代相关会计核算制度，总的目标是建立一套既立足我国国情又同国际惯例接轨的以会计准则为核心的会计规范体系。

4. 政治势力影响

会计制度形式的采用，还与政治势力的影响有关。不同的政治势力赋予会计制度以不同的主观目的，包括：①国家宏观管理需要；②国家统计数据的需要；③保护投资者、债权人等需要；④国家纳税需要；⑤满足企业管理的需要等。不同国家可能会偏重以上的不同目的，进而使用不同的会计制度规范形式。如在冷战时期，整个世界被划分为社会主义阵营和资本主义阵营，包括我国在内的许多社会主义阵营国家，一般使用苏联统一会计核算制度的规范形式，以满足计划经济管理的需要；在资本主义阵营的国家或地区，包括我国的台湾和香港、澳门地区，均采用美英国家的会计准则形式，以适应市场经济管理的需要。

5. 社会文化影响

社会文化包括思想观念、价值取向、思维方式、行为准则、语言文字和风俗习惯等，对于会计模式的形成和发展具有重要的影响。由于文化是人类在长期的社会实践中创造和积累的，体现了一个国家或民族的精神特征，因而在不同的文化环境中，会计模式会呈现出明显的差异。荷兰学者何斯特德曾将社会文化的差异分为四个方面，即个人主义还是集体主义、权距之大小、对不明朗因素反应的强弱、阳刚还是阴柔。以对不明朗因素的反应为例，在一个反映较强的国家，人们更加关注会计信息的可靠性，往往采用较为严格、保守、谨慎的会计方法，一般会采用会计核算制度。而在反应较弱的国家，人们生性则较为乐观豁达，注重成就，强调会计信息的真实反映，一般会采用会计准则。

（二）全球会计模式的融合趋势

20世纪90年代以后，随着社会主义和资本主义两大阵营对立的消失以及苏联的解体，服务于计划经济的苏维埃会计模式或共产主义国家模式影响渐微。同时，随着经济国际化和全球化的迅速发展，从事市场经济的各个国家的经济模式、管理模式以及文化价值观也加强了相互学习和交流，因此使各国会计模式呈现出融合的趋势。

1. 各种不同会计模式之间的关系开始简化

近年来，会计学者们对会计模式所做的分析，不再是将它们划分成许多模式，而是简单地归结为大陆法系会计模式与海洋法系会计模式，而且当今世界上绝大多数国家的会计模式均可以划归于这两大类。美国（含英国以及一些英语国家）会计模式作为一方，法国和德国等欧洲大陆国家的会计模式作为另一方。虽然这两种主要的会计模式之间还存在比较显著的差异（见表3-1），但美英会计模式和法德会计模式之间已逐步呈现一种"求大同、存小异"的势头。我国会计学家郭道扬教授发表的《论两大法系的会计法律制度》，深入研究了英美法系和大陆法系会计法律制度建立历史过程及各自运行基本规律，分析比较了两大法系会计法律制度建立的和形成的基本特点，以及其中值得重视和研究的一些基本问题。其中，两大法系中的大陆法系（或称为民法法系）在罗马法基础上形成与发展起来的法系，历史悠久，分布最广，影响很大，代表国家有法国与德国；英美法系（或称为普通法系、海洋法系）以英格兰普通法为基础形成、发展起来，它在进入现代社会后，发展创新力度明显加强，影响也不断扩大，在世界法系中与大陆法系形成并驾齐驱甚至略胜一筹的演进格局，代表国家有英国和美国，进入20世纪后美国开始占据主要地位。两大会计法律制度体系各有特色。大陆法系以"法典式会计制度"显示其特色，而英美法系则以会计准则显示它的特色。

表 3 - 1　两大会计模式的特征

特征	大陆法系	英美法系
会计体系类型	政府驱动、税收主导	商业驱动
文化	类似的会计价值观（法规化、统一性、保密性）	类似的会计价值观（职业化、灵活性、透明性）
法律制度	来源于成文法典	来源于普通法
对国际资源的依赖性	相对较为不依赖国际资源	相对较为依赖国际资源
会计焦点	比较不关注产权	强烈关注产权
资本来源	主要来自于私人产权和债务	主要来自于公众产权和债务
公司治理	利益相关者模式	股东模式

2. 欧洲大陆法系会计模式有明显向美国等海洋法系会计模式靠拢的趋势

汪祥耀教授曾以"会计准则：市场经济发展的必然选择"为题，阐述了各国采用会计准则的发展趋势。他指出，随着市场经济的发展，生产要素的进一步市场化以及资本市场的全球化，世界各个国家逐步认同会计准则是目前较为适合市场经济运行和发展的会计制度规范形式。最早采用其他会计制度规范形式的一些国家，也陆续开始采用会计准则形式，走向了会计准则的大同世界。

如欧洲大陆法系国家，原来主要是以公司法、民法、商法、税法等法律来规范企业的会计行为，主要是因为这些国家多数公司的家族色彩相对浓厚，资金主要来源是家族资本和银行借款，而不像美英企业主要来源于大众投资者，原先这些国家的资本市场一般不是很发达，且会计职业组织规模和影响都比较小，也缺乏完善的独立会计制度。

然而，这些国家随着自身经济发展规模的不断壮大及参与世界经济大循环程度的逐步提高，对外筹集资金和开放市场的愿望日益强烈，国际资本流动速度明显加快、规模显著扩大，资本市场对企业会计信息质量要求也越来越高，靠原有会计立法的会计制度规范形式已不能满足这些要求。

因此，欧洲许多国家逐步开始采用会计准则形式，作为对"法典式会计模式"会计规范的补充。特别是进入21世纪以来，法国、德国、奥地利、意大利、比利时、西班牙等国家先后修改了法律，允许部分上市公司采用美国公认会计原则或国际会计准则编制国内财务报表；法国和德国等还设立了会计准则委员会，作为会计准则制定机构来制定本国的会计准则；后来，欧盟明确表示，为支持会计准则的国际协调，不准备再制定一套在欧盟范围内的会计准则，而要求欧盟上市公司从 2005 年起使用国际会计准则来编制合并财务报表，允许与欧盟已有法规存在一定的差异。向会计准则转化的情况也同样发生在我国。

第二节　会计模式变迁的路径分析

一、技术性会计模式变迁的路径分析

一般说来，会计惯例是会计模式中最活跃的因素，它最直接地体现着生产力发展的要求。生产力的革命性决定着会计模式具有扩张和渗透的本性，同时又决定了会计模式具有较强的适应性和融通性，能随着生产经营环境的变化而适时地调整和完善自己。正是会计的技术属性，才使得会计和会计模式具有国际化的动力和源泉，同时，它可以直接对经济需求做出反应，并超越现行的会计管理体制和会计规范体系，从而带动和促进整体会计模式的进化。

从新制度经济学的视角来看，技术性的会计模式属于内生制度的范畴，其变迁的路径主要表现出诱致性变迁的特性。所谓诱致性变迁，指的是现行制度安排的变更或替代，或者是新制度安排的创造，是由一个人或一群人，在相应获利机会是自发倡导、组织和实行的。会计模式的诱致性变迁是指为了适应社会发展的需要、满足经济管理的要求而发生的、不以个人、团体乃至国家意志为转移的变迁。

会计模式的诱致性变迁，使得不同的国家和地区的会计惯例趋于融合。这一点可以在世界会计的发展中得以很好的体现。从 14 世纪至 15 世纪，意大利商人的商业活动就跨越国界了。作为现代簿记方法鼻祖的复式记账原理始于意大利城邦，而后传播到德、法、荷兰等国家，由从那里传到了英国，会计制度就是随着商业活动的扩展而传播的。17 世纪和 18 世纪，英国的会计和审计方法传遍了它当时的殖民地（现代的英联邦），而且传到了美国；法国把它的会计传到了它的非洲殖民地；荷兰把会计制度传到了印度尼西亚和南非；德国也把会计传到了瑞典等东欧国家以及沙皇俄国和日本。

可见，会计作为一门技术是超越了国界，超越了政治的。近年来，随着经济全球

化进程的加快，国际资本市场也获得了迅速发展，跨国投资和融资活动进一步促进了各国会计惯例之间的协调乃至趋同，尤其是频繁发生的企业兼并及其规模的急剧扩大更加促进了跨国公司的发展，进而在微观层面推动着会计惯例之间的国际趋同。在IASC 的努力下，"制定一套高质量、可理解和可实施的全球会计准则"的方针得到了越来越多的国家和国际组织的支持，各国会计的会计标准出现了明显的趋同的趋势，欧盟、澳大利亚等国已经决定采用国际财务报告准则，我国更是于 2006 年 2 月 15 日出台了一揽子会计审计准则，实际上完成了会计和审计标准的国际趋同。由此可见，会计模式的国际趋同已是大势所趋、潮流所向。

如前所述，会计从其诞生的那一天起，从来就不是孤立的和静态的，而是动态的和发展的，不断地同外界进行着物质能量和信息的交换，在长期的历史发展中，不断地相互渗透和融合。因而可以说，会计模式的技术性属性，决定了会计模式的选择和变迁必然要顺应国际趋同的客观规律。

二、制度性会计模式变迁的路径分析

笔者把为进行会计工作的组织和管理而正式发布的相关法规、设立的组织机构以及指导组织机构运行的规章制度和行为准则统归于制度性的会计模式，或者说是会计模式中的制度安排要素，其共同之处在于它们都是由国家或其他机构（如职业团体）正式发布并由相关措施加以保障的，亦即同属于外生制度的范畴。这些外生的制度安排通常是理论研究所关注的焦点，然而多数学者在研究时，倾向于认可会计环境的决定作用，并将着眼点放在对环境因素的分析上，得出的结论也多是会计模式的选择一定要根据本国特定的环境进行，这种分析在理论上完全成立，但其现实指导性和解释力却稍显不足，一个典型的例子是，处于经济转轨时期的国家，其会计模式的选择经常会超越其所处的环境，并将肩负促进落后环境改变的重任，因此在环境的背后，必然隐藏着更为本质的原因。

按照韦伯的定义，国家是一种在某个给定的地区内对合法使用强制性手段具有垄断权的制度安排。国家的基本功能是提供法律和秩序政策，维护社会经济的发展，并保护产权以换取税收。国家在这里担负着制定并维系秩序政策的责任，国家要建立各项与社会市场经济相适应的法律，以保障经济运行。会计作为管理企业经济活动的一种有效手段，当然也充分体现了这种"秩序政策"。也就是说，会计作为一种经济管理的手段，归根结底是受国家意志的决定和制约的。正是从这个层面上讲，国家意志从根本上决定着一国的会计模式。基于新制度经济学的研究，制度性会计模式的变迁更多地表现出强制性制度变迁的特征。所谓强制性制度变迁，指的是制度的变更或本书替代是由政府或法律引入和实行的。将会计模式的强制性变迁界定为：国家或政府基于对环境和会计发展状况的认知，在其已有的会计理念的指导下，为达到特定的目标而制定一系列制度并以强制力保障实施的变迁形式。

从理论上讲，会计模式的选择与变迁，应顺应经济发展的客观规律，满足经济运行过程中不断提出的要求，并与其所处的环境相适应，与整个社会制度结构中的其他制度安排相协调。然而，实际情况却并非如此，适合经济环境、符合经济发展规律的会计模式未必能够得以确认而上升为国家的正式法规或制度；同样地，国家所颁布并大力倡导的行为准则也未必能够受到广泛的认可，其实施效果也无法保证。也就是说，外生制度和内生制度有可能因主体认识偏差和利益冲突而存在某种程度上的不相容，正是这种不相容性，使得正式制度的执行效果大打折扣，造成我国会计信息质量的失真现象严重泛滥。深入分析这种偏差产生的根源，对于指导我国会计模式的选择与变迁无疑有着重大的现实意义。

任何一项制度的颁布都要经过一系列的程序论证，并得到某一特定的决策主体的认可。诚然，科学的程序是合理制度生成的根本保障，但不容否认的一点是，决策主体的主观意志仍是一个至关重要的影响因素。当然，良好的程序安排有助于克服个体的"主观倾向"，如FSBA就制定了很复杂的程序，其他国家的会计准则制定程序也有向美国靠拢的倾向，但作为一个决策主体的集合，机构仍会存在由于"集体无知"带来的决策失灵，正是这种失灵造成了外生制度决策的偏差。长久以来，人们关注的只是决策程序，而不自觉地将决策主体视为一个"黑箱"，认为只要程序科学，便会必然生成符合标准的制度，这是一个缺憾。

第三节　我国会计模式选择的内生性路径研究

一、制度变迁视角下的两大会计模式

如果考虑文化传统根源的差别，法德会计模式与英美会计模式在各自的深层环境因素中又存在各自的合理性，也就是说，依然需要重视"知识结构"在制度变迁乃至在会计制度均衡中的意义，但仍然有必要强调经济学家诺斯的两个结论——"强调制度安排的发展才是主要的改善生产效率和要素市场的历史原因"；"在稀缺和竞争成为普遍存在的条件时，效率较高的制度安排将取代效率较低的制度安排"。从欧盟的会计协调来看，其总共颁布了三个涉及会计与审计的指令。1978 年颁布的第 4 号指令《年度财务报表的格式和列报规则》的突出表现，是采用了英国会计长期遵循的"真实与公允"观点作为欧盟国家编制财务报表的指导思想。1983 年颁布的第 7 号指令《合并会计报表和附属公司》，出于协调需要，允许企业在编制合并会计报表时进行一定程度的会计选择，这是在法德会计模式下以纳税为目的的单一报表所做不到的，因为法德会计模式下的单一报表的会计方法在很大程度上受法律和税制的约束。

虽然这两个指令的颁布对欧盟尤其是法德的会计制度与实务产生了很大影响，但是还不能对法德会计模式会大面积吸收英美会计模式而得到改进轻易地下结论，因为依据 1957 年签订的《罗马公约》，欧盟的管理机构发布的特定规则是各成员国必须立即执行的，而颁布的指令则是相对宽松的，各成员国可以在既定的期限纳入国家法律，也就是说指令的约束力是有余地的。因此，虽然会计指令已经颁布和应用，但指令往往不能得到按时执行，如对第 4 号指令、第 7 号指令，很多欧盟国家并没有按时将之纳入法律，尽管欧洲委员会要求各家公司 2005 年前在欧盟上市按 IFRS/IAS 编制财务报告，欧盟也没有进一步发布新指令的计划。

欧盟会计协调的动力、原因以及现状依然可以得到制度经济学的解释。诺斯和托马斯（1971）在他们著名的"庄园制度的兴起和衰落"研究中，构筑了一个经典的经济学理论模型——制度变迁与交易费用的解释模型。从封建庄园制到后来英格兰的土地私有制和劳动力自由市场安排，每一次制度变迁都源自经济条件的变化，从而导致了新的更加节省交易费用的制度安排的诞生，以至于最终取代不能适应新经济环境的旧的制度安排。欧盟会计协调的动力和原因在于跨国经营与跨国融资所引起的财务会计报告环境的变化，而第 4 号、第 7 号、第 8 号指令的颁布及实施也主要是为适应新的国际经营和融资环境，从而降低转换成本等交易费用。诺斯和托马斯在"庄园制度的兴起和衰落"研究中还注意到，新经济环境的出现会引起追求利润动力的增加，各种变化及利润动力首先会对次级安排产生压力——改变次级制度安排，违背、更改或其他绕过现存的基础性安排的这类变化不断积累力量，终将会对基础性制度安排进行更基本的或成本更高的修改产生不断增长的压力，诺斯和托马斯结论是"次级制度安排中那些积累的变化最终会导致一连串基础性法律的颁布"，欧盟颁布的第 4 号、第 7 号、第 8 号指令是对会计实务进行调整的次级制度安排，最终导致各国将之纳入基础性制度安排——各国会计法律之中。但诺斯和托马斯在"庄园制度的兴起和衰落"研究中也指出，当影响次级制度安排的各种参数的变化为建立新的次级制度安排提供潜在利益时，如果新的次级制度安排与基础性制度安排发生冲突，那么这种新的次级制度安排就不会实现，至少不会立即实现，欧盟颁布的第 4 号、第 7 号、第 8 号指令无疑是与法德会计制度安排相冲突的，因此欧洲多数国家对基础性会计法律的改变很不情愿，动作非常缓慢。

由于在跨国经营、跨国融资等方面改变次级会计制度安排和基础性会计制度安排的利益是可见的，因而可以导致法德会计制度的局部少许变动，但是实行准则型会计、将财务会计与税务会计分离、培育发达的会计职业等好处往往不能直接显现或者是不可见的，因此对于法德会计制度的根本性变迁，目前依然不能得出精确的预期的结论，还应该看到习惯对于会计制度选择的约束力，经济学所谓"知识结构"在制度均衡中的作用对于会计制度变迁的路径也具有同样的意义。

但在另一个意义上——从长期的意义上来看，会计模式的变化仍然具有可以预见的趋势。在"庄园制度的兴起和衰落"研究中，诺斯和托马斯认为产权和制度变迁经济学更为关注长期的经济变化，制度变迁显示了变迁过程中一系列产权和个人权利的基本的变化，本书认为，从长期趋势来看，会计产权的有效配置依然是会计模式变化的内在动力，独立税务会计及其他自主会计选择等个体会计产权的内在价值终会得到证实，正如诺斯和托马斯在"庄园制度的兴起和衰落"研究中所坚持的，社会需要的是新的能使个人回报率和社会回报率相等的根本性的制度安排，这样才能出现持久的经济增长。

二、我国文化传统的边际性变迁

诺斯（1971）论述"制度变迁与经济增长"时关于文化有一个重要观点：人们往往根据固定的思想意识去行动，因而意识形态是节约信息成本的一个途径。文化传统以其固有的价值与效率取向与制度安排产生共振，体现了文化传统对制度选择的内生性作用。在经济学效率意义上，我国文化传统能够做哪些边际性的变化？也就是说在框架上中国传统文化有哪些方面与经济学效率相悖？从经济学角度来说，除了上述固有的价值与效率取向，中国传统的家族文化与伦理意识及儒家哲学也具有非效率的一面。家族文化与伦理意识内含亲情与等级秩序，由此决定的合约费用的结构使分工不能完全服从经济上有效率的原则，即这种传统倾向于以人情与等级作为交易原则，因而缺乏合理产权界定与公平交易及效率分工的市场性交换与市场性契约精神，儒家哲学精神由于排斥利润进而其本身就不是一种以利润为动力的制度创新的激励体系。

因此，虽然中国传统文化具有固有的价值与效率的禀赋，但没有有效的个体产权界定，缺乏市场契约与效率分工意识及缺乏激励体系也抑制了这一文化禀赋。固有的价值与效率取向为我国传统文化指明了变迁的方向，市场效率、契约效率、分工效率以及创新这些理念应该说是符合我国传统文化固有的价值与效率取向的。变迁只能从习惯的边际开始，从实践来看，虽然积淀了几千年，但这种边际性的变迁却是实实在在地在进行着，制度变革与创新的动力是"看不见的手"，几十年的改革也验证了这一经济性原则，需要培育的依然是市场契约精神、效率分工意识、激励创新体系。如何合理甄别传统文化价值与效率的一面及如何改变非效率的一面，是我国会计制度变迁面临的一个重要问题，现实地选择应该遵循"接受不需要改变的、改变可以改变的"的原则，接受固有的价值与效率取向，通过诱致性变迁和强制性变迁在边际上去变革非效率的一面，从而实现那些固有的价值与效率取向。

三、会计模式的内生性对接：一个路径参照

经由上述分析，在框架上而不是细节上，我国传统文化固有的价值与效率取向及可以预见的边际性变迁方向与会计产权配置更合理的英美会计模式具有共振性，因而选择英美会计模式作为我国会计模式的路径参照应该是一个内生性对接。为什么不以折中的方式同时对接法德与英美会计模式中各自的优势？经济学家关于后发优势与后发劣势的讨论，其中心也正是论证制度参照这个问题的，他们认为只有成功的整体制度的内生性模仿才会产生"后发优势"，部分的制度或者只局限于技术层次的外生性模仿只能产生"后发劣势"。

制度模式参照不能采取折中与拼凑的路径——对各种制度模式进行"剪裁"，这不是内生性的扬长，而是外生性的移植，其特征是非线形的，因而其效率是不可预测的，制度模式参照应该是总体上内生性对接其中一种典型模式，并按照内生性原则进行合理的取舍——一个参照性创新，其特征是线形的，也是可预测的。

那么如何按照内生性原则对英美会计模式进行合理的取舍呢？本书认为，在总体上对接英美会计模式的基础上，应该考虑到文化传统对会计制度选择的内生性约束力，应该看到我国长期的农耕文明积淀了对皇权——权威的遵从，民间缺乏自治习惯，因此，财务会计概念结构与财务会计准则的制定可以采纳政府主导模式，财务会计标准在体例上可以采用英美的准则型会计——会计准则，在制度层次上，为保证执行效力，财务会计概念结构、财务会计准则应该采用法规或规范性文件的形式，以保证其权威性和执行力。从我国2006年颁布新的企业会计准则到现在的会计安排来看，在文化、效率的会计模式对接上，符合本书在理论上所拟定的逻辑框架，因而依据上述分析，我国目前已经选择的会计模式在制度层次的安排上具有经济学意义上的制度适宜性。

▶ 第四章

会计要素：会计信息的构成要件

会计要素是具体化的会计对象，是构成财务报表的根本组件。经济交易和事项需要按照其承载的权利和义务特征划分为财务会计要素，转化为财务会计信息，从而反映经济活动，便于使用者决策。

第一节　会计要素概述

一、会计要素的概念

财务会计的要素是将经济交易和事项按照权利和义务的特征划分而成的信息基本单元，是财务会计信息系统输入原始信息和输出决策信息的组成单位。

（一）会计对象的形式与实质

经济交易或事项的核心并非形式上的商品或劳务交换，而是附着于形式背后的权利与义务交换，权利和义务由各方签订的显性或隐性合同来规定。财务报告使用者依据企业财务报告进行决策，需要依据合同享受权利、履行义务，其最终目的是保证其投资活动、信贷活动以及其他信用活动中的权益，这些权益附着在他们在企业享有的经济资源及其要求权上。

按照目标要求，财务报告应提供两类信息：第一类是关于企业的经济资源、企业经济资源的要求权的信息；第二类是引起企业的经济资源及其要求权变动的信息。通常情况下，第一类信息由资产负债表提供，涉及资产、负债和所有者权益三个要素；第二类信息由利润表、现金流量表和所有者权益变动表提供，其中利润表涉及收入、费用和利润三个要素，现金流量表中的现金及其等价物属于资产负债表中的资产要素，所有者权益变动表涉及资产负债表中的所有者权益要素。

（二）会计要素反映会计对象的实质

上述资产、负债、所有者权益、收入、费用和利润等六要素是按照经济交易或事项背后的权利义务划分而成的，是具体化的会计对象，构成了资产负债表、利润表和现金流量表等主要会计报表的根本组件，成为财务会计信息系统输入原始信息和输出决策信息的基本单元。

从形式来看，会计对象复杂多样，例如，商品和劳务的交换多种多样，当代经济中那些涉及思想、知识产权、产品标准以及金融产品的创新业务更是变化多端。但从实质而言，无论交易的对象涉及的是商品和劳务，还是思想、知识产权、产品标准以及金融产品，各方都是通过合同以各类形式为媒介来交易各自的权利和义务，权利和义务的交易是万变的形式下不变的核心内容。因而可以按照权利和义务的特征将会计对象划分为不同的集合，形成信息基本单元——会计要素。

图4-1表达了从会计对象到会计要素的转换。图中左半部分以各类不规则的图形和省略号表示了会计对象在形式上的复杂多样，右半部分按照共性的权利和义务特征将会计对象划分为会计要素。将会计对象转换为财务会计要素后，便可以通过标准化的财务会计信息反映经济活动，从而有利于使用者决策。

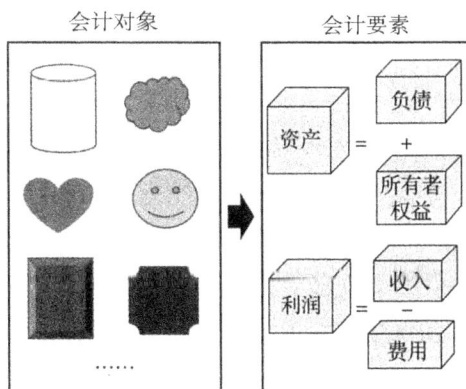

图4-1 会计对象到会计要素的转化

我国的《企业会计准则——基本准则》将会计要素分为资产、负债、所有者权益、收入、费用和利润六类。

二、会计要素的计量理论：资产计价与利润确定

会计要素的计量主要包括资产计价和利润确定两部分。

（一）资产计价

资产是指企业过去的交易或者事项形成的、由企业拥有或者控制的、预期会给企业带来经济利益的资源。

从时间概念而言，资产计价的方法可以分为两种：一种是反映从过去到现在的价值，这是从过去取得成本的角度上对资产进行计价，这种方法是投入产出理念在资产计价中的映射；另一种是反映从未来到现在的价值，这是从未来获取利益的角度上对资产进行计价，这种方法是经济学理念在资产计价中的映射。

1. 过去取得成本

20世纪50年代以前，出于投入产出的考量，人们倾向于从成本角度来理解和界定资产。因此，资产一般是指企业通过实际交换行为所取得的实际资产，或是通过一定簿记规则形成的借方余额。资产计价更强调企业为取得该资产所实际耗费的支出，历史成本计量成为资产计价的首选。此外，会计实务当中有时（例如在企业合并时）需要重估企业价值，因而也出现了重置成本或现行成本等改良的计价模式。

2. 未来获取利益

20世纪50年代以后，随着资本市场的发展，以历史成本为基础的会计概念难以解释会计实务，例如，金融产品的定价与会计信息的关系问题。于是会计学界开始反思已有理论，并引入经济学概念解释会计的基本问题。吸收了经济学的精神后，会计学的一些重要概念更加关注未来。这体现在资产的概念上，人们普遍认为，"未来的经济利益"是资产的一项重要特性，那么进行资产计价，应该体现这一特征。于是与"未来经济利益"有关的可变现净值、现值和公允价值便成为资产计价的方法，并在实务中获得了广泛应用。

（二）利润确定

利润是指企业在一定会计期间的经营成果，包括收入减去费用后的净额、直接计入当期利润的利得和损失等。

从利润的计算而言，存在经济利润和会计利润两种。

1. 经济利润

英国经济学家希克斯（J. R. Hicks）对个人的经济利润做了如下定义：一个人的收

益是他在期末和期初保持同等富有程度的前提下可能消费的最大金额。将该定义引入企业的经济利润，则是指在期末、期初企业资本没有变化的情况下，企业本期可以用以消费或分配的最大金额。

"保持同等富有程度"语焉不详，因此会计上为其赋予了一个新的名词——资本保全，指在资本得到保持或成本得以补偿之后，多余的部分才可确认为利润。资本保全分为财务资本保全和实物资本保全，前者的利润表示名义货币资本的增量，即以名义货币计价的期末资本超过以名义货币计价的期初资本时，即报告利润；后者的利润表示本期生产能力的增量，即以实际生产能力计价的期末资本超过以实际生产能力计价的期初资本时，即报告利润。

2. 会计利润

一般认为，会计利润是指来自企业期间交易的已实现收入和相应费用之间的差额。会计利润是按照企业实际发生的销售产品或提供劳务所获得的销售收入，减去为实现销售收入而付出的成本得出的，会计利润是特定期间的经营成果。一般而言，计算会计利润时需要考虑的成本是以历史成本计量的，需要考虑的收入要满足确认原则，还需要考虑收入和费用在同一期间的配比。

在会计利润中，存在当期营业观和综合收益观。当期营业观是投入产出理念在利润确定中的映射，着重反映企业的经营管理水平，着眼于计量企业的效率；综合收益观是经济学理念在利润确定中的映射，认为除股利分配和资本交易外，一定时期内企业的所有交易或重新估值所确认的权益变化都是利润，既反映了企业的经营管理水平，也反映了客观经济环境的变化。

在实务中，由于道德风险（moral hazard）的存在，经理人往往将收入尽可能纳入营业范围，以归功于其勤勉尽职的主观努力；而将损失尽可能纳入非营业范围，以归咎于其无法控制的客观环境，而有时主观努力和客观环境之间也很难区分。因此，当前的利润确定采用了综合收益观。

三、资产负债观和收入费用观

经济利润以及由此产生的资本保全观引发了资产负债观的要素计量理念，会计利润引发了收入费用观的要素计量理念，两种理念下的要素计量差别体现在对资产、负债和收入、费用的计量顺序上。

（一）资产负债观

经济利润以及由此产生的资本保全观引发了资产负债观的利润确定方法，资产负债观是直接对企业的资产和负债的计量来完成确定利润的理念，也称资产负债表法或财产法。

在资产负债观下，某个会计期间的利润是企业资产负债计量的结果，即期末净资产 – 期初净资产 = 当期利润，也即期末净资产的确定在先，当期利润的确定在后。在具体操作时，首先计量企业的资产和负债，然后通过"资产 – 负债"计算企业的期末所有者权益（净资产），最后利用"期末净资产 – 期初净资产"计算企业的当期利润。通过这一过程完成对各个要素的计量。

（二）收入费用观

会计利润引发了收入费用观的利润确定方法，收入费用观是通过直接计量企业的收入和费用来确定利润的理念，也称利润表法。

在收入费用观下，某个会计期间企业净资产的变化是利润计量的结果，即期初净资产 + 当期利润 = 期末净资产，也即当期利润的确定在先，期末净资产的确定在后。在具体操作时，首先计量企业的收入和费用，然后通过"收入 – 费用"计算企业的当期利润，最后利用"期初的净资产 + 当期利润"计算企业的期末净资产。通过这一过程完成对各个要素的计量。

四、会计要素计量的同步性：基于会计恒等式的解析

资产负债观和收入费用观虽有要素计量顺序上的不同，但是当从会计恒等式的角度进行观察时，会发现两种理念下的要素计量是同步进行的。

（一）两种理念下的计量过程

根据会计恒等式

$$资产 = 负债 + 所有者权益 \qquad (4-1)$$

将式（4 – 1）变形后为

$$资产 – 负债 = 所有者权益 \qquad (4-2)$$

1. 资产负债观

在资产负债观下，先确定式（4 – 2）左端资产和负债要素的计量后，再确定式（4 – 2）右端所有者权益要素的计量。

所有者权益包含投入资本和留存收益两个部分，前者是投资者投入企业的用于企业运行的资本，后者是企业运行期间形成的累积利润，包括前期累积的利润和当期形成的利润。将资产负债表中的留存收益和应付股利项目期末期初的变化值开一个窗口

完整地反映其变化过程的是利润表。可以将当期形成的利润进一步分解为收入、费用和利润三个要素，如此一来，可将式（4-2）转换为

$$资产-负债=投入资本+前期累积的利润+当期形成的利润$$

也即

$$资产-负债=投入资本+前期累积的利润+收入-费用① \qquad (4-3)$$

在会计恒等式的作用下，式（4-3）左端"资产-负债"可以拆分为三部分：第一部分对应式（4-3）右端"投入资本"，第二部分对应式（4-3）右端"前期累积的利润"，第三部分对应式（4-3）右端"收入-费用"。观察第三部分：

（1）当直接产生收入或费用时，根据"收入是指企业在日常活动中形成的、会导致所有者权益增加的、与所有者投入资本无关的经济利益的总流入"这一定义可知，会计必须通过计量经济利益的总流入，即计量资产以间接计量收入。在这种情况下，计量资产与计量收入具有同步性。例如，企业销售一批商品获得收入形成应收账款，企业必须解决这批商品的计量问题，而这批商品收入的计量是通过应收账款的计量来解决的，应收账款的计量一旦解决，销售收入的计量同时解决，这是会计恒等式两端的问题，必须同步进行，否则不会平衡。

同理，由于负债与资产的对称性，费用与收入的对称性，也可推知，在这种情况下，计量负债与计量费用也具有同步性。

（2）当间接产生收入或费用时，按照前文资产负债观下的三个具体操作步骤和式（4-3）中"资产-负债"的第三部分对应右端"收入-费用"可知，与直接产生收入或费用不同，这种情况下是确定资产或负债后，再行确定收入或费用。会计恒等式使得左端的资产/负债数字确定后，右端必须同步增减相应的数字，并放入相应的会计要素中，在此就是放入收入或费用中，否则就会出现会计恒等式不恒等的现象。例如，期末交易性金融资产的计量，企业必须确定期末的交易性金融资产金额数，根据期初和期末的差额来增加或减少当期的交易性金融资产的金额，同时将变化数计入公允价值变动损益，一旦交易性金融资产的变化数解决，公允价值变动损益同时解决，这同样是会计恒等式两端的问题，必须同步进行，否则不会平衡。

因此，这种情况下尽管计量顺序不同，但会计恒等式的存在使得计量资产/负债与计量收入/费用也具有同步性。

2. 收入费用观

在收入费用观下，先确定式（4-3）右端"收入"和"费用"要素的计量，再确定式（4-3）左端"资产"和"负债"要素的计量。

---

① 此处为简化分析，将利得归入收入，损失归入费用。

（1）当直接产生资产或负债时，与资产负债观下的第一种情况——当直接产生收入或费用的分析相同。

（2）当间接产生资产或负债时，按照前文收入费用观下的三个具体操作步骤和式（4-3）中"资产-负债"的第三部分对应右端"收入-费用"可知，与直接产生资产或负债不同，这种情况下是确定收入或费用后，再行确定资产或负债。会计恒等式使得右端的收入/费用数字确定后，左端必须同步增减相同数字，并放入相应的会计要素中，在此就是放入资产或负债中，否则就会出现会计恒等式不恒等的现象。因此，这种情况下尽管计量顺序不同，但会计恒等式的存在使得计量收入/费用与计量资产/负债也具有同步性。

（二）总结

根据上述分析可知，由于会计恒等式的存在，当从不同角度采用不同要素反映经济交易或事项时，本质是从不同侧面反映同一经济现象，这种反映必然同步进行的。

资产计价与利润确定是一个整体。德国著名物理学家普朗克认为："科学是内在的整体，它被分解为单独的整体不是取决于事物的本身，而是取决于人类认识能力的局限性。实际上存在着从物理到化学，通过生物学和人类学到社会学的连续的链条，这是任何一处都不能被打断的链条。"企业的经济行为是其公司战略指导下的整体性行为，企业的经营活动、投资活动和筹资活动之间相互联系、相互影响、相互渗透，因此反映反映经营活动、投资活动和筹资活动活动的企业资产负债表、利润表和现金流量表三者实际为一个整体，从静态和动态反映了企业的经济资源和要求权以及资源与要求权的变动。由此可知，计量报表的根本组件——会计要素的行为也是从不同角度反映企业经济行为的操作过程，因此，资产计价与利润确定之间密不可分，共同组成了要素计量的整体。

我国会计界的泰斗娄尔行先生曾指出："资产计价问题和收益确定问题既各有侧重，又相互密切地联系，你中有我，我中有你。这两类问题构成了会计的核心。"

第二节 资产负债观下的会计处理

在资产负债观下，首先计量企业的资产和负债，然后通过"资产-负债"计算企业的期末所有者权益（净资产），最后利用"期末净资产-期初净资产"计算企业的当期利润，资产负债观的精神贯穿于具体准则的会计要素计量中。本节选择属于资产要素的应收账款和存货以及属于负债要素的预计负债为代表来体现资产负债观的会计处理，其他的资产和负债要素的会计处理与这三个科目的处理是相通的。

一、应收账款

应收账款是指企业因销售商品或提供劳务等，应向客户收取的款项，包括销售货物或提供劳务的价款、增值税款以及代购货方垫付的运杂费等。应收账款属于资产要素，采用资产负债观计量应收账款主要体现于期末计量应收账款的备抵账户——坏账准备。

按照现行会计准则，期末要对应收账款进行减值测试，根据经验值和预测情况，计提坏账准备，确认减值损失。具体而言，首先，确定期末坏账准备，按应收账款账面余额减坏账准备后的净额直接列入资产负债表；其次，比较期初期末坏账准备和本期发生金额，分析确定当期坏账准备应计提金额，确定资产减值损失，列入利润表。这一过程体现了资产负债观的计量理念。

确定坏账准备一般存在期末余额百分比法、账龄分析法和未来现金流量折现法三种。

（一）期末余额百分比法

期末余额百分比法是指对应收账款期末余额按照一定百分比来确定坏账金额。一般而言，对单项金额非重大的应收账款采用期末余额百分比法确定坏账准备。

例4-1 A公司每年年末采用应收账款余额百分比法计提坏账准备，计提比例为3%，2020年末应收账款余额为1 200万元，假定2020年年初坏账准备余额为0。

要求：

（1）计算2020年年末A公司坏账准备计提金额并做会计处理；

（2）计算2020年年末A公司资产负债表应收账款列报金额（假定无其他涉及应收账款的事项）。

解析：根据资产负债观的计量理念，首先，确定期末坏账准备，按应收账款账面价值减坏账准备后的净额直接列入资产负债表；其次，比较期初期末坏账准备和本期发生金额，分析确定当期坏账准备应计提金额，确定资产减值损失，列入利润表。

按照期末余额百分比法

（1）2020年A公司坏账准备计提金额与会计处理

期末坏账准备金额为：1 200×3% =36（万元）

坏账准备

	0
	x
	36

本期坏账准备计提金额为 x，则有 $0 + x = 36$，解之，得：$x = 36$（万元）。因此，本期坏账准备的计提金额，也即计入资产减值损失的金额为 36 万元。

会计处理：

借：资产减值损失   360 000

　　贷：坏账准备   360 000

（2）2020 年末 A 公司资产负债表应收账款列报金额（假定无其他涉及应收账款的事项）

列报金额：1 200 − 36 = 1 164（万元）

在这里需要说明两点：

首先，当期坏账准备提取金额与计入资产价值损失的金额通常一致。本例中，坏账准备的期初余额为 0，期末余额为 36 万元，这使得当期坏账准备提取金额（贷方发生额）与计入资产价值损失的金额刚好一致，同为 36 万元，这是特例。一般情况下当期坏账准备提取金额与计入资产价值损失的金额往往不一致，后面的例题会体现这点。

其次，计算出来的当期坏账准备提取金额具有方向性。坏账准备虽然也是资产要素，但它是应收账款的备抵账户，其符号与应收账款刚好相反，在符号上两者具有对称性，例如应收账款的期末余额一般在借方，那么坏账准备的期末余额便在贷方。因此，坏账准备的贷方发生数或贷方余额为正数，当坏账准备出现负数时，一般是借方发生数。本例中，计算获得的本期坏账准备计提金额 x 为 36 万元，说明本期坏账准备发生在贷方。如果计算获得的 x 为负数，则说明本期坏账准备发生在借方。后面的例题会体现这点。

例 4 - 2　A 公司每年年末采用应收账款余额百分比法计提坏账准备，计提比例为 3%，2020 年年末应收账款余额为 1 200 万元，假定 2020 年年初坏账准备余额为 6 万元。

（1）计算 2020 年年末 A 公司坏账准备计提金额并做会计处理；

（2）计算 2020 年年末 A 公司资产负债表应收账款列报金额（假定无其他涉及应收账款的事项）。

解析：根据资产负债观的计量理念，首先，确定期末坏账准备，按应收账款账面价值减坏账准备后的净额直接列入资产负债表；其次，比较期初期末坏账准备和本期发生金额，分析确定当期坏账准备应计提金额，确定资产减值损失，列入利润表。

（1）2020年A公司坏账准备计提金额与会计处理

期末坏账准备金额为：1 200×3% = 36（万元）

坏账准备

	6
	x
	36

本期坏账准备计提金额为x，则有$6 + x = 36$，解之，得：$x = 30$（万元）。在这里所解出的x值为正数，发生在贷方，是本期坏账准备的计提金额，表示本期增加坏账准备30万元，同时计入资产减值损失的金额为30万元，表示本期资产减值损失增加30万元。

会计处理：

借：资产减值损失   300 000

  贷：坏账准备   300 000

（2）2020年末A公司资产负债表应收账款列报金额（假定无其他涉及应收账款的事项）

列报金额：1 200 - 36 = 1 164（万元）

注意：这种情况下坏账准备的计提金额和期末余额不再一致，这是一种常态的现象。

例4-3 A公司每年年末采用应收账款余额百分比法计提坏账准备，计提比例为3%，2020年年末应收账款余额为1 200万元，假定2020年年初坏账准备余额为42万元。

（1）计算2020年年末A公司坏账准备计提金额并做会计处理；

（2）计算2020年年末A公司资产负债表应收账款列报金额（假定无其他涉及应收账款的事项）。

解析： 根据资产负债观的计量理念，首先，确定期末坏账准备，按应收账款账面价值减坏账准备后的净额直接列入资产负债表；其次，比较期初期末坏账准备和本期发生金额，分析确定当期坏账准备应计提金额，确定资产减值损失，列入利润表。

（1）2020年A公司坏账准备计提金额与会计处理

期末坏账准备金额为：1 200×3% = 36（万元）

坏账准备

	42
	x
	36

本期坏账准备计提金额为 x，则有 $42 + x = 36$，解之，得：$x = -6$（万元）。在这里所解出的 x 值为负数，发生在借方，是本期坏账准备的计提金额，表示本期减少坏账准备 6 万元，同时计入资产减值损失的金额为 6 万元，表示本期资产减值损失减少 6 万元。

会计处理：

借：坏账准备   60 000

   贷：资产减值损失   60 000

（2）2020 年末 A 公司资产负债表应收账款列报金额（假定无其他涉及应收账款的事项）

列报金额：$1\,200 - 36 = 1\,164$（万元）

注意，上述会计处理也可写作：

借：资产减值损失   -60 000

   贷：坏账准备   -60 000

在这种情况下，资产减值损失在借方的发生金额为负数，实际上表示资产减值损失的减少，与资产减值损失在贷方发生金额为正数的效果一致；坏账准备在贷方的发生金额为负数，实际上表示坏账准备的减少，与坏账准备在借方发生金额为正数的效果一致。但在会计上约定俗成，发生金额都为正数，因此采用本例中的会计处理方法，即：

借：坏账准备   60 000

   贷：资产减值损失   60 000

例 4 - 4 A 公司每年年末采用应收账款余额百分比法计提坏账准备，计提比例为 3%，2020 年末应收账款余额为 1 200 万元，假定 2020 年年初坏账准备余额为 36 万元。

（1）计算 2020 年末 A 公司坏账准备计提金额并做会计处理；

（2）计算 2020 年末 A 公司资产负债表应收账款列报金额（假定无其他涉及应收账款的事项）。

解析： 根据资产负债观的计量理念，首先，确定期末坏账准备，按应收账款账面价值减坏账准备后的净额直接列入资产负债表；其次，比较期初期末坏账准备和本期发生金额，分析确定当期坏账准备应计提金额，确定资产减值损失，列入利润表。

（1）2020 年 A 公司坏账准备计提金额与会计处理

期末坏账准备金额为：$1\,200 \times 3\% = 36$（万元）

坏账准备

	36
	x
	36

本期坏账准备计提金额为 x，则有 $36 + x = 36$，解之，得：$x = 0$。因此，本期坏账准备的计提金额，也即计入资产减值损失的金额为 0。

会计处理：

借：资产减值损失　　　　　　　　　　　　　　　　　　0

　贷：坏账准备　　　　　　　　　　　　　　　　　　　　0

按照习惯，不需要做会计处理。

（2）2020 年末 A 公司资产负债表应收账款列报金额（假定无其他涉及应收账款的事项）

列报金额：$1\,200 - 36 = 1\,164$（万元）

例 4-5　A 公司每年年末采用应收账款余额百分比法计提坏账准备，计提比例为 3%，2019 年年初，公司"坏账准备"账户贷方余额 36 万元；2019 年一笔金额为 15 万元的应收账款确认为坏账，经批准予以核销，2019 年年末"应收账款"账户的余额为 1 500 万元。

（1）计算 2019 年年末 A 公司坏账准备计提金额并做会计处理；

（2）计算 2019 年年末 A 公司资产负债表应收账款列报金额（假定无其他涉及应收账款的事项）。

解析：根据资产负债观的计量理念，首先，确定期末坏账准备，按应收账款账面价值减坏账准备后的净额直接列入资产负债表；其次，比较期初期末坏账准备和本期发生金额，分析确定当期坏账准备应计提金额，确定资产减值损失，列入利润表。

（1）2019 年 A 公司坏账准备计提金额与会计处理。

2019 年一笔金额为 15 万元的应收账款确认为坏账，经批准予以核销。该笔业务的会计处理为：

借：坏账准备　　　　　　　　　　　　　　　　　　150 000

　贷：应收账款　　　　　　　　　　　　　　　　　　　150 000

期末坏账准备金额为：$1\,500 \times 3\% = 45$（万元）

· 75 ·

坏账准备

	36
15	x
	45

本期坏账准备计提金额为 x，则有 $36-15+x=45$，解之，得：$x=24$（万元）。在这里所解出的 x 值为正数，发生在贷方，是本期坏账准备的计提金额，表示本期增加坏账准备24万元，同时计入资产减值损失的金额为24万元，表示本期资产减值损失增加24万元。会计处理如下：

借：资产减值损失   240 000

    贷：坏账准备   240 000

（2）2019年末A公司资产负债表应收账款列报金额（假定无其他涉及应收账款的事项）

列报金额：$1\,500-45=1\,455$（万元）

例4-6 接上例，2020年5月，上年已转销的应收账款收回12万元，2020年年末应收账款的余额为1 800万元。

（1）计算2020年年末A公司坏账准备计提金额并做会计处理；

（2）计算2020年年末A公司资产负债表应收账款列报金额（假定无其他涉及应收账款的事项）。

解析：

（1）2020年A公司坏账准备计提金额与会计处理

2020年5月，上年已转销的应收账款收回12万元。该笔业务的会计处理为：

借：应收账款   120 000   借：银行存款   120000

    贷：坏账准备   120 000   贷：坏账准备   120 000

期末坏账准备金额为：$1\,800\times3\%=54$（万元）

坏账准备

	45
	12
	x
	54

本期坏账准备计提金额为 x，则有 $45+12+x=54$，解之，得：$x=-3$（万元）。在这里所解出的 x 值为负数，发生在借方，是本期坏账准备的计提金额，表示本期减少坏账准备3万元，同时计入资产减值损失的金额为3万元，表示本期资产减值损失

减少 3 万元。

按照一般习惯的会计处理为：

借：坏账准备   30 000

  贷：资产减值损失   30 000

（2）2020 年年末 A 公司资产负债表应收账款列报金额（假定无其他涉及应收账款的事项）

列报金额：1 800 - 54 = 1 746（万元）

从例 4 - 1 到例 4 - 6 来看，只要期末应收账款账面余额确定，当期期末坏账准备的账面余额也可以确定，这两者存在对应关系。而当期坏账准备的计提数则需要考虑坏账准备的期初期末余额以及本期的发生额，该计提数与资产减值损失的发生额存在对应关系。

2. 账龄分析法

账龄分析法是指根据应收账款的时间长短来估计坏账损失的一种方法。采用账龄分析法时，首先根据时间段和会计主体划分组别，并根据经验值和预测情况确定各组的坏账损失百分比，再将各组的应收账款金额乘以对应的百分比，计算各组的坏账损失之和，即为当期期末的坏账准备金额。账龄分析法是期末余额百分比法的组合。

例 4 - 7　A 公司按账龄分析法计提坏账准备，基本条件为：1 年以内，3%；1 ~ 2 年，30%；2 ~ 3 年，60%；3 年以上，100%。2018 年初，公司"坏账准备"账户贷方余额为 0①。2018 年末应收账款情况如下：

1 年以内，B 公司 50 万元；

1 ~ 2 年，C 公司 30 万元；

2 ~ 3 年，D 公司 20 万元；

3 年以上，E 公司 10 万元。

要求：

（1）计算 2018 年末 A 公司坏账准备计提金额并做会计处理；

（2）计算 2018 年末 A 公司资产负债表应收账款列报金额（假定无其他涉及应收账款的事项）。

解析：根据资产负债观的计量理念，首先，确定期末坏账准备，按应收账款账面价值减坏账准备后的净额直接列入资产负债表；其次，比较期初期末坏账准备和本期发生金额，分析确定当期坏账准备应计提金额，确定资产减值损失，列入利润表。

（1）2018 年 A 公司坏账准备计提金额与会计处理

坏账准备期末余额应为：

---

① 此处是为例题设计而假定的金额，现实中不会出现这种情况。

1 年以内，50 × 3% = 1.5（万元）

1 ~ 2 年，30 × 30% = 9（万元）

2 ~ 3 年，20 × 60% = 12（万元）

3 年以上，10 × 100% = 10（万元）

期末坏账准备金额为：1.5 + 9 + 12 + 10 = 32.5（万元）

坏账准备

	0
	x
	32.5

本期坏账准备计提金额为 x，则有 0 + x = 32.5，解之，得：x = 32.5（万元）。因此，本期坏账准备的计提金额，也即计入资产减值损失的金额为 32.5 万元。

会计处理：

借：资产减值损失   325 000

　　贷：坏账准备——B 公司   15 000

　　　　　　　　——C 公司   90 000

　　　　　　　　——D 公司   120 000

　　　　　　　　——E 公司   100 000

（2）2018 年末 A 公司资产负债表应收账款列报金额（假定无其他涉及应收账款的事项）

列报金额：50 + 30 + 20 + 10 - 32.5 = 77.5（万元）

例 4 - 8　接上题，A 公司按账龄分析法计提坏账准备，基本条件为：1 年以内，3%；1 ~ 2 年，30%；2 ~ 3 年，60%；3 年以上，100%。

2019 年末公司应收账款如下：

1 年以内，B 公司 100 万元；

1 ~ 2 年，B 公司 20 万元；

2 ~ 3 年，C 公司 10 万元；

3 年以上，D 公司 20 万元；E 公司 10 万元。

要求：

（1）计算 2019 年年末 A 公司坏账准备计提金额并做会计处理；

（2）计算 2019 年年末 A 公司资产负债表应收账款列报金额（假定无其他涉及应收账款的事项）。

解析：根据资产负债观的计量理念，首先，确定期末坏账准备，按应收账款账面价值减坏账准备后的净额直接列入资产负债表；其次，比较期初期末坏账准备和本期发生金额，分析确定当期坏账准备应计提金额，确定资产减值损失，列入利润表。

（1）2019 年 A 公司坏账准备计提金额与会计处理

坏账准备期末余额应为：

1 年以内，$100 \times 3\% = 3$（万元）

1~2 年，$20 \times 30\% = 6$（万元）

2~3 年，$10 \times 60\% = 6$（万元）

3 年以上，$(20 + 10) \times 100\% = 30$（万元）

期末坏账准备金额为：$3 + 6 + 6 + 30 = 45$（万元）

坏账准备总账：

坏账准备	
	32.5
	x
	45

本期坏账准备计提金额为 x，则有 $32.5 + x = 45$，解之，得：$x = 12.5$（万元）。因此，本期坏账准备的计提金额，也即计入资产减值损失的金额为 12.5 万元。

坏账准备明细账：

坏账准备：B 公司		坏账准备：C 公司	
	1.5		9
	x_1		x_2
	3 + 6		6

坏账准备：D 公司		坏账准备：E 公司	
	12		10
	x_3		x_4
	20		10

仁杰公司：$1.5 + x_1 = 3 + 6$，$x_1 = 7.5$（万元）

曾泰公司：$9 + x_2 = 6$，$x_2 = -3$（万元）

则天公司：$12 + x_3 = 20$，$x_3 = 8$（万元）

颉利公司：$10 + x_4 = 10$，$x_4 = 0$

会计处理：

借：资产减值损失　　　　　　　　　　　　　　　　　　125 000

　　坏账准备——C 公司　　　　　　　　　　　　　　　30 000

　　贷：坏账准备——B公司　　　　　　　　　　　　　　　　　　75 000

　　　　　　　　——D公司　　　　　　　　　　　　　　　　　　80 000

　　　　　　　　——E公司　　　　　　　　　　　　　　　　　　　　0

　　（2）2020年末A公司资产负债表应收账款列报金额（假定无其他涉及应收账款的事项）

　　列报金额：$100 + 20 + 10 + 20 + 10 - 45 = 115$（万元）

　　例4-9　接上题，A公司按账龄分析法计提坏账准备，基本条件为：1年以内，3%；1~2年，30%；2~3年，60%；3年以上，100%。

　　20×3年年末公司应收账款如下：

　　1年以内，B公司200万元；

　　1~2年，B公司10万元；

　　2~3年，B公司10万元；

　　3年以上，C公司10万元；D公司20万元。

　　要求：

　　（1）计算2020年年末A公司坏账准备计提金额并做会计处理；

　　（2）计算2020年年末A公司资产负债表应收账款列报金额（假定无其他涉及应收账款的事项）。

　　解析：根据资产负债观的计量理念，首先，确定期末坏账准备，按应收账款账面价值减坏账准备后的净额直接列入资产负债表；其次，比较期初期末坏账准备和本期发生金额，分析确定当期坏账准备应计提金额，确定资产减值损失，列入利润表。

　　（1）2020年A公司坏账准备计提金额与会计处理

　　坏账准备期末余额应为：

　　1年以内，$200 \times 3\% = 6$（万元）

　　1~2年，$10 \times 30\% = 3$（万元）

　　2~3年，$10 \times 60\% = 6$（万元）

　　3年以上，$(20 + 10) \times 100\% = 30$（万元）

　　期末坏账准备金额为：$6 + 3 + 6 + 30 = 45$（万元）

　　坏账准备总账：

坏账准备

	45
	x
	45

　　本期坏账准备计提金额为 x，则有 $45 + x = 45$，解之，得：$x = 0$。因此，本期坏账

准备的计提金额，也即计入资产减值损失的金额为 0。

坏账准备明细账：

坏账准备：B 公司	
	9
	x_1
	6＋3＋6

坏账准备：C 公司	
	6
	x_2
	10

坏账准备：D 公司	
	20
	x_3
	20

坏账准备：E 公司	
	10
	x_4
	0

B 公司：$9＋x_1＝6＋3＋6$，$x_1＝6$（万元）

C 公司：$6＋x_2＝10$，$x_2＝4$（万元）

D 公司：$20＋x_3＝20$，$x_3＝0$

E 公司：$10＋x_4＝0$，无余额，$x_4＝-10$（万元）

会计处理：

借：资产减值损失   0

    坏账准备——E 公司   100 000

    贷：坏账准备——B 公司   60 000

          ——C 公司   40 000

          ——D 公司   0

（2）2020 年末 A 公司资产负债表应收账款列报金额（假定无其他涉及应收账款的事项）

列报金额：$200＋10＋10＋10＋20-45＝205$（万元）

从例 4－7 到例 4－9 来看，账龄分析法是将期末余额百分比法根据不同的时限的集成，基本的原理还是期末余额百分比法。

（三）未来现金流量折现法

对于单项金额重大的应收款项来说，应当单独进行减值测试，根据其账面价值与预计未来现金流量现值之间的差额，个别认定其减值情况。在预计应收款项未来现金流量现值时，一般采用合同规定的现行实际利率作为折现率。

例 4－10 A 公司董事会有决议，100 万元以上应收账款认定为金额重大，按同期银行贷款利率（7.5%）确定折现率，进行坏账准备处理。2020 年年末应收账款明细账显示，B 公司的应收账款余额为 1 000 万元，预计下期有 40% 不能收回，该项应收账款为 2020 年当年产生，对 B 公司无其他应收账款事项 0。

要求：计算 2020 年 A 公司对 B 公司该项应收账款的坏账准备计提金额并做会计处理。

解析：本题解题思路是将该问题转化为财务上的折现问题，根据信息"B 公司的应收账款余额为 1 000 万元，预计下期有 40% 不能收回"可知，到期值为 $1\,000 \times (1 - 40\%)$ =600 万元；根据信息"按同期银行贷款利率（7.5%）确定折现率"，折现率为 7.5%，如图 4 - 2 所示。

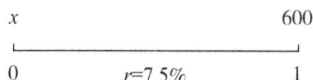

图 4 - 2 时间分布图

列表达式为：$x \times (1 + 7.5\%)$ =6 000 000，解之，得 $x \approx 5\,581\,395.35$（元）。

期末坏账准备余额为：$10\,000\,000 - 5\,581\,395.35 = 4\,418\,604.65$ 元。

会计处理：

借：资产减值损失　　　　　　　　　　　　　　　　　　4 418 604.65

　　贷：坏账准备　　　　　　　　　　　　　　　　　　4 418 604.65

（四）期末余额百分比法、账龄分析法和未来现金流量折现法的比较

应收账款业务与信贷业务具有相通之处。企业由于信用而向客户销售商品或提供劳务等产生的应收账款业务与银行的信贷行为极为相似，应收账款是在信用期内让渡商品或劳务的部分产权，企业到期日收回的货款中应包含信用期间的利息费用；银行是让渡货币的一部分产权，在到期日收回本金和信用期间的利息。两种经济行为本质上相同，应收账款实务当中的现金折扣问题本质是就是货款中包含的本金部分在信用期间所获得的利息。

期末余额百分比法、账龄分析法和未来现金流量折现法具有相通之处。由于应收账款业务与信贷业务的一致性，所以金额重大且有损失的应收账款可以用现值计量，并且实务中往往采用同期的银行贷款利率作为折现依据。应收账款的金融资产属性使得理论上对其计量时应采用未来现金流量折现法，但在实务操作中，除单项金额重大的应收账款外，一般采用经验值或估计值确定坏账损失，即用期末余额百分比法和账龄分析法进行简化处理。

（五）小结

应收账款期末计价顺序：确定应收账款余额和期末坏账准备余额，两者相抵的净额列入资产负债表（注意应收账款明细账中有贷方余额的填列）；分析坏账准备期末期初余额和本期发生额，确认资产减值损失，列入利润表；期末坏账准备贷方余额与应收账款借方余额是对应关系。此过程体现了资产负债观。

二、存货

存货是指企业在日常活动中持有的、以备出售的产成品或商品、处在生产过程中的在产品、在生产过程或提供劳务过程中的耗用的材料、物料等。具体地说，存货包括各类原材料、在产品、半成品、产成品、商品、包装物和低值易耗品。存货属于资产要素，采用资产负债观计量存货主要体现于期末计量存货的"成本与可变现值孰低法"。

具体而言，成本是指存货账面实际成本，可变现净值是指以存货的估计售价减去直至完工估计将要发生的成本、估计的销售费用以及相关税费后的金额；可变现净值＝估计售价－直至完工估计将要发生的成本－估计的销售费用－相关税费等。图4－3为成本与可变现净值的示意图，实线部分为最终列入资产负债表的存货金额，当可变现净值高于成本时，取成本为

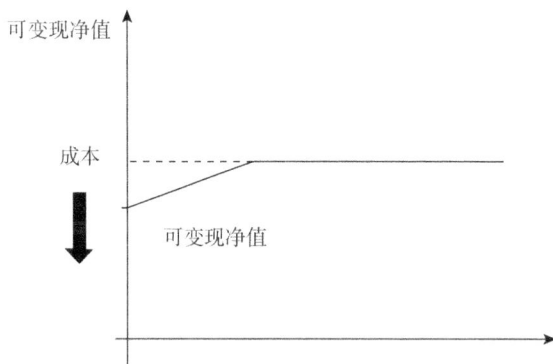

图4-3　成本与可变现净值示意图

最终列入资产负债表的存货金额；当成本高于可变现净值时，取可变现净值为最终列入资产负债表的存货金额。

与应收账款和坏账准备的核算进行类比，在这里，存货与应收账款相对应、存货跌价准备与坏账准备相对应。存货的期末计价与应收账款的期末计价类似，相应的会计处理也基本一致。

按照现行会计准则，期末要对存货进行减值测试，根据市场实际情况，比较存货的成本与可变现净值，计提存货跌价准备，确认减值损失。首先，计算期末存货的可变现净值，然后与存货的成本进行比较，较低者直接列入资产负债表，同时根据两者的差额确定期末的存货跌价准备；其次，比较期初期末的存货跌价准备金额和本期发

生额，分析确定当期存货跌价准备应计提金额，确定资产减值损失，列入利润表。这一过程体现了资产负债观的计量理念。

存货的期末计价也有多种方式，在此着重于资产负债观的计量，只介绍存在一类存货的情形，存在多类存货的情形与组合应收账款的计量类似，读者可以推广。

例4-11   2020年6月30日，某公司A材料账面成本200万元，A材料系生产甲产品的专用材料，A材料价格下跌导致甲产品可变现净值低于其成本。该批库存A材料所生产甲产品的预计售价为305万元，A材料加工成甲产品的加工成本预计130万元，销售税费预计5万元。月初公司尚未对A材料确认减值损失。

要求：

（1）计算说明2020年6月30日列入资产负债表的存货金额。

（2）计算说明2020年6月30日列入利润表的资产减值损失金额，并进行会计处理。

解析：处理该类问题遵循资产负债观的逻辑。首先，计算期末存货的可变现净值，然后与存货的成本进行比较，较低者直接列入资产负债表，同时根据两者的差额确定期末的存货跌价准备；其次，比较期初期末的存货跌价准备金额和本期发生额，分析确定当期存货跌价准备应计提金额，确定资产减值损失，列入利润表。

（1）计算说明2020年6月30日列入资产负债表的存货金额

A材料的成本：200（万元）

A材料的可变现净值：$305 - 130 - 5 = 170$（万元）

$200 > 170$，因此170万元列入期末资产负债表存货项目。

期末存货跌价准备余额为：$200 - 170 = 30$（万元）

（2）计算说明2020年6月30日列入利润表的资产减值损失金额，并进行会计处理。

存货跌价准备

	0
	x
	30

本期存货跌价准备计提金额为x，则有$0 + x = 30$，解之，得：$x = 30$（万元）。与坏账准备相对应，此处计算而得的30是正数，代表存货跌价准备的贷方发生额为30万元，也就是本期存货跌价准备要增加30万元，同时计入资产减值损失的借方发生额为30万元，也就是本期资产减值损失要增加30万元，计入利润表。

会计处理：

借：资产减值损失   300 000

贷：存货跌价准备   300 000

例 4 - 12 接上题，2020 年 7 月 31 日，A 材料账面成本 200 万元，A 材料与甲产品市场价格均有回升。该批库存 A 材料所生产甲产品的预计售价为 326 万元，A 材料加工成甲产品的加工成本预计 130 万元，销售税费预计 6 万元。

要求：

（1）计算说明 2020 年 7 月 31 日列入资产负债表的存货金额。

（2）计算说明 2020 年 7 月 31 日列入利润表的资产减值损失金额，并进行会计处理。

解析： 处理该类问题遵循资产负债观的逻辑。首先，计算期末存货的可变现净值，然后与存货的成本进行比较，较低者直接列入资产负债表，同时根据两者的差额确定期末的存货跌价准备；其次，比较期初期末的存货跌价准备金额和本期发生额，分析确定当期存货跌价准备应计提金额，确定资产减值损失，列入利润表。

（1）计算说明 2020 年 7 月 31 日列入资产负债表的存货金额

A 材料的成本：200（万元）

A 材料的可变现净值：326 - 130 - 6 = 190（万元）

200 > 190，因此 190 万元列入期末资产负债表存货项目。

期末存货跌价准备余额为：200 - 190 = 10（万元）

（2）计算说明 2020 年 7 月 31 日列入利润表的资产减值损失金额，并进行会计处理。

存货跌价准备

	30
	x
	10

本期存货跌价准备计提金额为 x，则有 30 + x = 10，解之，得：x = -20（万元）。与坏账准备相对应，此处计算而得的 20 是负数，代表存货跌价准备的借方发生额为 20 万元，也就是本期存货跌价准备要减少 20 万元，同时计入资产减值损失的贷方发生额为 20 万元，也就是本期资产减值损失要减少 20 万元，计入利润表。

会计处理：

借：存货跌价准备   200 000

贷：资产减值损失   200 000

例 4 - 13 接上题，8 月 31 日，A 材料账面成本 200 万元，A 材料与甲产品市场价格均有回升。该批库存 A 材料所生产甲产品的预计售价为 352 万元，A 材料加工成甲产品的加工成本预计 130 万元，销售税费预计 7 万元。

要求：

（1）计算说明 2020 年 8 月 31 日列入资产负债表的存货金额。

（2）计算说明 2020 年 8 月 31 日列入利润表的资产减值损失金额，并进行会计处理。

解析： 处理该类问题遵循资产负债观的逻辑。首先，计算期末存货的可变现净值，然后与存货的成本进行比较，较低者直接列入资产负债表，同时根据两者的差额确定期末的存货跌价准备；其次，比较期初期末的存货跌价准备金额和本期发生额，分析确定当期存货跌价准备应计提金额，确定资产减值损失，列入利润表。

（1）计算说明 2020 年 8 月 31 日列入资产负债表的存货金额。

A 材料的成本：200 万元

A 材料的可变现净值：$352 - 130 - 7 = 215$（万元）

$200 < 215$，因此 200 万元列入期末资产负债表存货项目。

期末存货跌价准备余额为：0

（2）计算说明 2020 年 8 月 31 日列入利润表的资产减值损失金额，并进行会计处理。

存货跌价准备

	10
	x
	0

本期存货跌价准备计提金额为 x，则有 $10 + x = 0$，解之，得：$x = -10$（万元）。与坏账准备相对应，此处计算而得的 10 是负数，代表存货跌价准备的借方发生额为 10 万元，也就是本期存货跌价准备要减少 10 万元，同时计入资产减值损失的贷方发生额为 10 万元，也就是本期资产减值损失要减少 10 万元，计入利润表。

会计处理：

借：存货跌价准备   100 000

  贷：资产减值损失   100 000

例 4-14 A 公司为一机床制造企业，2020 年 12 月 31 日，期末存货有库存机器 2 台，成本为 3.5 万元/台；其中 1 台与 B 公司签有销售合同，价格为 3.9 万元/台，将于下月出售给 B 公司；另外 1 台无销售合同。已知该机器市场价格为 3.6 万元/台，销售部门提供资料表明，每台机器销售税费合计为 0.2 万元。根据上述资料，2020 年 12 月 31

日结存的 2 台机器的账面价值应为多少？

解析：处理该类问题遵循资产负债观的逻辑。首先，计算期末存货的可变现净值，然后与存货的成本进行比较，较低者直接列入资产负债表，同时根据两者的差额确定期末的存货跌价准备；其次，比较期初期末的存货跌价准备金额和本期发生额，分析确定当期存货跌价准备应计提金额，确定资产减值损失，列入利润表。

小结：期末存货计量顺序：确定当期存货的可变现净值，比较成本与可变现净值孰低，较低者列入资产负债表；分析存货跌价准备期末期初余额和本期发生额，确认资产减值损失，列入利润表；期末存货跌价准备贷方余额与存货成本数与资产负债表填列的数字差额是对应关系。此过程体现了资产负债观。

此外，需要注意例 4 - 14 的情况，存货本身存在合同问题，在对期末存货计价时，需要按照不同的合同条款选择对应的会计信息忠实反映合同内容。

三、预计负债

预计负债源于或有事项，如果与或有事项相关的义务同时符合以下三个条件，企业应将其确认为预计负债：①该义务是企业承担的现时义务；②履行该义务很可能导致经济利益流出企业；③该义务的金额能够可靠的计量。

按照现行会计准则，企业发生与或有事项相关的义务要根据经验值和预测情况，计提预计负债，确认当期费用。具体而言，首先，确定期末预计负债贷方余额，将此余额直接列入资产负债表；其次，比较期初期末预计负债和本期发生额，分析确定当期预计负债应计提金额，确定相关费用，列入利润表。这一过程体现了资产负债观的计量理念。

注意与坏账准备的确定过程比较。

例 4 - 15　A 公司为一拖拉机制造销售企业，公司承诺，拖拉机售出后两年内如出现非人为事件造成的故障和质量问题，公司免费保修（含零部件更换）。根据以往的经验，发生的保修费一般为销售额的 1% ~ 1.5%。2017 年年末，元芳公司该产品下 "预计负债——产品质量保证" 账户余额为 0，2018 年发生维修费为 50 万元（其中工资 35 万元，原材料 15 万元），2018 年拖拉机销售额为 5 000 万元。20×2 年发生维修费为 60 万元（其中工资 40 万元，原材料 20 万元），2019 年拖拉机销售额为 6 000 万元。2020 年发生维修费为 20 万元（其中工资 15 万元，原材料 5 万元），20×3 年拖拉机销售额为 4 000 万元。

要求：请对 A 公司 2018、2019 和 2020 年涉及预计负债的业务进行会计处理。

解析：处理该类问题以资产负债观的逻辑一以贯之，先确定预计负债的期末余额，即按照当期销售收入与经验维修费率确定当期预计负债的期末余额，列入资产负债表；再确定销售费用，列入利润表。注意与坏账准备的确定过程比较。

（1）2018 年。

2018 年发生维修费时的会计处理：

借：预计负债——产品质量保证   500 000

    贷：应付职工薪酬   350 000

        原材料   150 000

2018 年末"预计负债——产品质量保证"余额为：5 000 × （1% + 1.5%） ÷ 2 = 62.5 （万元）

预计负债——产品质量保证

	0
50	x
	62.5

本期预计负债计提金额为 x，则有：$0 - 50 + x = 62.5$，$x = 112.5$ （万元） 会计处理：

借：销售费用   1 125 000

    贷：预计负债——产品质量保证   1 125 000

（2）2019 年。

2019 年发生维修费时的会计处理：

借：预计负债——产品质量保证   600 000

    贷：应付职工薪酬   400 000

        原材料   200 000

2019 年末"预计负债——产品质量保证"余额为：6 000 × （1% + 1.5%） ÷ 2 = 75 （万元）

本期预计负债计提金额为 x，则有：$62.5 - 60 + x = 75$，$x = 72.5$ （万元）

会计处理：

借：销售费用   725 000

    贷：预计负债——产品质量保证   725 000

（3）2020 年。

2020 年发生维修费时的会计处理：

借：预计负债——产品质量保证   200 000

    贷：应付职工薪酬   150 000

原材料　　　　　　　　　　　　　　　　　　　　　50 000

2020 年末"预计负债——产品质量保证"余额为：4 000 ×（1% + 1.5%）÷2 = 50（万元）

预计负债——产品质量保证

	75
20	x
	50

本期预计负债计提金额为 x，则有：75 − 20 + x = 50，x = −5（万元）

会计处理：

借：预计负债——产品质量保证　　　　　　　　　　50 000

　　贷：销售费用　　　　　　　　　　　　　　　　　50 000

小结：预计负债期末计价顺序：确定期末预计负债贷方余额，预计负债贷方余额列入资产负债表；分析预计负债期末期初余额和本期发生额，确认销售费用，记入利润表；期末预计负债贷方余额与本期销售收入是对应关系。此过程体现了资产负债观。

四、总结

总结上文可以发现，在资产负债观下：

（一）首先确定资产负债表的项目

在应收账款的例子中可以看出，需要确定应收账款余额和期末坏账准备余额，两者相抵的净额列入资产负债表。填列于资产负债表的应收账款净额，与期末应收账款余额和坏账计提比例相关，期末坏账准备贷方余额与应收账款借方余额是对应关系，而与当期计提的坏账准备无关。典型代表为前四个例题，在资产负债表上应收账款的列报金额均为 1 164 万元；在存货的例子中可以看出，需要按照"成本与可变现净值孰低法"确定存货的期末余额，填入资产负债表；在预计负债的例子中可以看出，需要确定预计负债的期末贷方余额，将贷方余额填入资产负债表。

注意：在此提醒一点，实务操作中要注意具体问题具体分析，例如应收账款明细账有可能出现贷方余额，此时的填列，请读者三思。

（二）其次确定利润表的项目

在应收账款的例子中可以看出，需要分析期初期末和本期发生的坏账准备，确定资产减值损失，列入利润表。填列于利润表的资产减值损失，与期初坏账准备金额、当期坏账发生额和期末坏账准备金额有关，这三个金额确定后，即可确定本期坏账准备的计提金额，也即计入资产减值损失的金额，列入利润表；在存货的例子中可以看出，比较存货跌价准备的期末期初余额和本期发生额，分析确定当期存货跌价准备的应计提金额，确定资产减值损失，列入利润表；在预计负债的例子中可以看出，比较预计负债的期末期初余额和本期发生额，分析确定当期预计负债应计提金额，确定销售费用，列入利润表。

（三）计量资产/负债与计量收入/费用具有同步性

从上述 15 个例题也可以看出，当间接产生收入或费用时，按照 4.1 所述资产负债观下的三个具体操作步骤和式（4-3）中"资产 - 负债"的第三部分对应右端"收入 - 费用"可知：会计恒等式的存在使得左端的资产/负债数字和要素确定后（例如坏账准备、存货跌价准备和预计负债），右端必须同步增减相应的数字，并放入相应的会计要素中（例如资产减值损失和销售费用），否则就会出现会计恒等式不恒等的现象。因此，计量资产/负债与计量收入/费用具有同步性。

第三节　会计政策的经济后果

资产计价和利润确定是会计的核心，不同的计量理念和不同的会计政策会导致不同的资产计价和利润确定结果，也会影响企业的现金流量，影响公司价值，具有经济后果。

一、会计政策的经济后果：理论阐述

在公司财务中，一般的公司价值模型建立在未来现金流量折现的基础上（例如股利贴现模型），由于会计的权责发生制记账规则不改变公司的现金流量，所以学术界对会计政策的经济后果问题有不同的观点。

（一）信息观（information perspective）

信息观基于有效市场假说，认为信息披露是会计的核心，而计量方法并不重要。在有效市场假说下，资本市场需要运用资产定价模型进行定价，一般的公司定价模型建立在未来现金流量折现基础上（例如股利贴现模型），因此需要会计提供定价模型中各个参数所需要的会计信息。

信息观认为，权责发生制的记账规则仅对经济交易或事项的权利义务做时间调配，并不改变企业的现金流分布。由于会计的计量方法没有影响到企业的现金流，因而也不会影响以现金流为基础的估值，也就不存在经济后果问题。投资者能够看穿会计计量方法，并根据信息披露进行决策。因此，会计需要解决的核心是信息披露，股票价格可以反映所有的信息，会计计量并不重要。

（二）计量观 （measurement perspective）

计量观认为应选择合适的计量方法为投资者提供决策有用信息。在研究过程中，人们发现历史成本计量提供的净利润信息与股票非正常回报的相关性比较低，同时净利润信息对公司价值的反映滞后于市场对公司价值的反映，这说明基于历史成本计量的净利润信息并未及时、完整地反映公司价值，那么是否存在可以涵盖公司所有信息，有利于投资者决策的会计计量方法呢？这便催生了计量观。基于爱德华和贝尔（Edwards & Bell）等的研究，费尔托姆和奥尔森（Felthom & Ohlson）等研究建立了净盈余理论（clean surplus theory）。在无偏会计（unbiased accounting）状态下，资产负债表提供的净资产价值即为公司价值。因此，理论上存在一种会计计量方法，能够完整地计量公司价值，使会计信息胜任决策有用，净盈余理论成为公允价值计量的理论基础。

公允价值将未来估计计量于当期财务报表中，有利于提供经济决策有用性信息，与财务报告目标一致，因此会计准则制定机构非常关注公允价值会计。2000年2月11日，FASB正式发布了第七辑概念公告《在会计计量中运用现金流量信息和现值》，为使用未来现金流量作为会计计量基础提供了比较完整的指导框架。在计量观下，资产或负债的计量方法会影响到投资者决策，因此，应选择合适的计量方法为投资者提供决策有用信息。

（三）合同观 （contracting perspective）

合同观认为会计政策的选择具有经济后果。合同观基于代理理论，认为企业是各类合同的交汇点（a nexus of contracts），会计信息是签约和履约依据。在财务合同（financial contracting）中，企业资产背后体现的是财务合同中的权利。利益相关者可以通过调整资产配置改变权利配置，使得合同结构与会计信息产生互动，从而影响到投资者决策。

泽夫（Zeff）提出了会计准则的经济后果（economic consequence）这一概念，表述为会计报告对企业、债权人和政府的决策行为会产生影响，不论有效市场理论的含意如何，会计政策的选择会影响公司的价值。如果从财务视角观察经济后果问题，应是会计政策的选择影响了资产的计价和利润的确定，触发了依据资产或利润信息的合同条款，引起合同各方的决策变化。企业需要进行会计政策选择以满足合同条款要求，该行为可能影响企业现金流的分布，在不同时期折现率的作用下，最终计算现金流的折现数会不同，就会表现为公司价值的变化。因此，会计政策的选择具有经济后果。

二、会计政策的经济后果：以存货的计量为例

现在，人们一般认为，会计政策的选择既会影响资产计价，也会影响利润确定，还会影响到现金流量。本节以存货为例对此问题进行说明。

（一）存货成本流转假设

确定发出存货的成本需要确定单位存货的实际成本，但实际操作中可能存在相同的存货却以不同的单位成本购进或产出的现象，产生这种现象的原因在于存货的成本流转假设。

存货流转包括实物流转和成本流转两个方面。存货的实物流转是企业生产经营过程中存货这类具体实物的进销存过程，由企业的经营特点和管理要求决定；存货的成本流转是会计关心的内容，因为会计要提供以货币计量的存货流转信息，关注存货实物流转中蕴含的成本流转。

在理论上，存货的成本流转与实物流转应当一致，但实务中罕见两者一致的情况。这是由于企业的存货进出量大，而且往往存在多个采购地点，多个生产批次，使得存货的单位成本多变，如果要保证多种类多批次存货的成本流转与实物流转一致，就需要付出高昂的代价进行跟踪。因此需要对存货的成本流转进行合理假设，采用一定的方法将存货成本总额（期初结存存货的成本与本期收到存货的成本之和）在本期发出存货与期末结存存货之间进行分配，以提高效率。存货的成本流转假设不同，发出存货的计价方法也不同。

（二）发出存货的计价方法

企业发出存货一般有五种方法。

1. 先进先出法

先进先出法是假设先收到的存货先发出，根据该假设对本期发出存货和期末结存存货进行计价的一种方法。采用先进先出法，每次发出存货均按先收到的存货的单位成本计价，然后据此确定本期发出存货和期末结存存货的成本。

先进先出法的优点是使资产负债表的存货价值更接近现行市价，企业不能随意挑选存货计价以调整当期利润；先进先出法的缺点是工作量大，特别是在收发业务比较频繁的企业。此外当通货膨胀时，容易高估资产负债表的存货价值，也容易高估利润表的当期利润；而当通货紧缩时，则容易低估存货价值，也容易低估当期利润。

2. 后进先出法

后进先出法是假设后收到的存货先发出，根据该假设对本期发出存货和期末结存存货进行计价的一种方法。采用后进先出法，每次发出存货均按后收到的存货的单位成本计价，然后据此确定本期发出存货和期末结存存货的成本。

后进先出法的优点主要是发出存货而产生的销售成本更接近现行市价，使得收入和成本的配比更合理，利润表提供的利润信息更稳健；后进先出法的缺点一方面体现为工作量大，另一方面当产生通胀或通缩时，资产负债表的期末存货价值会背离现行市价，影响会计信息的相关性。有些国家和地区明确禁止后进先出法，或将其列为备选方法，而不作为基准方法。

3. 全月一次加权平均法

全月一次加权平均法是以月初结存存货的数量和本月收到存货的数量之和为权数，计算存货的加权平均成本，并据以确定本月发出存货成本和期末存货成本的一种方法。其计算公式如下：

$$加权平均单位成本 = \frac{期初结存存货成本 + 本期验收入库存货成本}{期初结存存货数量 + 本期验收入库存货数量}$$

$$本月发出存货成本 = 本月发出存货数量 \times 加权平均单位成本$$

$$月末结存存货成本 = 月末结存存货数量 \times 加权平均单位成本$$

或

$$\frac{月末结存}{存货成本} = \frac{月初结存}{存货成本} + \frac{本月收入}{存货成本} - \frac{本月发出}{存货成本}$$

全月一次加权平均法的优点是在月末一次计算加权平均成本，平时对发出存货和结存存货只记录数量，不记录金额，简化了日常核算工作，而且存货成本的分摊比较均匀；全月一次加权平均法的缺点是平时账面上不反映发出存货和结存存货的成本，不利于存货的日常管理。

4. 移动加权平均法

移动加权平均法是在每次收到存货后便计算新的加权法平均成本，并以此作为该次结存存货以及下次发出存货单位成本的一种方法。移动加权平均法的计算原理与全月一次加权平均法相同，其计算公式如下：

$$\frac{移动加权}{平均单位成本} = \frac{本次购入前结存存货成本 + 本次购入存货成本}{本次购入前结存存货数量 + 本次购入存货数量}$$

$$\frac{\text{本次发出}}{\text{存货的成本}} = \frac{\text{本次发出}}{\text{存货的数量}} \times \frac{\text{上次购货后移动}}{\text{加权平均成本}}$$

移动加权平均法的优点是能够及时反映发出存货和结存存货的成本，平均单位成本及发出存货和结存存货的成本比较客观；移动加权平均法的缺点是在存货收发较为频繁的情况下，工作量较大。

5. 个别计价法

个别计价法是按照存货的实物流转方式来确定存货的成本流转，即发出存货的成本按该存货在收到时的单位成本进行计价的一种方法。通常情况下专用性的存货和单位价值较高的存货等适用个别计价法。

个别计价法的优点是存货的成本流转与其实物流转相一致，发出存货和结存存货的成本信息准确；个别计价法的缺点是需要有效区分并详细记录存货的种类和批次，工作量较大。

表4-1列示了五种存货发出方式的比较。

表4-1 发出存货方式的比较表

	成本流转假设	单位成本的确定	优点	缺点
先进先出法	先收到的存货先发出	按先收到存货的单位成本计价	存货价值更接近现行市价，企业不能随意挑选存货计价以调整当期利润	工作量大，通胀时容易高估存货和利润，通缩时容易低估存货和利润
后进先出法	后收到的存货先发出	按后收到存货的单位成本计价	销售成本更接近现行市价，收入和成本的配比更合理，利润信息更稳健	工作量大，通胀或通缩时，期末存货价值背离现行市价，影响会计信息的相关性
全月一次加权平均法	重新计算成本	以月初结存存货的数量和本月收到存货的数量之和为权数，计算存货的加权平均成本	简化了日常核算工作，存货成本分摊比较均匀	不利于存货的日常管理
移动加权平均法	重新计算成本	每次收到存货后便计算新的加权法平均成本，计算原理与全月一次加权平均法相同	能及时客观地反映发出存货和结存存货的单位成本和总成本	存货收发较为频繁时，工作量较大
个别计价法	与实物流转一致	发出存货按该存货收到时的单位成本进行计价	成本流转与实物流转一致，发出和结存存货的成本准确	需要区分并详细记录存货的种类和批次，工作量较大

《企业会计准则第 1 号——存货》第三章第十四条规定："企业应当采用先进先出法、加权平均法或者个别计价法确定发出存货的实际成本。对于性质和用途相似的存货，应当采用相同的成本计算方法确定发出存货的成本。对于不能替代使用的存货、为特定项目专门购入或制造的存货以及提供的劳务，通常采用个别计价法确定发出存货的成本。"

（三）改变发出存货计价方法的经济后果

例 4 - 16　甲公司 2020 年期初存货 A 单价 2.5 元，共 4 件，本期进货 6 件，单价 3 元（均为现金购入），本期发出存货 8 件，期末剩余 2 件。假定甲公司 2020 年销售收入为 100 元（均为现金收入）；假定发出存货皆为销售成本组成部分；另有当期记入销售成本中的固定资产折旧为 10 元；所得税税率为 25%，以现金上交所得税。

要求：

（1）分别计算先进先出法和加权平均法下元芳公司期末存货价值、当期税前利润以及当期经营活动现金流量（直接法和间接法两种方法）。

（2）计算发出存货计价方法变化对期末存货计价、当期税前利润确定以及当期经营活动现金流量的影响，同时指出期末存货计价和当期税前利润确定的变动金额与变动方向的关系。

解析：在资产负债表上列示期末存货的价值，在利润表上列示当期利润，调整发出存货的计价方式，会同时影响到利润表上的销售成本和资产负债表上的期末存货。原因在于存货本身存在一个恒等式：

期初存货 + 本期购入存货 = 本期发出存货 + 期末存货（数量和金额均恒等）

将该式变形，可得

本期发出存货 = 期初存货 + 本期购入存货 − 期末存货（数量和金额均恒等）

当表示金额时，此处的"本期发出存货"可理解为当期销售成本，这样就建立起资产负债表和利润表的联系。当本期发出存货价值越高时，期末存货价值越低。本期发出存货价值越高，意味着当期销售成本越高，在销售收入一定的情况下，当期利润就越低。

基于上述分析，可初步判定，本期发出存货的价值与期末存货价值是反向关系，本期发出存货的价值与当期利润之间也是反向关系，而期末存货价值与当期利润之间是同向关系。在不考虑所得税的情况下，金额上应该是相等的。

（1）分别计算先进先出法和加权平均法下甲公司期末存货价值、当期税前利润以及当期经营活动现金流量（直接法和间接法两种方法）。

情形一：先进先出法

期末存货计价：$3 \times 2 = 6$（元）

当期销售成本：$2.5 \times 4 + 3 \times 4 + 10 = 32$（元）

当期税前利润：$100 - 32 = 68$（元）

当期经营活动现金流量计算如下所述。

直接法

当期销售存货收入现金为：100（元）

当期购买存货付出现金为：18（元）

当期支付所得税为：$68 \times 25\% = 17$（元）

经营活动现金流为：$100 - 18 - 17 = 65$（元）

间接法

利用 $(L_1 - L_0) + (E_1 - E_0) - (UCA_1 - UCA_0)$ 调整为 $(L_{o1} - L_{o0}) + (E_{o1} - E_{o0}) - (UCA_{o1} - UCA_{o0})$ 的分析本题，税后净利润 51 元的构成：

①不属于经营活动的利润，无；

②未发生现金流出的费用，当期折旧 10 元；

③经营活动的其他项目，存货期末期初差额为：$6 - 10 = -4$（元）。

因此经营活动现金流为：$51 + 10 - (-4) = 65$（元）

情形二：加权平均法

加权平均单价：$(2.5 \times 4 + 3 \times 6) \div 10 = 2.8$（元/件）

期末存货计价：$2.8 \times 2 = 5.6$（元）

当期销售成本：$2.8 \times 8 + 10 = 32.4$（元）

当期税前利润：$100 - 32.4 = 67.6$（元）

当期经营活动现金流量计算如下所述：

直接法

当期销售存货收入现金为：100（元）

当期购买存货付出现金为：18（元）

当期支付所得税为：$67.6 \times 25\% = 16.9$（元）

经营活动现金流为：$100 - 18 - 16.9 = 65.1$（元）

间接法

利用 $(L_1 - L_0) + (E_1 - E_0) - (UCA_1 - UCA_0)$ 调整为 $(L_{o1} - L_{o0}) + (E_{o1} - E_{o0}) - (UCA_{o1} - UCA_{o0})$ 的分析本题税后净利润 50.7 元的构成：

①不属于经营活动的利润，无；

②未发生现金流出的费用，当期折旧 10 元；

③经营活动的其他项目，存货期末期初差额：$5.6 - 10 = -4.4$（元）。

因此经营活动现金流：$50.7 + 10 - (-4.4) = 65.1$（元）。

（2）计算发出存货计价方法变化对期末存货计价、当期税前利润确定以及当期经营活动现金流量的影响，同时指出期末存货计价和当期税前利润确定的变动金额与方向的关系。

①资产负债表。先进先出法下期末存货计价：$3 \times 2 = 6$（元），加权平均法下期末存货计价：$2.8 \times 2 = 5.6$（元），两者差额：$6 - 5.6 = 0.4$（元）。

②利润表（不考虑所得税时）。先进先出法下当期税前利润：$100 - 32 = 68$（元），加权平均法下当期税前利润：$100 - 32.4 = 67.6$（元），两者差额：$68 - 67.6 = 0.4$（元）。

③现金流量表（考虑所得税后）。先进先出法下经营活动现金流：65（元），加权平均法下经营活动现金流：65.1（元），两者差额：$65 - 65.1 = -0.1$（元）。

从图 4 - 4 中可以看出，发出存货的计价方式影响期末的资产计价和当期的利润确定：

（1）本期发出存货价值越高时，期末存货价值越低，当期利润也越低。

（2）本期发出存货的价值与期末存货的价值是反向关系，本期发出存货的价值与当期利润也是反向关系，期末存货的价值与当期利润是同向关系。

（3）不考虑所得税的情况下，发出存货计价方式的选择而导致发出存货的价值变化、期末存货的价值变化和当期利润的变化，这三个变化值相等。

（4）在企业所得税的作用下，发出存货的计价方式不但影响期末的资产计价和当期的利润确定，也会影响到企业的经营活动现金流量。

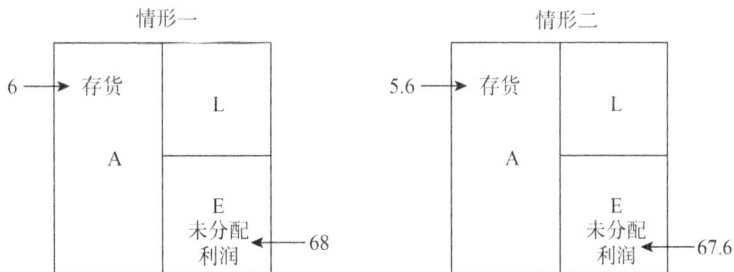

图 4 - 4　两种发出存货方式下的资产与利润比较

因此，如果采用发出存货的计价方式进行资产负债表和利润表管理，那么必须同时权衡因此而造成的现金流问题，做好现金流量表的管理。

三、总结

会计政策的选择具有经济后果：

（1）会计政策的选择影响会计信息。从理论分析和实际案例来看，会计政策的选择既会影响期末的资产计价，也会影响当期的利润确定，还会影响当期的现金流量。

（2）会计政策的选择影响合同各方的决策。由于会计政策的选择影响到资产计价、利润确定和现金流量，因此也会触发企业相关的依据资产或利润信息而订立的合同条款，从而引起合同各方的决策变化。而在实务中，企业需要进行会计政策选择以满足合同条款要求，因此合同结构与会计信息通常会发生互动。

（3）会计政策的选择影响公司估值。按照一般的现金流估值模型，由于会计政策的选择会影响到会计信息，从而影响到合同各方的决策，当现金流量发生变化时，会在不同时期折现率的作用下，影响最终计算的现金流折现数，就会表现为公司价值的变化。

由于会计政策的选择具有经济后果，因此，当试图通过选择会计政策来改变资产计价和利润确定时，必须同时考虑因会计政策的变化而带来的现金流问题。例如，例4－16中当试图选择发出存货计价方式来管理资产和利润时，就会因触发税法当中的企业所得税条款而造成额外的现金流出。因此，企业的经营活动、投资活动和筹资活动是在公司战略指导下的整体性行为，会计政策的选择必须综合资产负债表、利润表和现金流量表等进行通盘考虑，以协调平衡，实现整体优化。

▶ 第五章

资产和权益的确认与计量理论

第一节　资产的概念与确认标准

在会计确认与计量中，资产和收益的确认与计量被认为是两项最为重要的内容。其中，资产是企业存在和持续经营的必要条件，在所有会计要素中，资产是关键性的要素，其他要素的定义都以资产为基点。资产的确认与计量不仅影响资产负债表，也对收益产生影响。资产计价通常决定着收益确定。随着资产属性与相关业务的日益复杂，资产确认与计量的理论和实务也在不断地发展，并对会计理论产生了深刻的影响。

一、资产的概念

（一）资产概念的演变

概念是对一事物的本质、特点、内涵和外延的总体阐述。站在不同角度认识事物，人们会得出不同的概念。会计的概念也是如此，资产是最基本的会计要素之一，同时也是一个很复杂的概念。人们经常因其表象而对其实质产生模糊甚至错误的看法。例如，将资产等同于资源，将资产视同财产，将资产视同资金的运用，将资产等同于产权，等等。长期以来，许多会计学家和会计专业机构都对资产概念有所研究，试图给资产以明确的定义，并因此形成了各种各样的看法。对会计理论的研究起了不同程度的推动作用，对会计实务也起到了指导作用。归纳起来，大致有以下五种观点：

1. 未来劳务观

主张未来劳务观的是坎宁（John B. canning），1929 年，他在《会计经济学》中将资产解释为：资产指任何货币形态的未来劳务或任何可转换为货币的未来劳务（对那些由合同产生的未来劳务要扣除合同双方都未履行的部分），这种劳务只对某人或某批人有用时才是资产。

这是最早对资产作明确定义的，也是对资产早期的一种认识，认为资产是劳务。虽然指出了资产对人有用的属性，但与现代会计的资产概念有明显的不同。

2. 未消逝成本观

未消逝成本观是对资产性质的早期认识，是 1940 年美国会计学家佩顿和利特尔顿在《公司会计准则导论》中提出的。他们认为："成本可以分为两部分，其中已消耗的成本为费用，未消耗的成本为资产。"也就是说，他们认为资产是营业或生产要素获得以后尚未达到营业成本和费用阶段的那部分余额，是成本中未消逝的那部分余额。显然，这种观点同历史成本会计模式是密不可分的，它着重从会计计量的角度来定义资产，强调了资产取得与生产耗费之间的关系。未消逝成本观在 20 世纪 40 年代比较流行，对当时的资产计量实务产生了相当大的影响。即使到现在，它也未从根本上消除，仍然支配着资产的计量实务。在由国际会计准则委员会与欧洲会计师联合会共同发起的"会计准则制定大会"第三届会议（1993 年）上，发布了一篇题为《关于未来事项的确认与计量问题》的研究报告，该报告虽然强调资产的确认应以"对未来经济利益的控制或拥有"为必要条件，但也承认，"资产的计量是以成本耗费为基础的"。

3. 借方余额观

1953 年 8 月，美国会计师协会所属的会计名词委员会在其颁布的第 1 号《会计名词公告》中提出了资产定义的借方余额观。该公告认为："资产是由借方余额所体现出来的某种东西。这一借方余额是按照公认会计原则或规则从结平的各账户中结转过来的，前提是这一借方余额不是负值。作为资产，它代表的或者是一种财产的权利，或者是所取得的价值，有的则是为取得财产权利或为将来取得财产而发生的费用支出。"这一认识的基本特征是将资产视为借方余额的体现物。据此，不仅借方余额所体现的应收账款、存货、设备、厂房等要确认为资产，而且由借方余额所体现的递延费用等项目也可以确认为资产。这种观点只是从会计结账技术的角度来理解资产，并没有揭示资产的实质，即资产应有什么样的用途，能为其所有者或使用者带来什么。这种观点对资产的界定产生了较大影响。

4. 经济资源观

经济资源观是颇具影响的一种观点。1957 年，美国会计学会在其发表的《公司财务报表所依持的会计和报告准则》中明确指出："资产是一个特定主体从事经营所需的经济资源，是可以用于或有益于未来经营的服务潜能总量。"对资产的认识，第一次明确将资产与经济资源相联系，虽然它并未正面提到无形资产的内容，但这一定义至少可能将无形资产包纳其中。另外，它也明确了资产与特定会计主体之间的关系。美国会计原则委员会认为："资产是按照公认会计准则确认和计量企业经济资源，也包括某些虽不是资源，但按公认会计准则确认和计量的递延借项。"这一定义虽然明确地指出资产的实质是经济资源，接受了"经济资源"这一新认识，但它却认为，经济资源应视为资产，取决于公认会计原则的确认和计量标准，这就把资产的实质与资产的确认和计量之间的主从关系颠倒了。但不管怎么说，经济资源观中已经孕育了未来经济利益观的思想。

IASC 也认为资产是一项作为过去活动的结果而为企业所控制的资源，由此产生的经济利益预期会在未来流入企业。我国 1992 年颁布的会计准则也持此观点：资产是企业拥有或控制的能用货币计量的经济资源，包括各种财产、债权和其他权利。

5. 未来经济利益观

目前比较流行的资产定义体现了未来经济利益观的观点。其实未来经济利益观的思想早有体现。约翰·B. 坎宁早在 1929 年出版的《会计经济学》一书中就对资产作出了如下定义："资产指任何货币形态的未来劳务或任何可转换为货币的未来劳务（对于那些合同明确的未来劳务要扣除双方都未履行的部分），这种劳务只有对某人或某些人有用时才能作为一项资产。"在此之前，斯普瑞格在其所著的《账户原理》一书中认为，资产"包括以前获得的服务，以及其他还在得到服务的积蓄"。这两个定义都或多或少地包含了未来经济利益观的思想。1962 年，斯普瑞格与穆尼茨合作发表了《会计研究论丛》第 3 号——《企业普遍适用的会计准则》。在这一文献中，他们明确提出："资产是预期的未来经济利益，这种经济利益已经由企业通过现在或过去的交易获得。"但这种未来经济利益的想法，在当时被认为过于激进，所以被美国会计原则委员会所否决。有意思的是，后来的美国财务会计准则委员会却成了未来经济利益观的倡导者。该委员会认为："资产是可能的未来经济利益，它是特定个体从已经发生的交易或事项中所取得或加以控制的。"

我国财政部 2006 年发布的《企业会计准则——基本准则》第三章第二十条规定，资产是指企业过去的交易或者事项形成的、由企业拥有或者控制的、预期会给企业带来经济利益的资源。

与其他几种观点相比，未来经济利益观否定了未消逝成本观，发展了经济资源观，这主要表现在以下两点上：

（1）未来经济利益观认为，资产的本质在于它蕴藏着未来的经济利益。因此，对资产的确认或判断不能看它的取得是否支付了代价，而要看它是否蕴藏着未来的经济利益。在现实中，虽然成本是资产取得的重要证据之一，而且成本还是资产计量的重要属性，但是成本的发生并不一定导致未来的经济利益，而未来经济利益的增加也并不必然会发生成本，如业主投资、接受捐赠等，所以未消逝成本观将未耗用的成本看成是资产，视资产为成本的组成部分，是不切合实际的。

（2）经济资源观强调资产的经济资源属性，把一些不是经济资源但有助于实现未来经济利益或减少未来经济损失的项目如某些备抵项目排斥在资产之外，而未来经济利益观则将这些项目合乎情理的包含在资产之中。因此，未来经济利益观相对于经济资源观来说更加全面、合理。

对于会计上常见的递延费用是否具有未来经济利益的特征，学术界有两种不同的观点：一种观点认为递延费用是由过去的交易引起的资产价值的转化，通过摊销计入损益，并不直接为企业产生现金流量，因而不具有收益能力；另一种观点认为，递延费用是企业为获取长远利益而必须发生的支出，不能设想企业不承担代价而获取任何利益，因而属于企业间接获益的资产。

（二）资产概念的新发展

资产概念始终处于发展中。进入 21 世纪以来，FASB 与 IASB 开始进行合作项目，重新审视财务报告框概念框架，其中的一项研究就是对资产的定义。由于对原有的定义存在"可能的""预期的"和"控制的"指代不明，以及过分强调"未来经济利益"与"过去交易或事项"等方面的缺陷，因此他们更关注资产的操作性定义。2006 年初，他们认为特定主体的资产是：该主体持有的现金，该主体获取现金的现时权利，该主体获取直接或间接为其带来经济利益的资源的现时权利或其他现时权利。到 2006 年 11 月，FASB 和 IASB 明确将资产定义为：主体的一项资产是主体对其拥有排他的权利或其他权益的现时经济资源。从这个定义可以看出，他们对资产的定义强调了三点：

1. 经济资源（economic resource）

作为经济资源，资产应有确定的经济价值，能够反映市场、交换等经济活动的实质（单独或与其他经济资源组合），从而直接或间接地增加现金的净流入或减少现金的净流出。经济资源包括与其他主体签订的合同，如付款合同、运输合同、提供劳务合同等，只要能增加现金净流入或减少现金的净流出，就被确认为经济资源。

2. 现时（present）

现时是指在资产负债表日，经济资源已经获得该经济资源的权利或其他特许权应该实际存在。

3. 拥有排他的权利或其他权益

一项现时权利或其他特权（a present right or other privileged access）的获得使特定主体能够直接或间接地使用现时经济资源，并排除和限制其他主体使用该资源。权利和其他特权需通过合同或其他合法途径来获得。

2007 年 10 月 IASB 和 FASB 的联合会议把资产定义修订为：

主体的一项资产是主体目前具有实施权利或其他人不具备的其他权利的现时经济资源。一项经济资源是指稀缺的或能够单独地或与其他经济资源一起直接或间接地产生现金流入或降低现金流出的某物。一项实施权利是主体对现行经济资源建立进入权或保护不被其他人进入。权利可以合法实施或通过等效方法实施。主体在保护不被其他人进入经济资源的同时，进入其他人不具备进入权的现行经济资源。

这个定义强调资产是主体具有排权利的现时经济资源，可以理解为资产的经济资源观的新发展。此外，资产概念的表述也与经济学的资产概念保持了一致。

二、资产的确认标准

上述各种不同的资产概念反映了会计学各个不同发展阶段上对资产认识上的不断发展过程。这些概念中能够产生较重大影响的共有两类：一是会计技术决定论，二是未来经济利益决定论。

会计技术决定论是比较早期的对资产的表述，即"借方余额观"。按照该观点对资产的表述，资产取决于记账结果，于是，复式记账的具体规就成为了确认资产的标准。具体来说，将支出列做有关账户的借方余额，以及未来期间转作费用的具体规定，就是确认资产的具体标准。至于资产的真正效用的规定性，则退居次要的地位。因此，厂房建筑物、机电设备作为企业所实际拥有的财产资源是企业的资产；应收账款作为企业的财产权是企业的资产；待摊销费用和递延资产也是企业的资产，因为它们符合具体的会计规则。

可见，早期关于资产的确认标准并不明确，资产被认为是按照一定记账程序与规则所形成的余额。这样，记账程序与规则就成为资产的确认标准。

未来经济利益决定论是 20 世纪 80 年代以来人们对资产的认识。随着会计理论的发展，人们不再从记账的结果这角度来界定资产，而是从资产的经济特征作出界定，并以此为基础进一步说明会计确认的标准，其所下的定义已转变为强调资产的本质特征，所以近一些年，未来经济利益观成为一种主流观点。

按照 FASB 第 6 号财务会计概念公告对资产的表述，资产应具有如下特征：

（1）资产蕴涵着可能的未来经济利益。资产单独或者与企业的其他要素结合起来而具有一种能力，这种能力将来能直接或间接地产生净现金流量。反之，如果潜在的经济利益为零，即不可能产生任何经济效益时，就不应将其确认为资产。此外，这一特征还表明未来经济利益是"可能得"，也就是说，某项资产在未来能给企业带来的权力和效益是不确定的，尽管这种不确定性会影响资产的计量，但是不会改变资产的本质。

（2）特定的个体对资产具有排他性的控制权。当某一个体或企业通过正常的、符合法律的程序而拥有一项资产时，该资产是蕴含着的未来经济利益就属于这一个体或企业，而不属于其他的个体或企业，即资产具有排他性。这是资产的一项重要的法律特征，关系到资产所创造的未来经济利益的归属权。但要明确的是，这里的控制权是指企业对特定资产的支配权、使用权，而不是所有权、从租赁公司取得的设备、与供货企业发生的未付款项等，这些资源的所有权不属于企业，到期需要归还，但可归企业支配使用。

（3）产生上述经济利益的交易或事项已经发生。企业对某项资产的取得一般要通过相应的交易或相关活动（如捐赠），当导致企业获得这一项资产的经济活动完成时，企业才可予以确认。通常会计确认有四项标准，即可定义性、可计量性、相关性和可靠性。由此可见，交易活动是否发生直接关系到资产确认的依据，交易活动的发生不但标志着企业已拥有该项资产的所有权，同时也表明企业取得了确认资产所需要的具体且可靠的信息。

除了以上特征以外，有学者认为，资产还应当具有如下特征：①资产必须能以货币计量和反映；②资产可以是有形的或无形的；③资产的价值是变动的；④资产的收益性与风险性同在。前面两个特征实际上是从会计确认和计量的角度提出来的，而后两个特征则考虑了资产存在的现时环境及其变化。

在复杂的现实生活中，无论是从会计理论的角度，还是从会计实务的角度来说，都需要我们对资产的确认标准作出更为明确的规定和解释。

比如，我国财政部2006年发布的《企业会计准则——基本准则》第三章第二十一条规定，符合资产定义的资源，在同时满足以下条件时，确认为：①与该资源有关的经济利益很可能流入企业；②该资源的成本或者价值能够可靠地计量。

一般来说，资产的确认标准有如下几种：

（1）法定权利标准。法定权利标准是传统会计机制中记录一项资产时最重要的依据。在传统的会计机制下，企业大多数资产的确认都遵循了法定权利标准。这样就保证了会计记录的客观性和可靠性。目前，实务界普遍采用这一标准。

（2）经济实质标准。这一标准着眼于经济业务是否已经实际发生或执行，是否能对经济决策产生影响。如果一项经济业务尚未发生或执行，那么它就不具有经济实质，就不能作为记录资产的依据。

（3）稳健主义标准。稳健主义，又称保守主义或谨慎性原则，是传统会计中一项重要的基本原则。这一原则意味着：损失和代表未来经济义务的负债可以提前确认，而收入和代表未来经济利益的资产则不能提前确认。例如，企业在一项诉讼案件中是原告，假定该企业已经获得胜诉，但被告提出了上诉，则在这种情况下，企业不能将应收的赔偿款作为资产入账。但在相反的情况下，如果该企业是被告并且已经败诉，即使该企业提出了上诉，也必须将应付的赔偿款作为负债登记入账。

（4）资产价值可计量标准。计量是会计的一项重要职能。资产负债表中的每一个项目，都需要会计人员以货币作为计量单位加以反映。如果某一项目在性质上可以归类为资产，但不采用非常主观或武断的方法会计人员就不能确定它的价值，那么，在这种情况下，该项目就不应被记录为资产。这就是在传统会计中不将人力资源确认为资产，以及商誉（除非是购入的商誉）通常亦不计列为资产的缘故。

第二节　资产的计量模式的选择

一、资产计量的概念与目的

所谓资产计量是以特定的尺度对资产的价值进行数量化描述，即货币性量化过程。具体说，资产计量涉及两方面的内容：一是确认应予记录的资产项目，二是对应予记录的资产项目进行货币计价。其中第一项可根据资产的定义和特征来确认，而如何量化已确认的资产的价值，则是本节所要讨论的问题。

资产计量需要一定的计量尺度，计量尺度又称计量标准，包括计量属性和计量单位。资产计量属性也称资产计量基础，指所用量度的经济属性，即确定资产价值的基准。如历史成本、现行成本、变现成本等。而计量单位指的是度量的货币单位，如名义货币单位和一般购买力货币单位。不同的计量属性与计量单位可组合成不同的计量模式，由此而形成的资产价值也有所不同，而各种计量模式的选择应当取决于组成计量的目的与环境。

用货币单位来反映经济关系及其变化，这是会计的一个重要特征，会计所反映的内容从资本、投资到收益各要素的价值都是以资产计量为前提条件的，可以说资产计量是整个会计计量的基础。财务会计的目标是为信息使用者提供对决策有用的信息，资产计量也应当以此为目的。由于存在不同类型的决策者，所以对资产计量的目的也就不尽相同。概括起来，资产计量主要有以下几个方面的目的：

（一）作为收益计量的一个必须步骤

通过资产计量来确定企业的收益，有两条途径。

1. 通过收入与费用的配比过程

由于费用是已耗资产的成本，所以费用的确认取决于资产的计量。按照传统的资产计量方法，货币性资产是以可变现价值来记录，非货币性资产以历史成本记录。计量非货币性资产的主要目的是计算本期的收益，即将收入与相关费用进行配比其差额为收益。由此可见，要通过收入与费用的配比而得到收益，就必须先对各种不同类型的资产进行计量，所以资产计量是收益计量的一个必不可少的步骤。

2. 通过对资产与负债定期评估

当企业资产的价值增加或负债的价值减少时会产生收益，企业通过重置成本或定期进行资产评估的方式取得收益，即收益是一定时期净资产的增值。因此，资产的计量就成为确定收益的一个重要步骤。对于非货币性资产，通常是选用与资产负债日相近的价值进行计量，如存货采用先进先出法等。

因此，不论采用以上途径的哪一条，资产的计量都是收益计量的必要前提。

（二）向投资者反映企业的财务状况

投资者要了解企业的财务状况，一般要利用企业的财务报表，而财务报表又是以账簿记录为基础编制的。因此，通过资产计量而进行相应的会计处理后，才能编制财务报表而向投资者反映企业的财务状况。在财务报表中，资产负债表是揭示企业财务状况的一个主要报表，由于传统会计执行的是配比原则和历史成本计价，所以资产负债表实际上是一种余额表。从投资者的角度来看，这一报表信息反映了业主投入资金的经营责任，即既可以从企业发生的业务，又可以从期末的余额追溯实际投入的货币。但是，人们对这种余额表的信息提出了批评，认为非货币性项目余额只能反映过去的成本和摊余价值，使报表信息与过去的关系要比与未来的关系更为密切。

（三）向债权人反映企业的偿债能力

债权人需要了解企业的偿债能力，而偿债能力的大小取决于企业所拥有资产的价值，因此必须通过对资产的计量向债权人提供反映企业偿债能力的信息。在20世纪以前，资产负债表的主要目的之一就是向债权人提供有关企业的财务信息。至于采用怎样的计量尺度来衡量企业的偿债能力——企业拥有资产的价值，在当时的环境下，稳健主义观念深入人心，并对资产的计量产生了很大的影响，所以清算价格被认为是一个很重要的计量基础。然而，如果企业有较大可能持续经营下去，则企业的债务可以用经营过程中所获得的现金流量予以支付，不必拍卖置存资产以换取现金偿还债务。在这种情况下，历史成本计量基础是可行的。

（四）计量可以向企业管理当局提供经营管理方面的信息

企业管理当局所需要的会计信息与投资者和债权人所需要的会计信息不同。投资者主要关心企业未来的盈利能力，债权人则主要关心企业未来的偿债能力，而企业管理当局则更关心企业未来的经营决策。资产的计量可以为企业管理当局制定经营决策提供帮助。例如，通过资产的计量，各项资产的清算价格以及它们所能提供的未来现金流量等信息都可以得到，这有利于企业管理当局进行一系列的经营决策。

以上，我们对资产计量的种种目的进行了简单分析。如果对上述各种不同的计量目的再进行深入分析、分类，就可以发现，在资产计量中大致存在两种不同的基本目的：一种目的是反映企业管理当局的经管责任（经管责任观）；另一种目的是为利益相关者提供决策帮助（决策有用观）。在经管责任观下，要求资产计量的结果应尽可能地客观、可靠，要有助于说明有关方面的经管责任及其履行情况，这时，资产计量倾向于采用历史成本计量模式；在决策有用观下，要求资产计量的结果尽可能与经营决策相关，这时，资产计量更倾向于采用现时成本计量模式。

二、资产的计量属性比较与评析

（一）计量属性

采用什么计量尺度对资产的价值进行计量，这就是资产计量属性的选择问题。计量属性的确定直接影响资产计量的结果与财务会计信息的质量。如果对某一被计量的资产而言，所选择的计量属性是合适的，那么计量的结果就可能是合理的；反之，如果所选择的计量属性不合适，就不能客观地反映该资产的真实价值，甚至严重背离其实际价值。资产价值计量是在一定的环境下针对具体计量对象而进行价值确定的一种会计行为，因此要达到合理计量的目的，在选择计量属性时就必须考虑计量对象、计量依据、计量环境以及计量效果等因素。

1. 计量对象

计量对象是指被计量的客体，这里指资产。虽然资产计量的目的均相同，不是为了确定取得的价值，就是为了确定出售或产出的价值，但不同的资产计量对象可能需要不同的计量属性。就企业所拥有的资产而言，根据资产的性质可将其分为有形资产与无形资产、货币资产与非货币资产、金融资产与非金融资产等不同类型，这些不同类型的资产由于性质上的差异需要与其相适合的计量属性。如对企业所拥有的设备等有形资产进行计量，可采用历史成本计量；而对持有的金融资产则不宜选择历史成本，采用未来现金流量现值或某一公允价值更为合适。

2. 计量依据

资产计量需要相关的依据，该依据能说明资产计量的结果是否合理。按照传统的会计惯例，会计计量通常采用某种可观察的由市场决定的金额，比如实际收到或支付的现金。但很多情况下会计人员可能无法获得所需要的计量依据，当会计人员不能获得这种可观察的市场金额的信息时，只能转而寻找别的途径，如使用未来现金流量的估计值来计量某项资产。因此，在资产计量时，有无计量依据以及计量依据能否满足需要，都会对计量属性的选择产生影响。

3. 计量环境

资产的价值要通过具体的价格来体现，而价格又是以货币来反映的，货币单位的价值有可能是变动的，所以这里的计量环境是指货币在特定时期的币值状态，由此而分为币值稳定环境与币值波动环境。在币值稳定或基本稳定的环境下，资产采用历史成本计量属性可以反映资产的现时价值。但如果在币值波动的环境下，历史成本计量属性则难以反映资产的现时价值。因此，为了使计量结果有意义，资产计量属性的选择应当考虑当时所处的环境。

4. 计量效果

所谓计量效果，是指通过计量后其结果满足计量目的和要求的程度。对资产进行计量，其最根本的目的和要求是计量结果能客观、准确地反映被计量对象的真实价值，使企业财务状况得到真实的反映，也使财务报表的信息具有决策有用性。因此，资产计量属性的选择必须考虑计量效果，只有能保证计量效果好的计量属性才能成为被选择的对象。

（二）资产计量属性的类型及其评析

1. 资产计量属性的类型

财务会计的目标就是向不同方面的信息使用者提供他们决策所需的信息，不同的信息使用者以及不同的分析评价企业财务状况的观念和方法，都可能会对资产计量提出不同的要求。所以，信息需求的多样化必然会导致多种计量属性的产生。计量属性的产生受时间、价值形成方式及其性质的影响，所以我们可从三个不同的角度来观察资产的计量属性。

首先，从资产计量的时间上可以将计量属性分为过去、现在和将来三种时间界区。

其次，从资产计量时所注重的价值形成方式来分，可分为反映投入价值的计量属性和反映产出价值的计量属性。投入价值是指为取得资产而付出的价格，一般指已支付的价格，但也包括未支付预计以后要支付的价格。这种计量属性的主要特点是具有客观性，即在取得资产的交易或事项已发生的情况下，拥有客观的计价依据并可验证。正由于这些特点，所以现行财务会计模式主要是执行投入价值基础。产出价值是指已拥有的资产通过交换或转换可获得的现金数额，这一计量属性是衡量资产变现价值的主要尺度。对于企业的非现金资产，如果要估计其可收回的价值，必然要根据目前的市场价值来确定，而变现价值总是与市场价值相联系，所以产出价值计量属性适合计量资产的变现值。

最后，从资产计量行为的性质划分，可分为基于实际事项的计量属性和基于假设事项的计量属性。基于实际事项的计量属性是指作为计量基础的相关事项已经实际发生，以取得资产计量所需要的依据，如历史成本计量基础；基于预期是相当计量属性是指作为计量基础的相关事项预期会发生，且有一定的判断依据，这种计量属性虽然具有不确定性，但依据合理的推断可减少资产价值计量的不准确性；基于假设事项的计量属性是指，作为计量基础的相关事项不但尚未发生而且也不存在将要发生的迹象，而是假设该事项发生时的情况，如市场状况以及资产价值等。显然，这一计量属性具有很大的不确定性。

根据以上分类可形成多种资产计量属性，但目前理论与实务所涉及的主要有六种（见表5－1）。

表 5－1　资产计量的可能属性

计量标准	过去	现在	未来
投入价值	历史成本	重置成本	未来重置价值
产出价值		现行市价	预期脱手价值
预计价值			未来现金流量现值

历史成本，即原始成本，是指取得资产时的实际交易价格。

重置成本，又称现行成本，是指在本期重新购置持有资产所要付出的代价。

现行市价，又称可实现净值，指在本期将持有资产出售可收回的价值净额。

未来重置价值，又称未来成本，是指在未来某时点上购置资产时可能要付出的代价。

预期脱手价值，即未来售价，是指在未来将持有资产出售可能收回的价值净额。

未来现金流量现值，是预期某项资产未来可能产生的现金净流入的现值。

2. 对各种资产计量属性的评析

有研究者认为，既然人们将"未来的经济利益"视为资产的一项重要特性，那么，在对资产进行计量时，就应该体现这一特性。然而，现行的资产计量均以历史成本计量，即使改进的也不过是重置成本或现行成本。这种将定量的时点放在现在甚至过去，而定性则面向未来——"未来的经济利益"显然是矛盾的。也就是说，立足于过去的现在时点的计量属性与资产定义的要求不相符。立足于未来试点的计量属性有三种，其中，未来重置价值和预期脱手价值分别是从资产的取得和出售的角度考虑的，而后者被学者讨论得较多一些，因为人们通常只是考虑持有或售出某项资产可能获得的利益。未来现金流量现值与前面两个计量属性明显不同，它是某项资产预计未来可能产生的现金净流入的现值，也就是说，当运用这一计量属性时，应当考虑三方面的因素，即预计未来现金的净流入量、现金流量的时间分布、适当的贴现率。

在以上计量属性中，若以资产具有"未来经济利益"特性来衡量，未来现金流量现值计量属性最符合资产的定义。未来重置价值和预期脱手价值都计量了资产自身的价值，却没有反映出资产所具有的可能的获利能力，而未来现金流量现值能反映出资产可能的获利能力。然而，尽管未来现金流量现值在理论上具有其合理性，但由于计量技术等方面的原因，计量属性要在会计实务中全面运用还存在一定的难度。

另有研究者指出，目前在资产计量属性上存在不同观点，是由于相关研究人士对资产本身以及会计报表的认识有所不同，不论是历史成本还是重置成本，也不论是未来重置价值还是预期脱手价值，实际上是成本与价值观点的争论，并认为，相关性与可靠性是会计信息质量的两个特征，当二者发生冲突时应该在可靠性的前提下追求相关性最大，因为可靠性是财务会计信息首要必备的质量特征。基于这一考虑，资产计量中的成本计量属性有其必要性。另一方面，会计作为一个信息系统，反映效用最大化的会计信息是其基本职能，反映历史并不排斥它在保证可靠性的前提下，提供现在及未来等与决策者更相关的信息，所以对某些满足上述条件的资产，也可以采用价值计量。但是资产难以全部采用价值计量，为提高会计信息质量特别是提高会计信息的相关性，资产可作如下分类计量：对单独产生现金流量的资产可以采用价值计量，对不能单独产生现金流量的资产应采用成本计量。资产计量采用成本与价值并存的原则，可以更好地满足会计的"决策有用"与"受托责任"双重目标。

美国 FASB 在《财务会计概念公告》第 6 号发表之后的 15 年，在经过多年的酝酿和反复讨论后，于 2000 年 2 月推出了第 7 号概念公告——《在会计计量中使用现金流量信息和现值》，这一公告为在初始确认或新起点计量时使用未来现金流量作为会计计量基础提供了一个比较完整的指导框架。

随着会计理论的发展，单一计量属性受到越来越多的冲击，被拿来探讨的计量属性逐渐增多。在经济环境波动较大的情况下，人们一方面认识到历史成本计量属性的缺陷，以现值计量的理论优势，但同时也发现资产计量难以全部采用价值计量，在现行财务会计框架体系内，资产采用价值计量必须符合一定的条件，在不符合这些条件时，成本计量有其存在的必要性与合理性。

除了上述几种计量属性以外，还有另一种用于计量衍生金融工具价值的计量属性，即公允价值，公允价值是一个很广义的概念，最早提出公允价值概念的是美国会计学家威廉·佩顿。1946 年 3 月，佩顿在《会计月刊》发表了一篇题为《会计中的成本和价值》的文章，他在该文中指出："成本和价值不是相抵触和排斥的概念。在购买日，成本和价值几乎是一样的，至少在大多数交易中如此。就支付媒介是非现金财产而言，购入支持的成本应按所转出财产的公允价值确定。事实上，成本是重要的，因为其大致等于购买日的公允价值。"FASB 公允价值的概念是由佩顿提出的，而 APB 与 FASB 只是将其体现在有关的公告或意见书中。

FASB 在《财务会计概念公告》第 7 号中提出为使财务报告能够提供具有决策相关性的信息，现值必须能够反映被计量资产或负债的某些可观察的计量属性，并把这种属性称为公允价值，认为公允价值是指当期的非强迫或非清算的交易中，自愿双方之间进行资产（或负债）的买卖（或发生与清偿）价格。由此可以看出，最能代表公允价值的，在市场经济中，是可以观察到的、由市场价格机制所决定的市场价格。因此我们可以这样认为，公允价值是指在一个开放的、不受干扰的市场中，理智和知情的交易双方在平等、相互之间没有关联的情况下，自愿进行交易的价格。它可以采用市场价格或未来现金流量的贴现代表。

FASB 认为，公允价值反映了市场对直接或间接地隐含在金融工具中的未来现金流量净现值的估计，因此，该信息有助于会计信息使用者对未来作出合理的预测，并有利于验证其以前所做预测的合理性。总之，公允价值信息有助于信息使用者对企业投资与融资进行评价，从而作出正确的决策。也正是出于对公允价值特点的以上考虑，我国经修订后颁布的新准则在会计计量基础中增加了公估价值这一条。

各种计量属性与一定的计量单位相结合，形成了不同的计量模式。

三、资产计量模式

资产计量模式由计量要素组成，而计量要素包括计量属性和计量单位。通常，可选择的货币度量单位有两种：一种是名义货币度量单货币度量单位，另一种是不变购买力货币度量单位。这两种货币度量单位与不同的计量属性可以组合成多种资产计量模式，显然，不同计量模式下资产的入账价值也不同。纯粹从计量要素的组合来看，不考虑计量对象的限定，将两种货币度量单位与五种主要的计量属性组合，可形成十种可能的计量模式（见表5-2）。

表5-2　资产计量模式

计量属性 度量单位	历史成本	现行成本	现行市价	现金流量现值	公允价值
名义货币	历史成本/名义货币	现行成本/名义货币	现行成本/名义货币	未来现金流量现值/名义货币	公允价值/名义货币
不变购买力货币	历史成本/不变购买力	现行成本/不变购买力	现行成本/不变购买力	未来现金流量现值/不变购买力	公允价值/不变购买力

第三节　主要资产的确认和计量

一、流动资产的确认与计量

（一）流动资产的内涵

1. 流动资产的定义

流动资产是指短期内能够转换成现金的资产，其转换期限为一年或超过一年的营业周期。

在早期，人们对流动资产的认识远没有现在宽泛。那时，一些会计学家将资产定义为："那些在正常的经营过程中能变为现金的资产和那些具有变现力的资产。"而且，一年法则在早期的流动资产定义中是普遍应用的。

后来，流动资产的定义逐渐放宽，流动资产的转换期限，由一年逐步改变为一年或超过一年的一个营业周期。例如，美国执业会计师协会在其《职业标准》中，就将流动资产定义为："那些能够合理预期的，在一个正常的商业周期里可以变换为现金、出售或消耗的资产或资源。"

与早期的定义相比，现在的定义强调了两个方面的内容：一是强调了变现的期望或意图，而不再是强调变现能力；二是强调了正常经营周期，而不再强调一年法则。

2. 流动资产的特征

佩顿在 1922 年编著的《会计理论》一书中，曾对流动资产的特征作了明确的阐述。他认为流动资产在以下三个方面不同于固定资产：

（1）使用期限的长短不同。流动资产仅使用于一个生产经营周期，而固定资产则通常使用于多个生产经营周期。

（2）耗用方法不同。流动资产是一次性耗用，而固定资产则可以连续不断地提供服务，是逐渐被耗用的。

（3）耗用方式不同。流动资产的价值是一次摊销，而固定资产的价值则是多次摊销。

（二）　流动资产的计量

流动资产包括货币性流动资产和非货币性流动资产。下面我们来研究这两类流动资产的计量问题。

1. 货币性流动资产的计量

货币性流动资产是指在一年或超过一年的一个营业周期内，能够转变为确定数额货币的权利和要求权，它包括各种形式的货币和货币要求权。不同形式的货币性流动资产具有不同的计量特点。

（1）货币。现金和各种形式的货币（如银行存款、其他货币资金等）应按照它们的现行价值来计量。如果其中包含某种外币，则应按现行汇率将其折算为本国货币，并将由于汇率波动所产生的利得或损失作为汇总损益列入当期损益，当然这一做法适用于所有的货币性流动资产。

（2）应收项目。对于应收项目，从理论上说应按未来可取得现金的折现值来计量。但由于这类项目属于流动资产，其期限较短，所以折现值得考虑并不重要，可以忽略不计。也就是说，对于应收项目，我们一般以原始交易所确定的价格入账。

在应收项目的计量中，另一个需要考虑的因素是应收项目收款的不确定性。正是由于应收项目款的不确定性，所以从谨慎性原则出发，通常对应项目要扣除一个备抵数额，以使资产负债表中所反映的应收项目的数额更接近于未来可实际收回的数额。这一点，在应收账款的计量中表现得特别明显。

（3）货币性投资（主要指债券投资）。对货币性投资的计量与对应收项目的计量比较相近，即都不考虑折现问题。在传统的会计程序中，货币性投资通常是以体现谨慎性原则的成本与市价孰低法来计量的，即对于市价大于成本时的差额一般不予确认，而对于市价小于成本的差额则确认为损失。近年来，这种观点受到了越来越多的批评。大多数会计学家主张按现行市价来计量货币性投资。他们认为：①在大多数情况下，市价和成本是可以核实的，而且，市价能够为投资者提供更为有用的信息；②持有投资的利得和损失与出售投资的利得和损失是同样重要的；③对各项流动资产都按现行价值计量，不仅能保持计价概念上的一致性，而且也有助于现金流量的预测。

2. 非货币性流动资产的计量

非货币性流动是指一年或超过一年的而一个营业周期内，不能转变为确认数额货币的权利和要求权。最典型的非货币性流动资产是存货。非货币性流动资产区别于货币性流动资产的最基本特征是它们为企业带来的预期的经济利益即货币金额是不固定的或不可确定的。因此，它们的现行价值不能通过对未来的到期价值进行折现来估计，也不能通过对收入的不确定性加以调整来估计。非货币性流动资产之间也存在着差异，我们只能分别阐述各类非货币性流动资产的计量问题。

（1）非货币性投资（主要指股权投资）。从理论上说，非货币性投资的价值表现为未来的出售价格，因此，采用未来现金收入的折现值这一计量属性对其计价最为适宜。但现行会计实务倾向于采用现行市价这一计量属性，这可能是考虑了以下原因：非货币性投资作为流动资产，它所涉及的期间较短，以流动资产形式表现的非货币性投资，往往具有临时性的特点，企业需要现金时，可随时将其出售变现。这样，折现程序的考虑并不重要，可以忽略不计。而且，股票市场是一个有组织的市场，这样，按照前面的分析，现行市价可以作为未来现金收入折现值的相近替代价格。

（2）预付费用。预付费用是指企业将于未来期间以服务的形式收到的利益。具体包括办公用品、预付租金、预付保险费、预付利息及预付税金等。这些项目各有特点，如办公用品代表特定的有形资产，预付租金代表使用他人资产的权利，而预付保险费和预付税金则与其他资产或负债有关。对于预付费用，一般是按照实际成本反映在资产负债表上。但是像办公用品这样的费用通常是在它们被耗用时即转作费用；而像预付租金这样的费用则需要随着时间的消逝逐渐转作费用。

（3）存货。如果要反映存货对企业的价值，产出价值也许是最好的计价基础，当企业在不改变存货价格的情况下可以把所有存货都出售时更为如此，但如果商品的售价或其他交换价值具有高度的不确定性，则成本或其他投入价值可能就是存货计价的恰当量度。

①产出价值。存货可以存在于企业经营活动的各个阶段。在某些情况下，它可以存在于经营活动的开始，此时，它或是以原材料的形式出现，或是以交付客户前还需作相当多加工处理的半成品的形式出现。在另外一些情况下，存货几乎已不需要作加工处理了。对于前者，投入价值可能是最恰当的计量基础；而对于后者，由于导致营业收入的过程已基本完成，存货应当根据当期或预期的产出价值进行计量。产出价值具体包括折现货币收入、现时销售价格和可实现净值。

A. 折现货币收入。存货按照折现货币收入计量必须满足两个基本条件：于未来期间因销售或交换商品而获致的货币收入量应是相当确定或可确切估计的；预期收入的实现时间应是固定的或是相当确定的。这实际上是要求商品的生产或销售要根据合同进行，否则，要充分满足上述两项条件通常是不可能的。

B. 现时销售价格。传统的收入实现概念有一个例外，即如果实际存在一个由政府控制固定价格的市场，就允许根据现时售价对存货进行计量。其必要条件有三：存在一个由政府控制的市场，允许任何进入市场的商品都适用一个固定价格；商品的销售费用不大；按售价收到现金的时间很少会被延迟，即货币的时间价值不是重要的考虑因素。通常认为，满足上述条件的存货项目通常只有贵金属和某些农产品。

C. 可实现净值。可实现净值是指现时销售价格减去预计销售费用后的余额。一般认为，这种存货计价概念最合理。斯普劳斯和穆尼茨曾指出："存货如果能容易地以已知的价格出售，且其处置成本微不足道、或者是已知的、或者是容易地予以估计时，那么，应以可实现净值予以计量。"从他们的阐述中可知，应用可实现净值这一计价概念需要两个基本条件：存货能容易地以已知的价格售出；追加成本或费用是确定的或可以合理估计的。

②投入价值。在应用于存货项目时，投入价值可定义为在现时条件和状态下，为获取存货而耗用的资源。如果为获取存货所付出的是现金或其等价物时，则其投入价值的含义是十分清楚的。然而，如果商品是本企业制造的，此时存货的投入价值代表的是生产中所耗用资源的价值和分配于该产品的其他资源的价值总和。与产出价值不同，以投入价值计量实际上意味着不承认未来的销售利润。投入价值具体包括历史成本、现行成本和成本与市价孰低。

A. 历史成本。历史成本是指存货在购入或生产时投入的价值。其中，只计算购入或生产过程中的正常费用，非正常耗用视为损失，不计入成本。历史成本计价有以下优点：具有客观性和可验证性；可以反映企业管理当局对存货的经管责任。但它存在着以下缺点：由于物价水平不断变动，历史成本不能反映存货的现时价值；不同时期购入的存货，由于物价水平不断变动，而不能相互比较；将历史成本和现时收入相配比，无法正确计算损益；不能反映企业的持产损益。

B. 现时成本。鉴于历史成本计价所存在的上述缺点，许多会计专家主张使用现时成本计价。其主要理由是：便于将本期现时成本和本期现时收入相配比，正确计量本期的企业收益；便于计量存货的持有损益；便于对不同时期购入存货进行比较、汇总；便于真实地反映企业存货的现时价值。现时成本计价的缺点是：难于获得各种商品的现行成本数据，并且它具有一定的主观性，并不是依据真实发生的经济业务记录的。另外，成本的变动并不一定反映为现时销售价格的变动，价格并不一定随着成本的变动而变动，因而存货的现时成本并不能确切地反映其真实的经济价值。在存货成本增加的情况下，还会导致存货置存收益增加的不合理现象。

C. 成本与市价孰低。成本与市价孰低是传统会计实务中广泛使用的一种计价概念。成本与市价孰低中所说的市价，实际上是指现时重置成本，它属于按投入价值计价，而不属于按产出价值计价，这种计价基础的理论依据是谨慎性原则。但是，这种存货计价概念不仅为会计实务增加了难度，即需要逐项比较每项存货的原始成本和市价，而且从理论上看它是不合理的：首先，这种计价概念使得反映在资产负债表上的存货项目有不同的计价基准，从而有悖于一致性原则。其次，与历史成本计价相比，它具有一定程度的主观性，市价并不是真实交易的记录。第三，资产负债表上的存货价值，并不反映它们的真实经济价值。由于成本与市价孰低法所依据的观念是当市价低于成本时立即确认损失，而当市价高于成本时，在销售时确认收入，所以它低估了在后一种情况下的存货价值。最后，这种计价概念歪曲了企业的年度收益状况。在市价低于成本的情况下，将市价损失计入本期收益，会导致本期收益减少。这样虽然体现了谨慎性原则，但会导致下期期初存货成本降低，从而增加下期收益。从下一个会计期间来看，这种计价概念实际上是不谨慎的。

二、固定资产的确认和计量

（一）固定资产的内涵

1. 固定资产的定义

按照 IASC 公布的第 16 号准则公告，固定资产指符合下列各项标准的有形资产：

①企业所有的用于生产或供应产品和劳务的有形资产，包括为了出租给他人，或为了管理上使用的，还包括为了维修这些资产而持有的其他项目；②为了连续使用而购置或建造的；③不打算在正常营业过程中出售的。

对符合上述①②③项标准的资产租用权，在某些情况下也可以作为固定资产处理。

后来，IASC 对这一准则公告进行了修订。在修订后的 IASC 第 16 号公告中，固定资产被定义为："预计使用期限超过一个会计期间，企业用于生产、提供商品或劳务、出租或为了行政管理目的而拥有的有形资产。"

我国财政部 2006 年发布的《企业会计准则第 4 号——固定资产》第三条规定，固定资产，是指同时拥有下列特征的有形资产：①为生产商品、提供劳务、出租或经营管理而持有的；②使用寿命超过一个会计年度。

2. 固定资产的特征

根据上述定义，固定资产具有下述主要特征：

固定资产指的是有形资产，在正常的经营过程中它们将用于促进其他商品的生产或用于向企业或其客户提供服务。

固定资产具有有限的经济寿命，在使用期限满时必须予以废弃或重置。这一经济寿命可能是可能是按其构成要素的磨损程度而估定的，也可能是按其使用程度和维护状况而估定的。

固定资产所提供的服务通常通过超过一年或一个经营周期，但也有一些例外。例如，当某项固定资产的使用寿命只剩下不足一年时，人们并不将其重新分类为流动资产。

固定资产属于非货币性资产。

（二）　固定资产的计量

固定资产的特性决定了固定资产计价基础选择的局限性。

首先，产出价值基础在这里陷入了困境。因为企业一定时期的收益是所有固定资产在生产经营中共同发挥效用的结果，尽管可以通过一定的方法将企业的预期净现金流入量予以折现，但将这一折现值分配至各特定资产却是不现实。一切可能的分配方法似乎都是武断的，这自然使得产出价值基础难以适用于固定资产的计价。

其次，清算价值也无能为力。当固定资产退出企业时，销售价格是计量固定资产价值最恰当的基础。但这已不是正常意义上的产出价值，因为它是由该项固定资产本身的售价决定的，而不是由该项固定资产所生产的产品的售价决定的。这个价格实际上是清算价值。这一计价基础只适用于少数可销售的固定资产。相比之下，用投入价值对固定资产进行计价似乎更为合理一些。但是，只有初始投入价值才能客观地予以计量，随着以后年份的不断使用，固定资产的价值要靠折旧程度来决定。当然，当物价变动时，按投入价值来计量固定资产的价值也会受到物价变动的影响，从而导致资产的账面价值无法反映资产的实际价值。在固定资产的计量中，可供选择的投入价值只有历史成本和现行成本两种。

1. 历史成本

以历史成本作为固定资产计价基础的理论依据是持续经营假设，即假定企业经营年限长到足以收到固定资产所能提供的全部服务权益。历史成本的主要优点是它具有可验证性，因为它是企业在购置固定资产时实际支付的价格。历史成本的一个主要缺点是，假若以后经济状况和价格水平发生变化，它就不能反映固定资产的未来服务价值或现行市价，即使价格保持不变，固定资产的预期未来服务效益也未必会持续不变，这或者是由于固定资产的使用年限具有不确定性，或者由于未来技术和经济条件的变化。此外，价格变动对于固定资产使用历史成本计价的相关性和可比性所带来的影响，要比流动资产大得多，因为固定资产购置以后的使用期限比较长，期限越长，价格的累积影响也就越大。

2. 现行成本

一般认为，现行成本比历史成本更适用于计量企业的固定资产价值，在物价变动时尤其如此。在现行成本中，最常用的是重置成本。此外，现行成本也适用于重估价值。

3. 现行重置成本

现行重置成本指的是在现时市场上购置一台同类新设备所需花费的费用，假若现时市场上没有这种设备，则可以用能够提供相同的服务能力的设备的成本来代替。在现时市场上买不到类似的设备时，也可以使用再生产成本来代替现行重置成本，但再生产成本必须是合理的、有效率的。主张以现行重置成本代替历史成本作为固定资产计价依据的主要理由是：一方面，它是根据物价变动调整固定资产价值的一种方法，调整后的价值接近于固定资产的变现价值，即实际经济价值；另一方面，按照它所提取的折旧，能够保证固定资产的实物更新。

4. 重估价值

所谓重估价值，是指按一定程序所估计出来的固定资产的现行成本或现行价值，对固定资产进行重估所得出的价值，既可以是产出价值，也可以投入价值，这要视重估价值的目的而定。重估价值的主要优点是：由于重估通常是由企业外部人员进行的，重估的价值要比企业自己计算的重置成本更为客观。其缺点是重估工作只能每隔一定时期进行一次，因而也会和历史成本一样时过境迁。

（三）固定资产的折旧

1. 折旧的含义

在传统的会计机制下，折旧被认为是将固定资产的原始成本或其他价值在其受益期间内进行分配的过程。

lASC 在 1976 年 10 月颁布的第 4 号会计准则——《折旧会计》中将折旧定义为："按照资产的预计使用年限分配其应计折旧额。"

美国执业会计师协会所属的会计名词委员会曾在 1953 年对折旧会计下了一个定义："折旧是以系统的、合理的方式将有形固定资产的成本或其他计价基础减去残值（如果有残值的话）后的净额分配到资产（也可能是一组资产）的估计使用年限中去的会计处理方法。折旧是一个分配过程，而不是一个计价过程。"按照这一定义，资产的原始成本或其他价值在其使用年限内是不变的，折旧总额等于原始成本减去残值。

这种基于传统观念的静态折旧观虽然指出了折旧是成本的分配，而且是系统的、合理的分配，但并未确切地说明"系统"和"合理"的含义，以及成本或其他价值究竟是如何分配的。

我国财政部 2006 年发布的《企业会计准则第 4 号——固定资产》第四章第十四条规定：折旧，是指在固定资产使用寿命内，按照确定的方法对应计折旧额进行系统分摊。

在后来的会计理论研究中，又相继出现了关于折旧定义的服务潜力递减观、资本保持观和耗用服务的现行成本观。

服务潜力递减观认为，折旧代表固定资产服务潜力的递减。固定资产服务潜力的降低是由于实物损坏、生产耗用、陈旧过时以及需求变化等因素造成的。随着固定资产服务潜力的降低，其价值就会相应地转移到某项费用、某项资产或某项损失账户中去。

资本保持观认为，只有期末的投入资本超过期初的投入资本，才会产生效益。因此，在固定资产使用年限届满时，至少应该保持原始货币投资额，其原始成本可以采用一种合理的方式在资产使用年限内逐步收回。也有人认为，资本保持的不是原始货币投资额，而是企业资产的服务潜能或生产能力。资本保持观对于及时足额的计提折旧，确保固定资产更新具有重要意义。

耗用服务的现行成本观认为，无论如何，现行重置成本比历史成本都更为重要，折旧是现行成本的分摊，而不是历史成本的分摊，某一特定时期的折旧费用是固定资产和现行收入相配比，形成了现行营业净利的概念，持有资产的现行投入价值发生变动的损益可以单独反映出来，这对于评价企业经营业绩是十分有利的，同时也为现在的或潜在的投资者预计未来收益提供了恰当的基础。这种观点的主要缺点是：①与历史成本一样，将固定资产的重置成本合理分配于特定的会计期间仍然是困难的；②在资产本身的价格和一般物价同时变动时，由于现有市场可能缺乏同类资产用于比较，以致资产本身的价格变动和一般物价的变动很难加以区分；③即使重置成本会有所增加，技术进步同样会使资产的现行价值减少。

2. 折旧不同方法的评析

在 19 世纪至 20 世纪初期，许多企业在处理折旧事项时一般是采用定期评估的方法，也有一些企业甚至将固定资产的重置支出直接列入本期费用。20 世纪中叶，折旧才被认为是在资产使用年限内对其成本或价值进行的系统而合理的分配。成本分配方法的选择取决于以下因素：①资产市场价值的降低与资产使用之间的关系；②陈旧报废的影响；③预计的修理方式；④预计的操作效率上的降低；⑤资产提供的预期收入的变化；⑥资产的寿命期限、利息因素以及资产在使用年限后期的不确定性因素。对这些因素考虑的结果，形成了多种折旧方法。

（1）盘存法。所谓盘存法，是指通过定期的资产估价来确定各期的折旧费用。这是确定折旧的最早方法。盘存估价有两种具体方法：一种是以清算价值或现行市价为基础，另一种是以资产操作效率的变化为基础。前者的优点是可以反映资产的实际经济价值，避免了主观的成本分配。后者由于没有考虑到诸如陈旧之类的经济因素，因而通常被认为是不适用的。

（2）重置法。所谓重置法，是以固定资产的重置成本作为本期折旧费用。对于一个大型的、拥有大量相同资产的企业，其固定资产的重置通常是有规律的，因而可以用重置费用代替折旧费用。其具体方法是将重置成本直接计入本期费用，不论各个会计期间重置成本发生多大的变化，都不改变固定资产原始成本的账面价值。人们普遍认为重置法过时了，但铁路系统对枕木、铁轨等仍在使用重置法。在现行财务会计实务中，与重置法相类似的另一种做法是将正常的修理费计入费用，而总成本中的重置部件的成本则仍维持其原始成本。重置法的主要优点是允许费用按现行成本反映。但重置法也有缺点：第一，由于在重置之前不承认任何资产成本的消逝，不形成生产经营上的负担，这使得早期的经营成果偏高和资产价值偏大；第二，各期生产经营的成本负担不均匀，而且固定资产使用成本由哪一会计期间承担，受资产重置方法的影响，带有很大的主观性。

（3）产量折旧法。产量折旧法又称变动费用法。这种方法假定资产价值的降低不是缘于时间的推移，而是因使用而致。资产价值的降低是资产使用状况的函数。按照这一假定，如果某项固定资产在某期末被使用，则该期就不应该计提折旧。在产量折旧法下，假定固定资产的成本代表着一定数量的服务单位，这些服务单位随着固定资产的使用而进入产品成本。随着固定资产的不断使用，服务单位的数量不断减少，说明固定资产的服务能力在不断地降低。这种方法主要适用于根据固定资产的有形磨损来计算折旧时，或者陈旧因素对固定资产的使用年限有影响但这种影响可以预见时。这种方法的主要缺点是：第一，每年的折旧费虽然是变动的，但它假定每一服务单位分配等量的折旧费，这是没有根据的。而且由于利息的存在，资产的服务价值事实上也不会等值降低。第二，资产所能提供的服务数量难于准确预计。

（4）直线法。直线法又称固定费用法。它假定折旧是由于时间的推移而不是使用造成的，认为服务能力降低的决定性因素是时间推移所造成的陈旧和损坏，而不是使用所造成的有形磨损，因而假定资产的服务潜力在各个会计期间是等量降低的，并且各个会计期间所使用的服务总成本是相同的，而不管其实际使用程度如何。直线法只有在以下各项条件得到满足时才是正确的：

①利息因素可以忽略不计，或假定资本成本为零；

②修理和维修费用在整个资产使用年限内是固定不变的；

③资产的操作效能自始至终保持不变；

④使用资产所取得的收入（或现金流量）在整个资产使用年限内是固定不变的；

⑤各种必要的估计（如预期使用年限等）都是准确的。虽然条件这些条件过于严格，但由于有些因素可以适当抵销，通常认为直线法是最为合适的的折旧方法。此外，直线法还具有使用方便和易于理解的优点。直线法的主要缺点是，它忽略了折现因素，按直线折旧法所计算的净利，会造成投资报酬率不断上升的现象。

（5）递增费用法（又称复利法）。这类方法主要适用于租赁企业和公用事业单位的固定资产，也适用于那些使用年限中保险费和财产税递减，而操作效率、收入和维修费又基本稳定的固定资产。另外，在预期收入递增的情况下，也可以使用这种方法。递增费用法包括年金法和偿债基金法。在年金法下，由于资产成本是各期折旧费用和残值的现值之和，所以从资产成本中减去残值的现值，就是折旧费用的年金现值。在偿债基金法下，假设于每期期初提存等额基金，按一定复利计算，到资产的使用期限届满时，正好积累一笔资金，用于重置资产。因此，每期应提的基金数加上基金按复利计算的利息，就是各期应计提的折旧费用。

递增费用法的主要优点是：①在理论上符合折旧的经济意义，即一项资产是它的未来效益的现值，而折旧则是资产现值的减少额，因而它合理地计量了每期所耗用的资产价值；②递增法可以使企业保持固定的投资收益率。递增费用法的缺点是：第一，能提供不变或递增服务的固定资产一般很少；第二，修理和维修费用通常是不断增加的；第三，在使用年限中，固定资产的操作效率通常是不断降低的。

（6）递减费用法。递减费用法又称加速折旧法，指在固定资产使用的早期计提较多的折旧费用，以后折旧费用逐期递减，从而使固定资产的成本在使用年限中加快得到补偿的一种折旧方法。在这种方法下，每期计提的折旧数额，随着使用时间的增加而呈递减的趋势。

递减费用法包括：①余额递减法，即每期计提的折旧额是以固定不变的百分率乘以账面递减后的金额求得的；②双倍余额递减法，即在计提每期折旧时，用直线法折旧率的两倍去乘以该资产的期初余额求得；③折旧年限积数法，即在计算逐年的折旧额时，用应折旧固定资产的剩余使用年限与全部使用年限总和的比率去乘以这一资产项目在有效使用年限内应折旧的总额求得。

递减费用法的主要特点是：①在不考虑利息或资本成本的情况下，每年的服务贡献额是递减的；②操作效率的降低会导致操作成本的增加；③以剩余服务价值的折现价值表示的资产价值，在早期降低很多，而在后期则降低很少；④修理和维修费用是递增的；⑤由于存在着陈旧的可能性，这使得以后年度的收入具有不确定性，在理论上递减费用法符合"系统性和合理性"的要求。其合理性在于,按递减费用法计算出的折旧额,呈现出递减的趋势,正体现了固定资产项目效用递减的趋势;其系统性在于,这些逐年递减的折旧额仍然是具有规律性的,如在折旧年限积数下,各期的折旧额是等差级数,而在余额递减法(或双倍余额递减法)下,各期的折旧额则是一个等比级数。在实际应用中,递减费用法与直线折旧法相比,在确定应税收益时,由于在早期提取了数额较大的折旧费,使早期的应税收益相应减少,从而使纳税人能在使用这些固定资产的早期缴纳较少的所得税款,而在后期才缴纳较多的税款,这无异于对纳税人提供了一种免息贷款,使纳税人能从中得到一定的财务利益。

我国财政部 2006 年发布的《企业会计准则第 4 号——固定资产》第四章第十七条规定,企业应当根据与固定资产有关的经济利益的预期实现方式,合理选择固定资产折旧方法。可选择的折旧方法包括年限平均法、工作量法、双倍余额和年数总和法等。

三、无形资产的确认与计量

(一) 无形资产的内涵

1. 无形资产的定义

无形资产至今仍未被确切地定义过,它通常被认为是没有实体存在的资本性资产,其价值取决于赋予所有者的独占权。例如,FASB 认为:"无形资产指没有物质实体的经济资源,其价值是由其占有权及其他未来利益所决定的;但货币性资源(如现金、应收账款和投资等)不被认为是无形资产。"

美国会计原则委员会将无形资产归类为一项特定资产,并将无形资产划分为可明确辨认的(identifiable)无形资产和不可明确辨认的(unidentifiable)无形资产两类。

我国财政部 2006 年发布的《企业会计准则第 6 号——无形资产》第二章第三条规定:"无形资产,是指企业拥有或者控制的没有实物形态的可辨认非货币性资产。"资产满足下列条件之一的,符合无形资产定义中可辨认型标准:

(1) 能够从企业中分离或者划分出来,并能单独或者与相关合同、资产或负债一起,用于出售、转移、授予许可、租赁或者交换。

(2) 源自合同性权利或者其他法定权利,无论这些权利是否可以从企业或者其他权利和义务中转移或者分离。

无形资产之所以构成企业的资产,是因为它能使企业拥有某些权力,或能使企业具有较强的竞争能力,并能够为企业带来长期收益。

2. 无形资产的特点

(1) 无实体存在是无形资产的一个重要特点。

（2）无形资产最重要的特点是其在未来期间能给企业带来的经济效益具有高度的不确定性。在大多数情况下，无形资产所能给企业带来的价值可能分布在零至很大的金额之间。有些无形资产可能与某一产品的开发制造有关，而有些无形资产则可能与该产品需求的拓展和维持有关。反映前者的主要有专利权（patents）和版权（copyrights）等，反映后者的主要有商标（trade mark）和商号（trade name）等，两者兼而有之的是商誉（goodwill）。然而，所有这些代表未来利益的无形资产的价值都具有高度的不确定性，且难以与特定的收入或特定的期间相联系。

（3）无形资产的另一个重要特点是它通常不能直接用于增加物质财富，它不能与企业或企业的实物资产相分离，它的价值必须与有形资产相结合才能发现。

（二）无形资产的计量

1. 无形资产的计价

对无形资产的计价取决于陈报的目的及所依持的概念。如果陈报的目的是计量每一会计期间企业单项资产的价值，那么，唯一可选择的方法是计量整个企业的价值再减去其他特定净资产的价值。但是，除非是按股票的市价来计量整个企业的价值，否则，对整个企业的计价都是由投资者主观决定的。会计人员不应试图根据投资者的主观期望价值来确定企业的价值，也不应按照自己的偏好或对风险的规避来调整这一期望值。一言以蔽之，要确定单项无形资产的价值是十分困难的。

但是，如果陈报的目的是计量和报告特定资产以便为财务报表的使用者提供相关的信息，就需要对无形资产作单独的计量。如前所述，有形资产的单独计量与无形资产的单独计量存在着一些重要的差异。对无形资产而言，除转让土地使用权这类极少数情况外，按产出价值或以盈利能力来进行计量通常是不可能的。而且，每一项无形资产均有其独特性，因此，难以找到相似的资产作相似的处理。结果，唯一可行的办法就是按实际投入价值即原始成本或根据一般购买力变动作出调整的成本来计量单项无形资产的价值，即便如此，它们也没有解释意义。

以个别购买或作为一揽子购买的一部分而取得无形资产时，其成本的确定与相同条件下固定资产等有形资产的成本确定相类似。但是，当无形资产是自己开发而形成的时，其成本的计算除涉及自制资产成本来计算的诸多困难外，还涉及一些自身的特殊成本计算问题。例如，大多数专利、商标及商号的成本均为联合成本，许多商标和商号可能是合在一起做广告的，尽管可以用十分精确的计算公式对这些联合成本进行分配，但只要存在着联合成本，成本分配的结果就可能是武断的，这种武断的分配可能会使无形资产的计价变得毫无意义。

由于无形资产能给企业带来的效益具有很大的不确定性，无形资产的价值也就具有高度的不确定性，且由于每项无形资产均具有其独特性，因此，大多数会计人员及会计职业团体都建议对无形资产的计价不应超过其初始成本。

对有形资产，除了原始成本计价基础外，其他一些计价方法也为人们所接受，偶尔还会得到推荐。但对于无形资产，除非有极为令人信服的证据证明其他方法更为适用，否则一般不采用其他方法。

由于大多数无形资产不能与企业分离且不能用约当现金来计量，有人认为它不是资产，因此，也就不应在企业的财务报表中予以陈报。

现行实务对无形资产的计价要求是：①外购的无形资产，若可明确辨认，则应在购买时以实际支付的价款计量各项具体的无形资产；若不可明确辨认，则以购买时资本化为商誉的价值计量。②对自创或自行开发无形资产所发生的支出，如果不可明确认定为某一项无形资产而发生，或者能够明确认定为某一项无形资产而发生，但其成功的可能性不大或收益年限很不确定，则应将该项支出作为期间费用处理；只有当该项支出具有确切的对象且成功的可能性和收益年限都很确定时，才可将其资本化为无形资产的价值。可以看出，现行实务对无形资产的会计处理明显受到谨慎性原则的支配。

2. 无形资产的摊销

无形资产所带来的未来收益通常在一年或超过一年的一个营业周期以上，而且无形资产的价值最终会丧失殆尽，所以无形资产的价值应当在其发挥效用的期间内进行分摊，以便正确确定企业的各期收益。

无形资产的寿命期限不同，其价值的摊销方式也不同。

（1）有限寿命的无形资产的摊销。对于有限寿命的无形资产来说，其价值的摊销应着重考虑两个因素：①摊销方式。从理论上讲，无形资产价值的每年摊销金额，应与固定资产折旧一样，根据各个年度它所提供的收益的多少来确定。但由于大多数无形资产难以预计其未来的收益，所以无形资产的摊销一般采用直线法，即把无形资产的取得成本在其预计的经济寿命期内平均分摊。倘若在摊销过程中预期经济寿命期会发生变化，在其剩余的成本应按新的预期寿命平均分摊。②无形资产寿命期的确定。无形资产的寿命期通常有两种：一种是法定寿命期，即无形资产可以存在或者发挥效能的法定期限；另一种是经济寿命期，尽管无形资产的法定寿命期很长，但由于未来的不确定性，会计处理中有必要按无形资产的经济寿命期进行摊销。通常，经济寿命期短于法定寿命期。

（2）无限寿命的无形资产的摊销。有些无形资产如商誉等，由于不断地维护和重置，它们的寿命期通常是无限的。对于这类无形资产的摊销问题，会计学界有两种不同的观点。一种观点认为，无形资产的原始成本应始终保留在账户上，不需要摊销，为维护和重置该项无形资产所发生的支出列为本期费用。我国财政部 2006 年发布的《企业会计准则第 6 号——无形资产》第四章第十九条规定，使用寿命不确定的无形资产不应摊销。其优点是，可以将重置支出均衡地列作各会计期间的费用，有利于现行收入与现行成本的合理配比；其缺点是，无形资产的价值并不代表应计入未来时期的价值。另一种观点认为，所有的无形资产，包括无限寿命的无形资产，最终都会丧失价值，因而都应按期进行分摊。其优点是，能够将无形资产的价值分期予以摊销；其缺点是，摊销期限的确定具有主观随意性，摊销的结果往往不能反映资产价值的实际流转情况，同时，还会导致双重计列费用。因为，无限寿命的无形资产所发生的维护和重置支出即追加的无形资产价值已经列为本期费用。

第四节　权益的确认与计量理论

在现代会计理论中，权益包括两方面的内容：一方面是作为债权人权益的负债，另一方面是作为所有者权益的业主权益。下面对权益的确认与计量理论作简单的探讨。

一、债权人权益的确认与计量理论

债权人权益，即负债，是指企业全部经济资源中属于债权人的那部分权益。

（一）负债的含义

关于负债的定义，会计界众多学者有着不同的认识。

美国会计学家约翰·B. 坎宁（John B. Canning）认为："负债是其价值可用货币计量的服务，是应归还他人的实际存在的法定或公正义务。"

斯普劳斯和穆尼茨在《会计研究论丛》第 3 号——《企业普遍适用的会计准则》中将负债定义为："由过去或本期经济业务所产生而须于未来进行清算的义务。"

IASC 在其发布的《编报财务报表的框架》中认为："负债是指由于以往事项而发生的企业的现在义务，这种义务的清偿将会引起含有经济利益的企业资源的外流。"

FASB 在其发布的《论财务会计概念》第 6 辑中认为："负债是将来可能要放弃的经济利益，它是特定个体由于已经发生的交易或事项，将来要向其他个体转交资产或提供劳务的现有义务。"

我国财政部 2006 年发布的《企业会计准则——基本准则》第四章规定："负债是

指企业过去的交易或者事项形成的、预期会导致经济利益流出企业的现时义务。"

根据以上定义，我们可以将负债的特征总结如下：

1. 负债是由以往事项所导致的现时义务

也就是说，"过去发生"原则在负债的定义中占有举足轻重的地位。这也是传统会计的一个显著特点。尽管现有的现象，特别是衍生金融工具的出现，已对"过去"原则提出了挑战，但这一原则仍然在实务中得到了普遍的接受。在现行的会计实务中，因未来经济业务而可能产生的或有负债，依然不被确认为负债。

2. 负债在将来必须以债权人所能接受的经济资源来清偿

这是负债的实质所在。也就是说，负债的实质是将来牺牲资产的义务。也许企业可以通过承诺新的负债或通过将负债转为业主权益等方式来结清一项现有负债，但这并不与负债的实质特征相背离。在前一种方式下，仅仅是负债的偿付时间被延迟了，最终，企业仍然需要以债权人所能接受的经济资源来清偿债务。在后一种方式下，则相当于企业用增加所有者权益而获得的资产偿还了现有负债。

3. 负债的金额必须能够以货币加以确切地计量或合理地估计

在大多数情况下，负债义务产生于合同，其金额和支付时间均已由合同规定。但在某些特殊情况下，负债的金额可能要取决于未来的经营活动，这时，就需要对这种金额不确定的负债通过估计的方式予以计量。正如 FASB《论财务会计概念》第 6 辑中所指出的那样："除非财务报表仅限于报告现金交易，否则估计和近似值常常是难以避免的。"

(二) 负债的分类

为了向投资者和财务报表的其他使用者提供他们在决策过程中可以理解和分析的汇总会计信息，对负债进行适当的分类是有必要的。但如何对负责进行分类，则取决于陈报信息的目的。

在传统的会计观念中，负债通常是按照流动性进行分类的。这样分类的目的在于了解企业流动资产和流动负债的相对比例，大致反映出企业的短期偿债能力，从而向债权人揭示其债权的相对安全程度。

负债按照流动性可以分为流动负债和长期负债。

1. 流动负债

流动负债通常指将在一年或者超过一年的一个营业周期内偿还的债务。流动负债的特点是偿还期限短，一般是在债权人提出要求时即期偿付，或者是在一年内或超过一年的一个营业周期内偿付。

对流动负债还可以按照不同的标准进行再分类。

（1）按照其产生的原因，流动负债可以分为以下四类：

①在借贷过程中形成的流动负债，如从银行或其他金融机构借入的短期借款。

②在结算过程中形成的流动负债，如企业购入商品，在货已入库而贷款尚未支付前，就形成了一笔待结算的应付款项。

③在经营过程中形成的流动负债，如应支付给职工的工资与福利费等。

④在利润分配过程中形成的流动负债，如应付股利等。

（2）按照其应付的金额是否确定，流动负债可以分为以下三类：

①应付金额确定的流动负债。这类流动负债一般在确认一项义务的同时，根据合同、契约或法律的规定，都规定有确切的金额，甚至规定有确切的债权人和付款日，并且到期必须偿还。例如，因购入一批材料而按照合同确定的交易额开出并承兑的商业汇票，这一负债具有确切的金额、债权人和付款日。

②应付金额视经营情况而定的流动负债。这类流动负债在企业某一经营期结束以前，不能确定其金额，只有在该经营期结束时，才能视企业的经营情况来确定其金额。例如，应交所得税、应付股利，必须在一定的会计期间终了后方能确定其金额。

③会计人员应付金额需予以估计的流动负债。虽然这项负债是过去发生的现有义务，但其金额乃至债权人和付款日甚至直到资产负债表日都是不确定的，需要会计人员予以估计。例如，产品质量担保债务，这类债务应根据以往的经验或依据有关的资料估计其应承担义务的金额。

2.长期负债

长期负债通常指偿还期限在一年或者超过一年的一个营业周期以上的债务，即不需要即期偿付的债务。长期负债除了具有负债的共同特点外，还具有以下显著特点：①债务的偿还期限较长；②债务的金额较大；③债务的偿还方式较多，如到期一次偿还本息，分期偿还本息，分期偿还利息、到期一次偿还本金。

除了上述这种传统的分类以外，负债还是可以按照偿付的形式而分为货币型负债和非货币型负债。

货币型负债指那些需要在未来某一时点支付一定数额货币的现有义务。而非货币型负债则指那些需在未来某一时点提供一定数量和质量的商品或服务的现有义务。

将负债区分为货币性和非货币性，在通货膨胀和外币报表折算的情况下是非常有用的。在通货膨胀的情况下，持有货币型负债会取得购买力损益，而非货币型负债则不受物价变动的影响。在需要进行外币报表折算的情况下，对货币性的外币负债，可按统一的期末汇率进行折算，而对非货币性的外币负债则应采取不同的折算汇率。

（三） 负债的确认

在复杂的现实生活中，仅仅明确负债的概括性概念是远远不够的。不论是从会计理论的角度还是从会计事务的角度来说，都需要我们对负债的确认标准作出更为明确的规定和解释。比如，我国财政部 2006 年发布的《企业会计准则——基本准则》第四章第二十四条规定，符合负债定义的义务，在同时满足以下条件时，确认为负债：①与该义务有关的经济利益很可能流出企业；②未来流出的经济利益的金额能够可靠地计量。一般来说，负债的确认标准有如下几种：

1. 法定义务标准

所谓法定义务标准，是指通过签订正式合同而产生的需要由法律强制力来保证执行的义务。法定义务概念是传统会计中确认负债的一项重要标志。依据法定性确认负债，使得负债的确认结果具有客观性和可靠性。科勒（Kohler）在《会计师词典》（*A Dictionary for Accountants*）中，即将负债限定为法定义务。美国会计学会会计概念和标准委员会对负债所下的定义甚为狭窄，他们认为负债仅仅包括法定义务中的一部分。

2. 公平或推定义务标准

所谓公平义务，是指由债权人和债务人双方所同意并且不需要由法律强制力保证即可执行的债务。公平义务不是因为法律观念而形成的，他的因遵从社会习俗或商业惯例而具有约束力的。根据 FASB 公布的第三号《财务会计概念公报》中所举的实例，公平义务包括企业在发货过程中因货物遭受损失，在不承担法律责任的情况下，主动退回客户贷款的义务。所谓推定义务，是指非因与另一个体订立合同或政府强制执行，而是在特定情况下因推断而产生的义务。根据 FASB 公布的第三号《财务会计概念公报》中所举的实例，推定义务包括企业因常年惯例而负有的向其职工发放休假工资和年终奖金的义务。约翰·B. 坎宁在其《会计经济学》中对负债的定义中，既包括公平义务，也包括推定义务。目前，尽管会计理论界对是否将公平义务或推定义务作为负债确认标准。也就是说，实务界采用了广义负债观，而不是那种仅将负债限定于法定义务的狭义负债观。

3. 经济业务的经济实质标准

一项经济业务是否具有经济实质，主要取决于它是否能够提供与决策相关的信息。这一标准着眼于债务合同是否已经执行，是否能对经济决策产生影响。在这一标准下，企业在尚未执行的合同中所应承担的债务，就不应该确认为一项负债，因为它不具有经济实质。这就是所谓无条件抵销权合同问题。无条件抵销权合同是指企业为未来购置商品或劳务而签订的合同。会计人员习惯上将其称为待执行合同，而且，如前所述，因该项合同而引起的负债不被确认。会计人员这样做的理由是，在商品尚未使用之前，买方所承担的合同付款义务，被他的收获权抵销了。也就是说，在商品或劳务可供使用和承担合同付款义务之前，存在一个无条件的抵销权。这个无条件抵销权的存在，使得会计人员找到了不确认相关债务的依据。

4. 负债金额可计量标准

前面我们已经说过，负债的一个基本特征是其金额必须能够以货币加以确切地计量或合理地估计。也就是说，在大多数情况下，负债的计量是确定的，即使是在某些情况下，负债的计量带有预定的不确定性，我们也可以进行合理的估计。倘若某一项目的计量具有高度的不确定性，以致我们如果不采用非常武断或主观的方法，就不能确定该项目的金额，那么，在这种情况下，即使该项目在性质上可以归列为负债，我们也不应予以确认，因为这样的确认对于会计信息的使用者来说是毫无意义的。

（四）负债的计量

对负债进行正确的计量，可以实现两个目标：一是服务于费用和损失的记录，以便确定当期的收益；二是在会计报表上正确反映企业所承担的债务，从而为报表使用者提供有助于预测企业未来现金流量和财务风险的相关信息。

如果单纯考虑理论上的科学性，那么负债的计量应以未来应付金额的现值为基础，即负债应表现为未来应付金额的折现价值。但在现行的会计实务中，这种方法并未得到应用。在事务处理中，会计人员使用了相对来说比较简便而又实用的计量方法。

1. 流动负债的计量

一般情况下，流动负债的未来应付金额均已由有关合同或协议作出了规定，考虑到其偿还的期限一般都比较短，折现额通常都不大，所以可以按未来应付金额直接将其列于资产负债表中。

对于流动负债中的货币性项目，可以直接按上述原则计量；对于流动负债中的非货币性项目，即那些将在未来提供一定数量和质量的商品或劳务的义务，一般应根据预定的或双方认可的价格来计量，而不管以后提供商品或劳务相应的货币价值是否发生变动。

2. 长期负债的计量

对于长期负债来说，由于偿还的期限比较长，折现额相对来说比较大，所以折现的计算就显得比较重要了。也就是说，长期负债应根据未来将支付的所有款项的折现价值来计量。这里，关键的问题是如何选择适当的折现率。客观地说，最适当的折现率应该是现时市场利率，按照这一折现率计算出来的负债金额才是报表使用者所需要的，才能真实地反映企业所实际承担的紧急义务，但现时市场利率的频繁波动导致了它的不实用性。从实用主义的角度来说，目前实务中普遍采用的折现率是负债发生日的市场利率。按这一折现率来计量长期负债，有点儿类似于按历史成本来计量资产。虽然这一折现率的采用使得长期负债上的持产损益得不到确认，但它具有客观、简便等优点，因而在实务界得到了普遍的接受。

二、业主权益的确认与计量理论

迄今为止，业主权益尚未有一个令人信服的定义，各家各派的观点形成了不同的业主权益理论，而不同的业主权益理论对应着不同的业主权益内容。现在被普遍接受的业主权益定义并没有体现业主权益的本质属性，而仅仅是从计量的角度，将业主权益看作是按照一定的会计程序对资产和负债计量后所形成的结果。

（一）业主权益的含义

业主权益，即所有者权益，它与能够带来未来经济利益的资产和需要在未来放弃经济利益的负债不同，它不能单独计量，通常被看作是按照一定的会计程序对资产和负债计量后所形成的结果。它在数额上等于资产减去负债后的余额。

FASB 认为："所有者权益或净资产是某个主体的资产减去负债后的剩余权益。"

国际会计准则委员会在《编报财务报表的框架》这一理论文献中这样认为："所有者权益指在企业的资产中扣除企业全部负债以后的剩余权益。"

我国财政部 2006 年发布的《企业会计准则——基本准则》第五章第二十六条规定："所有者权益是指企业资产扣除负债后由所有者享有的权益。"

如前所述，这几个定义并没有揭示业主权益的本质属性，而仅仅阐明了业主权益的计量方法。如果要明确业主权益的真正含义，我们必须首先研究不同的业主权益理论，并在此基础上，说明业主权益的本质属性。

1. 业主权理论

业主权理论最初形成于对复式簿记的解释。1818 年，F. W. 格朗赫尔姆在其著作《独立的复式簿记》中认为，簿记的目的是经常向业主反映其总资本及各个组成部分的价值。经济交易的发生会引起资产、负债和资本的变化，企业的收益是业主权益的净增加额，应转作资本，而引起企业的费用是业主权益净减少额，应冲减资本。这是对业主权理论所作的较早的阐述。1841 年，会计师汤姆斯·琼斯在其著作《簿记原理和实务》中进一步发展了业主权理论。他认为，簿记的最终结果是编制财务报表，通过资产负债表和利润表可以确定收益，而费用和收益又可以用来调整资本，并通过二者的配比来确定利润。这以后，又有许多会计学者进一步丰富和发展了业主权理论。

现代完整的业主权理论认为，资产是所有者所拥有的权利，而负债则是所有者所承担的义务，权利减去义务后的余额便是所有者权益，它代表了所有者所拥有的净值，这一净值等于所有者的初始投资加上累积净收益超过所有者提款的差额。这种理论还认为，收入表示所有者权益的增加，而费用则表示所有者权益的减少，收入超过费用而形成的企业收益，直接归属于所有者权益的增加。概括成一句话，业主权理论认为，在"资产－负债＝业主权益"这一会计等式中，业主居于权利的核心地位，是企业唯一的投资者和所有者，会计的目的就在于反映业主权益的增减变动情况。

现在会计实务中对所有者权益的界定体现了业主权理论的观点。

2. 企业主体理论

企业主体理论，又称会计个体理论或实体说。它的雏形是中世纪的代理人会计。1882 年荷兰的 I. N. 布伦克曼和 1887 年法国的曼弗雷德·伯利纳都意识到了企业与业主的分离问题。他们认为，簿记所反映的不是业主个人的经济活动，而是内部的价值运动。企业资产是企业对业主的债务，负债是企业对业主的债权，利润或亏损是对业主提供服务的价值表现。威廉·A. 佩顿在《会计理论》一书中认为，无论怎样，企业都是一个独立的实体或法人，只要企业在职能上与业主、债权人分离，那么会计所关注的就只能是企业主体而非业主和债权人。他在这本书中指出："簿记人员和会计人员所试图记录和分析的只不过是'企业'的财务资料；簿记所记录的也只是'企业'；对经营情况和财务状况所进行的定期报告也是'企业'。"1940 年，他在《企业会计准则导论》中详细阐述了企业主体理论。

企业主体理论认为，企业是一个独立存在的经济单位，是所有权益持有人的权益监护人，企业是为了所有权益持有人的利益而存在的。企业主体理论认为，在"资产＝负债＋所有者权益"这一会计等式中，负债和所有者权益享有同样的地位，企业应当一视同仁地向债权人和股东提供财务报表。在企业主体理论中，资产代表企业自身接受特定物品、服务或其他利益的权利，而负债是企业自身的特定义务。收入是对企业提供服务的补偿，而费用是为取得这些收入而耗费的劳务的成本，收入减去费用后的净收益是企业发生的，而不是业主或债权人发生的，应归企业自己处理。虽然企业的净收益通常表现为所有者权益的变动，但并不意味着净收益就是业主的收益，只有投入价值的增加或股利的分配部分才属于业主的收益。

3. 剩余权益理论

剩余权益理论是介于业主权理论和业主主体理论之间的一种权益理论。它最早由美国会计学威廉·A. 佩顿在 20 世纪 30 年代初期提出，他认为所有者权益是一种特殊的负债，它是源性的和剩余的，而非固定的和契约的。乔治·斯托布斯在《对投资者的会计理论》一书中也对剩余权益理论进行了系统的阐述。

在剩余权益理论下，会计等式演变为"资产 – 特定权益 = 剩余权益"。在这个等式中，特定权益包括债权人的求偿权和优先股股东的权益，而剩余权益则仅指普通股股东的权益。可见，在这种理论下，会计关注的中心是普通股股东的权益，会计的主要目的是向普通股股东提供相关信息，而债权人和优先股股东则被排斥在外。按照剩余权益理论的要求，资产负债表中普通股股东的权益应当单独列示，以区别于债权人和优先股股东的权益；利润表中反映的是全部优先求索权都得到满足以后（即支付了利息和优先股股利以后）普通股股东可以得到的股利。

4. 基金理论

基金理论是美国会计学家威廉·瓦特于 1947 年提出来的。他在《会计学中的基金理论》一书中，从现代股份公司之间的相互关系出发，批判了两种传统的权益理论——业主权理论和企业主体理论。他认为，业主权理论和企业主体理论的主要区别在于是按照实际业主记账还是虚拟业主记账。业主权理论以作为自然人的实际业主为对象，而企业主体理论以人格化的单位即虚拟业主为对象。虽然这两种理论都是以人的利益为前提的，但它们对现实的描述都有缺陷。他进一步指出，无论是业主权理论还是企业主体理论都难以付诸实施，都不能满足现代企业的需要。因此，应扩展会计主体理论，采用一套人格化程度较低的概念，使会计所关心的领域具有能够适应各类组织和各种经营活动需要的明确意义。这就是基金理论的基本精神实质。

基金理论摒弃了业主权理论中的实际业主和企业主体理论中的虚拟业主，而以从事业务活动的单元为核算对象，并将这一业务活动单元的利益范围定义为基金。基金理论下的会计等式是"资产 = 对资产使用的限制 = 负债 + 基金余额"。式中，资产代表基金或经济单元在未来期间应提供的服务；负债代表对资产的特定或一般的限制；基金余额包括已保留基金余额和未保留基金余额。已保留基金余额，即投入资本，代表使用资产的法定或财务限制，投入资本必须保持完整。未保留基金余额，即留存收益，对留存收益的分配表示管理当局、债权人或法律所施加的限制，而未分配的留存收益则表示资产应用于特定目的的限制。可见，在基金理论下，企业的所有权益都表示法律、合同、管理及财务上对资产使用的种种限制。

5. 指挥者理论

指挥者理论是由美国会计学家路易斯·哥儿德堡于 1962 年提出的。他认为，瓦特对业主权理论和企业主体理论的批评是有道理的，但基金理论仍然没有提供最好的解释。他认为，在企业的活动中，真正处于重要地位的是那些每天进行决策并引导企业发展的管理者，他们是企业的指挥者。会计的重心应当是促使这些指挥者有效地使用经济资源，全面地履行受托经管责任，而不是强调业主或其他群体的特殊权益。

指挥者理论强调的是控制，它部分地涉及了会计的本质。按照指挥者理论，财务报表是反映管理责任的报表，它所揭示的是指挥者的受托经管责任及其履行情况。资产负债表反映企业管理者对受托资源的经管责任，利润表反映的是管理活动的过程及效果，而现金流量表则反映企业管理人员是如何获取和使用现金的。

6. 企业理论

企业理论又称社会责任理论，是由美国会计学者彼得·F. 德鲁克提出来的。他观察到许多大的企业实际上是一个负有社会责任的机构。W. 苏简南（Waino Suojanen）在此基础上于 1954 年在《会计评论》中提出了企业理论。

企业理论是一个比企业主体理论更为广义的概念。在企业主体理论中，企业是一个主要为其权益持有者的利益而从事经营管理活动的独立的经济实体。企业理论认为这种观点过于狭隘，在企业理论中，企业是一个为许多群体之利益而从事经营管理活动的社会机构。

在企业理论下，企业所有的相关群体都被认为是企业利益的收受者，企业不再只为股东和债权人的利益从事经营活动，企业必须考虑到其自身的经营活动对各相关群体乃至整个社会的影响。从会计的角度讲，这就意味着企业的会计信息不仅应提供给投资者和债权人，而且还应提供给政府机构、税务当局、顾客以及其他社会公众。也就是说，在企业理论下，企业对社会的责任远远大于对业主的责任。

（二）业主权益的分类

业主权益代表着不同所有者对企业的要求权。为了如实反映各业主所持有的权益，维护其利益，有必要根据企业的组织形式和业主权益的特点，对业主权益进行分类陈报。

在独资企业中，仅存在一个投资者，业主权益表现为这个单独投资者对企业净资产的所有权，企业的产权关系简单、明了，因而无需对业主权益进行分类。

合伙企业与独资企业的情形基本类似，所不同的只是合伙企业存在多个投资者，而不是一个，因此，需要将业主权益按每个合伙人的权益大小进行分类，以反映每个合伙人的投资情况。同时，为了控制各合伙人的提款是否符合合同或契约的规定，还要对每一个合伙人设立单独的提款账户，据以反映每个合伙人的权益变动情况。

在公司制企业中，企业的产权关系比独资企业和合伙企业要复杂得多，这就决定了公司的财务报表要对业主权益方面的情况提供更为详细的信息，以向股东、债权人及其他利益相关者提供有关管理效率、经管责任和涉及他们过去、将来经济利益的信息。为了达到上述目的，有必要对业主权益进行详细的分类。目前，对公司制企业业主权益的分类方法主要有四种。

1. 为反映公司的资金来源而作的分类

按照资金的来源，业主权益可以分为：①实缴资本；②资本盈余；③资产升值；④留存收益。其中，前两项反映公司通过发行股份所获得的外部资金来源，统称投入资本；后两项反映公司在经营过程中所获得的内部资金来源，统称留存收益。

按资金来源对业主权益进行分类是最传统的分类方式。传统的会计理论认为这种分类方式可以反映出公司的成长过程。亨德里克森认为："这种分类提供了有关公司历史发展过程的信息。当一个靠内部孳生之资金发展起来的企业，与另一家完全靠出售优先股股票和普通股股票或出售公司债券取得发展之资金的企业相比较时，按来源对资本进行分类是相关的。"斯普劳斯和穆尼茨也认为："区分投入资本和留存收益，对于股东来说是至关重要的。例如，分派现金股利时，股东有权得到这样的保证，即这些股利来自本期和前期的利润，而不是原先投资于企业的一些现金或其他资产的返回，也不是已转作投入资本的前期收益的返回。在债权人看来，区分投入资本和留存收益也是重要的。投入资本构成了企业亏损的保障。只有当这些亏损超过了留存收益和股东投入资本之和时，债权人的权益才会受到损害。"

不过，这种分类方式也有它的不足之处。一方面，资产升值项目仅仅反映了未实现的资产升值，而已实现的资产升值则作为公司的收益反映在留存收益中，也就是说，资产升值项目没有全面反映因价格变动所引起的业主权益的实际变动情况。另一方面，这种分类具有暂时性，一旦将留存收益转作投入资本，那么资本来源的分类就消失了，FASB 指出，诸如股票股利（企业本身股票的按比例分配，同时伴以从留存或未分派利润转入股本和其他投入资本的转账）以及业主所有利益的再取得和再发行（通常指公司库藏股票的交易），会混淆业主权益的来源，并且除非主要采用武断的分配，否则就不可能追溯来源。因此，将业主权益分为投入资本和留存收益的分类，未必就能正确地反映业主权益的来源。

2. 为反映对公司法定资本的限制而作的分类

在这种分类方式下，业主权益被划分为两部分，一部分是法定资本；另一部分是非法定资本。之所以这样分类，原因在于：在公司制组织形式下，股东只以自己的出资额为限对公司的债务承担有限责任，一般不对公司的债务承担个人责任，这样，为了保护债权人的权益，各国立法机构都要求公司必须保持一定的最低限额的法定资本，以便为公司的债权人提供权益保障。这反映到会计上，就要求业主权益中应单独列示法定资本。但这种分类方法在目前的实务中并没有被采用。

3. 为反映对公司股利分配的限制而作的分类

在公司制组织形式下，股利的分配不仅受到法律的限制，而且还会受到财务等方面的限制。为了反映对股利分配的种种限制，一般认为将业主权益区分为投入资本和留存收益是合适的。其中，投入资本包括实缴资本和资本盈余两部分。

将业主权益划分为投入资本和留存收益是会计上自我施加的的限制。一方面，投入资本中的实缴资本肯定不能用于发放股利，而用资本盈余来发放股利，虽然不违反法律，但按照会计原则的要求应将其视为清算性股利，即资本的返还而非利润的分配。另一方面，留存收益是"留置于公司备用的收益"这一名词的代名词，这本身就意味着它不是用于股利分配的，特别是对于一个正处于发展阶段的公司来说，它可能就是永久性投资于公司的收益。

4. 为反映对公司清算分配的限制而作的分类

在公司清算时，债权人的求偿权要优先于股东。在公司清算时对业主权益作这样的揭示无疑是必要的。也就是说，如果公司是盈利的且无清算之意图，或者即使公司在一个或几个年度中发生了亏损，但只要公司的净资产大于优先股求偿权的金额，实际上是没有必要单独反映优先股的求偿权的。如果优先股的求偿权已占公司净资产的很大比重或清算的迹象已经很明显时，业主权益按清算分配限制作出揭示就是必要的了。此时，财务报告的目的已经发生了变化，剩余权益理论将支配业主权益的陈报。

在现行的会计实务中，由于所要追求目标太多，所以对业主权益的分类难以达到统一。美国学者埃尔登·S. 亨德里克森在《会计理论》一书中这样建议到：我们建议业主权益原始分类的基础应是其来源，以保持其在传统会计机制中的合理性，即使发生留存收益转作资本的经济业务，也不应打乱这种按来源进行的分类。

还有人认为，财务状况变动表或现金流量表可以弥补资产负债表中业主权益分类的不足。他们认为，投入资本的来源在财务状况变动表或现金流量表中能被揭示得更清楚。正如美国会计学对外陈报委员会所指出的那样：资产负债表中的业主权益部分，对股东和债权人的需要来讲是没有多大作用的。

（三）业主权益的确认与计量

在"业主权益的含义"部分，我们在介绍各种业主权益理论时实际上已经涉及业主权益的确认问题，这里不再赘述。下面我们着重研究一下业主权益的计量问题。

如前所述，业主权益，即所有者权益，是某个主体的资产减去负债后的剩余权益。它与资产、负债等会计要素不同，不能单独计量，通常被认为是资产减去负债后的净额。可见，业主权益的计量从属于资产和负债的计量，而资产的计量又与资本保全概念相联系。常见的资本保全概念有货币资本保全概念、一般购买力资本保全概念和实务资本保全概念三种。各种资本保全概念都规定了各自的资本保全要求，从而使业主权益的量度也有所不同。

货币资本保全概念坚持以投入资本的货币额保全为条件，因其用名义货币为计量单位，所以又称名义货币保全概念。在这一概念下，业主权益指权益持有人过去投入企业和其他属于权益持有人的资产份额的货币量之和，它是业主权理论的具体反映。业主权益因利润的实现而增加，因亏损的发生而减少。利润的分配和减资都会引起业主权益的减少。这种概念是目前会计实务的基础，也使业主权益量度的确定及分类具有客观性。

一般购买力资本保全概念，也称真实净权益保全概念。这一概念将业主权益视为企业所有者在过去投入企业和在目前留在企业的其他属于他们的资产份额之和，按货币一般购买力计算的总和是资本保全的基础。这一概念也体现了业主权理论的观点。在保全了期初业主权益的一般购买力之后，净资产的增量才被认为是企业已实现的利润。一般购买力资本保全概念使得业主权益的计量与货币资本保全概念有着明显的不同。同时，这一量度在投入资本和留存收益之间的划分也与货币资本保全概念存在着差异。

实物资本保全概念认为所保全的业主权益是按一定的实物量加以衡量的资本。业主权益不是按发生业务时的名义货币单位计量，也不是按一定的货币购买力来计量，而是以一定的实物数量或按特定物价指数折算后的货币来计量。要保持企业的正常经营，一定要维持企业原有的生产能力。这种概念有保全期初同等结构、同等数量之资产和保全期初同等生产能力两种看法。在实物资本保全概念下，业主权益的计量及这一量度在投入资本和留存收益中的划分也与货币资本保全概念有着明显的不同。

▶第六章

财务报告分析与改进研究

第一节　财务报表的要素

一、财务报告概述

（一）财务报告的概念

财务报告是企业对外提供的反映企业某一特定日期的财务状况和某一会计期间的经营成果和现金流量等会计信息的文件。财务报告包括财务报表、财务报表附注和其他相关信息。财务报告是财务会计信息系统的最终产品，是会计信息的物质载体，也是将会计信息传递给使用者的媒介。

财务报表是财务报告的核心，是对企业财务状况、经营成果和现金流量等信息的结构性表述，财务报表包括基本报表和附表。在实务中，财务报告和财务报表经常混用，但两者既有联系又有区别，财务报表的出现早于财务报告，财务报告的内涵大于财务报表。一般认为，财务会计信息主要由财务报表提供，财务报表是财务报告的核心。

财务报告的构成如图 6 - 1 所示。

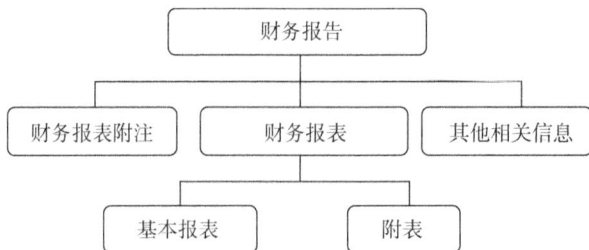

图 6-1 财务报告的构成

(二) 财务报告的目的

财务报告的目的决定财务报告的编制和披露，理解目的对解决技术层面的问题至关重要。财务报告的目的首先是为使用者提供对决策有用的信息；其次是为使用者提供评估现金流量的数额、时间和不确定性的有用信息；最后是为使用者提供关于企业经济资源、经济资源的要求权和它们变动情况的信息。三者之间是逐步细化的过程。

1. 为使用者提供对决策有用的信息

投资者、信贷者和债权人在从事投资活动、信贷活动和其他形式的信用活动时，必须进行决策。具体而言，现有投资者必须对是否增持股份、是否继续持有股份、是否转让股权等问题做出决策，潜在的投资者必须对备选的投资方案做出决策，信贷者或债权人必须对是否提供贷款或购买债券，以及具体的贷款或债券形式进行决策，例如：贷款的利率、期限和抵押物等。财务报告提供了与报告主体有关的财务信息，成为现有的和潜在的投资者、信贷者和债权人进行决策的不可或缺的依据，财务报告的根本目的就是为使用者提供对决策有用的信息。

2. 提供评估企业现金流的数量、时间和不确定性的有用信息

投资者、信贷者和债权人在从事投资活动、信贷活动和其他形式的信用活动时，需要依据具体的流入企业的现金流的数量、时间和不确定性等信息进行评估，然后再进行决策。因此，现有的和潜在的投资者、信贷者和债权人需要信息以帮助他们预测未来流入企业的净现金流情况，需要预测有关企业的预期现金净流入的数量、时间分布和不确定性，预测企业能否产生足够的现金流入来偿付到期债务和经营活动中的其他现金需要、再投资以及支付股利的能力。预测未来需要以企业过去的经营活动信息为基础，财务报告提供了企业过去经营活动的信息，为使用者评估企业现金流的数量、时间和不确定性，进行科学决策提供了依据。

3. 提供关于企业经济资源、经济资源的要求权和其变动情况的信息

投资者、信贷者和债权人依据企业财务报告进行决策，其最终目的是保证其投资活动、信贷活动以及其他信用活动中的权益，这些权益附着于他们在企业享有的经济

资源及其要求权上。因此，财务报告应提供以下信息：关于企业的经济资源、企业经济资源的要求权，以及引起经济资源、经济资源的要求权变动的各种交易、事项和状态的影响。

企业经济资源、经济资源的要求权和其变动情况的信息如图6-2所示。

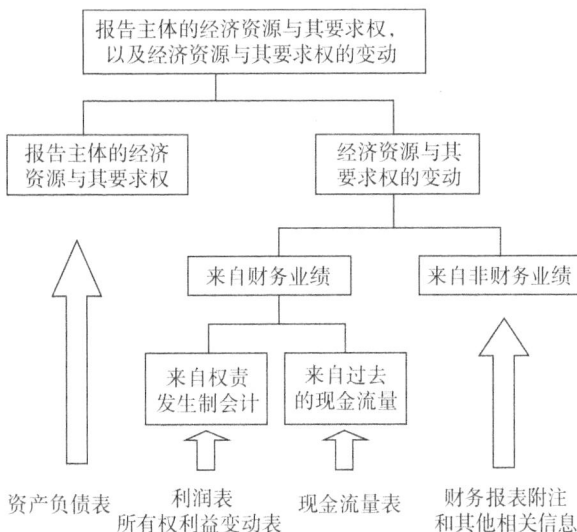

图6-2　企业经济资源、经济资源的要求权和其变动情况的信息

（三）财务报告的编制原则

财务报告旨在为使用者提供对决策有用的信息，财务报告的目的决定了财务报告的编制需遵循一定的原则。

1. 满足需求原则

财务报告旨在为使用者提供对决策有用的信息，必须满足使用者的需求，因此财务报告的编制遵循满足需求原则。使用者需要财务报告提供对决策有用的信息，提供评估企业现金流的数量、时间和不确定性的有用信息，提供关于企业经济资源、经济资源的要求权和它们变动情况的信息。因此财务报告若要遵循满足需求原则，其前提是要确定用户的具体信息需求。因此，采用一定的方法来确定使用者的具体信息需求是有必要的。

2. 成本效益原则

任何一项活动，只有当其收益大于成本时才可行，财务报告也是如此。可以从不同角度考察财务报告编制中的成本效益原则：当企业自愿向使用者提供会计信息时，企业自主决策，只需考量自身的成本和效益，当企业提供财务报告的收益大于成本时，企业就会自愿提供会计信息；当企业按合同约定向使用者提供会计信息时，企业需要将合同条款因素纳入成本和收益进行考量，只要企业提供财务报告的收益大于成本，企业就会按照合同约定提供会计信息；而当企业按法规要求向使用者提供会计信息时，决策权不在企业而在政府，政府考量的是社会总成本和社会总收益，而非具体某个企业的成本和收益。在这种情况下，企业进行成本效益决策会比较困难，但一般而言，还是需要效益大于成本。

3. 有效披露原则

有效披露原则是满足需求原则和成本效益原则的重要补充。符合前两项原则的财务报告有可能出现信息超载问题，信息超载存在副作用：对于企业而言，信息超载的财务报告只增加成本而不增加效益；对于使用者而言，信息超载的财务报告也许能满足某些需求，但会使其因超量信息而产生选择和判别困难，影响决策。有效披露原则要求财务报告满足使用者的需求，当企业被法规强制披露会计信息时，政府应考虑有效披露原则；当企业自愿披露会计信息时，企业应根据历史经验，在满足需求和成本效益原则基础上，界定过量信息的内容和范围，不再披露类似信息。确定信息的有效披露需要不断反复、动态调整，不会一劳永逸。

4. 表内优先原则

格式化的财务报表具有优势。资产负债表、利润表和现金流量表等表式财务报告采用相对固定的格式，通过以货币为单位的数据反映企业经济交易和事项，便于使用者从财务报告的特定位置获取特定信息，并为比较不同项目提供了以货币为单位的数据。因此，当经济交易和事项可辨认、可定义和可计量时，通过表式财务报告进行表内信息披露仍是需要优先遵循的原则。但是，有些经济交易和事项不可辨认、不可定义、不可计量，无法在表内披露，而这些信息可能对使用者的决策很重要，那么财务报告的表外披露就不可或缺。因此，对财务报告列报形式的研究日益迫切。

二、财务报告的核心：财务报表

财务报表是财务报告的核心，是对企业财务状况、经营成果和现金流量等信息的结构性表述，财务报表包括基本报表和附表。资产负债表、利润表和现金流量表分别反映企业财务状况、经营成果和现金流量等信息，是财务报表的核心。所有者权益变动表及财务报表附注也是财务报告的重要组成部分。

（一）资产负债表

资产负债表是反映企业某一时点的资产、负债和所有者权益及其相互关系，提供企业财务状况的一种存量报表。资产负债表起源于 17 世纪的欧洲，当时的商人定期编制财产目录，后来逐渐演变为当今的资产负债表。

1. 报告财务状况的两种理念：业主权论与企业主体论

（1）业主权论（proprietary theory）。在业主权论下，企业属于所有者，企业和所有者不分。从业主的角度而言，企业的资产是许多未来的服务或收益，原本由业主享受的，也就是业主的；企业的负债需要将企业的一部分收益分给外人以还债。因此，资产是所有者所拥有的权利，负债是所有者所承担的义务，权利扣除义务后便是所有者的净权利，代表所有者所拥有的净值。

在业主权论下，企业资产与权益之间的关系可表述为："资产 = 债权人权益 + 所有者权益"，财务会计主要为业主服务，提供业主权益及其变动的信息。因此"所有者权益 = 资产 – 负债"这一关系式可以更好地描述企业的财务状况，成为指导资产负债表编制的基本理念。

（2）企业主体论（entity theory）。企业主体论强调企业是一个独立于业主的经济主体，企业和业主在心理和事实上已分了家，而且法律上承认企业具有独立的人格，与业主是平等法律主体。企业的全部资源对应于其全部义务（对资源的要求权）。企业在持续经营过程中，其净资产的占有、使用和处置等权利属于特定的独立经营主体和会计主体的企业本身。

在企业主体论下，企业资产与权益之间的关系可表述为："资产 = 权益"。从企业的角度而言，这种权益是一种负债，可分为外部负债（债权人的负债）和内部负债（所有者的负债）。财务会计主要为企业服务，提供任何一个时点上企业资源与义务的对应关系。因此，即"资产 = 负债 + 资本（所有者权益）"这一关系式可以更好地描述企业的财务状况，成为指导资产负债表编制的另一基本理念。

2. 资产负债表的两种格式

资产负债表有财务状况式和账户式两种格式。

（1）财务状况式（financial position form）。财务状况式也称报告式或竖式资产负债表，与业主权论相对应，依据"所有者权益 = 资产 – 负债"这一恒等式进行编制，强调业主权益项目及其金额。财务状况式资产负债表如表6–1所示。

表6–1 财务状况式资产负债表

流动资产	＊＊＊
长期资产	＊＊＊
资产合计	＊＊＊
流动负债	＊＊＊
长期负债	＊＊＊
股东权益	＊＊＊
负债及股东权益	＊＊＊

（2）账户式（account form）。账户式也称横式资产负债表，与企业主体论相对应，

依据"资产＝负债＋所有者权益"这一会计恒等式，企业资源与义务的对应关系，资产负债表左方列入资产类的全部项目，在右方列入负债类和所有者权益类的各个项目。现行实务中以账户式资产负债表为主，格式如表6－2所示。

表6－2　账户式资产负债表

流动资产	＊＊＊	流动负债	＊＊＊
	＊＊＊		＊＊＊
	＊＊＊	长期负债	
长期资产			＊＊＊
	＊＊＊		＊＊＊
	＊＊＊		
	＊＊＊	股东权益	＊＊＊
资产总额	＊＊＊	权益总额	＊＊＊

为便于比较分析，以有效利用信息，资产负债表表内数据需要加以分类和排列，资产类通常分为流动资产和非流动（长期）资产，负债类分为流动负债和长期负债，并按其流动程度排列，所有者权益分为投入资本（股本）和留存收益。

（二）利润表

利润表是对企业在一定期间内经营成果的反映，它揭示了企业在一定期间内的经营活动对资产、负债和所有者权益的影响。在复式簿记的形成阶段出现了损益计算账户，由于侧重于企业的经营数据，20世纪30年代，利润表才成为正式对外的报表。

1. 报告利润的两种理念：当期营业观和综合收益观

（1）当期营业观（current operating）。当期营业观认为计算利润应着重反映企业的效率，反映企业的经营管理水平。在利润计算中，一般只应包括营业利润，而不包括诸如客观环境变化给企业带来的影响。当期营业观体现的是投入产出理念。

当期营业观强调"当期"和"营业"。"当期"是指当期决策所产生的结果才可包括在的利润计算之中；"营业"是指只有在管理上可以控制的价值变化结果才可包括在利润的计算之中。当利润能够充分反映由当期决策产生且在管理上可以控制的价值变化信息时，比较不同年度、不同企业的利润就更有意义，既可以充分反映企业过去的效率，也有利于对企业的未来进行预测。

但"当期"和"营业"这两个问题值得思索：在"当期"方面，持续经营决定了当期的很多资本设备以及人力资源是以前期间的合同结果，因此企业的每个会计期间并非独立，当期决策事实上是对以往各期决策结果的综合决策；在"营业"方面，当期营业观认为正常经营下的利润能够很好地反映企业的管理效率，但非营业性活动也会受到管理效率的影响，这使得划分企业正常营业与非营业活动存在一定困难，特别在是不同行业、不同地区的企业。因此，实务中不同企业的利润内容存在很多分歧。

（2）综合收益观（comprehensive income）。综合收益观（也称损益满计观，allinclusive income）认为利润是企业在某一会计期间内，除股利分配和资本交易外所有的交易或价值重估导致的权益的总变化。在利润的计算中，既反映了企业的经营管理水平（营业活动），也反映了客观经济环境的变化（非营业活动）。综合收益观体现的是经济学理念。

综合收益观避免了当期营业观的矛盾：一是在"当期"的问题上，一方面，利润计算过程中，如果不计某些特殊事项或前期调整事项，那么管理层会进行选择，以操纵利润数据；另一方面，包括各期信息的利润表易于编制，便于使用者理解。二是在"营业"的问题上，相比较区分营业活动和非营业活动，区分资本性交易和非资本性交易相对清晰。综合收益观下，只需要将企业与其股东之间的资本性交易定义清晰，这类交易产生的后果不计入利润中，反映其他交易后就是企业的经营成果。

在实际操作中，经理人往往将任何可能的收入都纳入营业计算范围，以反映其勤勉其事的履职情况，而将损失尽可能地纳入非营业计算范围，以归咎于无法控制的客观环境。因此，当期营业观往往不能反映企业的经营管理水平和真实的效率，扭曲利润信息，而有时主观努力和客观环境之间的确也很难区分。基于以上原因，综合收益观在实务中逐渐占据了主导地位。

2. 利润表的两种格式

利润表有多步式和单步式两种格式。

（1）多步式（multiple-step form）。多步式利润表是对应于当期营业观的利润报告格式。多步式利润表按照利润形成的环节，将经营利润、税前利润和净利润等分步计算。计算经营利润时，列出销售收入、销售成本，得到销售毛利，再扣减销售费用、管理费用和财务费用而得到经营利润；计算税前利润时，用经营利润扣减各种非常损益项目（如固定资产处置损益，罚没收入或支出等）、前期更正，然后得出税前利润；税前利润扣除应交所得税后得到本期净利润。

多步式利润表计算形式相对复杂，但能够更全面地反映关于利润及其构成，提供更详细的信息，有助于评估管理业绩，提高利润预测的准确性，其格式如表6-3所示。

表6-3 利润表（多步式）

项目		
销售收入		＊＊＊
减：销售退回、折让及折扣		＊＊＊
销售净额		＊＊＊
减：销售成本		＊＊＊
销售毛利		＊＊＊
减：营业费用	＊＊＊	
管理费用	＊＊＊	
销售费用	＊＊＊	
财务费用	＊＊＊	＊＊＊
营业利润		＊＊＊
加（减）：其他（非营业）收入（费用）		＊＊＊
未扣除所得税前净利润		＊＊＊
减：所得税费用		＊＊＊
净利润		＊＊＊

（2）单步式（single-step form）。单步式利润表是对应于综合收益观的利润报告格式。单步式利润表根据全部收入和全部费用的关系简单计算利润，不提供诸如销售毛利、经营利润或税前利润等中间性利润指标及其构成项目。

单步式利润表计算形式相对简单，直接计算和报告当期净利润数据。由于不提供中间性利润指标及其构成项目，单步式的利润表信息不够详细，不利于评估管理业绩和提高利润预测的准确性，其格式如表6-4所示。

表6-4 利润表（单步式）

项目		
收入		
销货净额	＊＊＊	
其他收入	＊＊＊	＊＊＊
成本与费用		
销售成本	＊＊＊	
管理费用	＊＊＊	
销售费用	＊＊＊	
财务费用	＊＊＊	
其他费用	＊＊＊	
所得税费用	＊＊＊	＊＊＊
非常项目前的净利益		＊＊＊
加（减）非常项目净额利润净额		＊＊＊
利润净额		＊＊＊

在当前的会计实务中，对利润的报告越来越倾向于综合收益观，但是与之对应的单步式利润表不能满足评估管理业绩和提高利润预测准确性的需要，因此，现实中的利润表在多步式计算利润之后，添加了每股收益、其他综合收益和综合收益总额等项目，以满足使用者的需求。

（三）现金流量表

现金流量表是以现金流入与流出汇总说明企业在报告期内经营活动、投资活动及筹资活动的动态报表。现金流量表反映企业一定会计期间内现金流量的变动情况，是以现金或现金等价物来反映企业的财务状况变动情况的工作表。

1. 反映企业财务状况变动的报表：财务状况变动表和现金流量表

（1）财务状况变动表。现金流量表出现以前，反映企业财务状况变动的报表称"财务状况变动表"。财务状况变动表以营运资金（working capital）为基础反映企业的经营活动、投资活动和筹资活动。营运资金是企业流动资产减去流动负债后的余额，是可供企业使用或可供企业分配或承担企业义务的净流动资产。当流动资产增加或流动负债减少时，如果这些变动不为其他营运资金项目所抵消，就会增加企业的资金，反之，就会减少企业的资金。

（2）现金流量表。现金流量表以现金和现金等价物为基础反映企业的经营活动、投资活动和筹资活动。现金指随时可以动用的货币资金，在现金流量表中它包括企业的库存现金，也包括企业随时可以动用的存款。现金等价物是一种易于转化为现金的、短期的、高流动性的投资，它是现金的替代物。持有现金等价物不是为了投资或其他目的，而是为了满足短期现金承付的需要。如果一项投资被视为现金等价物，那么其持有期限较短，一般是自购买日起三个月内到期。

（3）从财务状况变动表到现金流量表。"现金为王"是公司财务中的基本理念。企业资产的价值通常被定义为未来现金流入的现值，负债的价值则是未来现金流出的现值，企业的投资和融资活动一般以现金为基础进行计量，这些活动也会引起现金的变动。而营运资金既包含现金资产，也包含非现金资产，仅用营运资金反映企业的财务活动会出现现金资产不变而非现金资产变动的情况，一定条件下企业会出现营运资金增加而现金不足的情况，误导决策。而提供企业一定会计期间内的现金流量信息，便于使用者了解和评价企业获取现金和现金等价物的能力，并据以预测企业的未来现金流量，有利于使用者进行决策。

1987 年 11 月，美国财务会计准则委员会（FASB）公布 95 号财务会计准则公告，正式建议启用现金流量表，取代会计原则委员会（APB）的第 19 号意见书，要求企业在 1988 年 7 月以后，必须以现金流量表代替财务状况变动表。1991 年 9 月英国会计准则委员会（ASB）也颁发了第 1 号财务报告准则，正式建议启用现金流量表，取代英国第 10 号标准会计实务公告中发布的资金来源与运用表，并要求所有符合条件的企业编制现金流量表，作为财务报表的重要组成部分对外报送，并于 1996 年进行了修订。1991 年 2 月，澳大利亚会计准则委员会（AASB）发布了第 1026 号会计准则，正式建议启用现金流量表。自 1998 年 1 月 1 日起，我国要求企业编制现金流量表来替代财务状况变动表，在 2006 年颁布的新会计准则体系中，《企业会计准则第 31 号——现金流量表》规范了现金流量表的问题。

2. 现金流量表的直接法和间接法

现金流量表以收付实现制为编制原则，按照企业经营活动、投资活动和筹资活动三部分进行分段编制。按照经营活动现金流量编制方法的不同，现金流量表可分为直接法和间接法两种。

（1）直接法。以本期营业收入为起算点，列支经营活动中涉及现金的收入和费用，不影响现金的收入与费用，不必调整。

直接法编制的现金流量表如表 6 - 5 所示。

表 6 - 5　现金流量表（直接法）

（1）来自经营活动的现金流
经营活动流入的现金主要包括：
销售商品、提供劳务收到的现金
收到的税费返还
收到的其他与经营活动有关的现金
经营活动流出的现金主要包括：
购买商品、接受劳务支付的现金
支付给职工以及为职工支付的现金
支付的各项税费
支付的其他与经营活动有关的现金
经营活动产生的现金流量净额
（2）来自投资活动的现金流量
投资活动流入的现金主要包括：
收回投资所收到的现金
取得投资收益所收到的现金
处置固定资产、无形资产和其他长期资产所收回的现金净额
收到的其他与投资活动有关的现金

投资活动流出的现金主要包括：

购建固定资产、无形资产和其他长期资产所支付的现金 投资所支付的现金

支付的其他与投资活动有关的现金

投资活动产生的现金流量净额

(3) 来自筹资活动的净现金流量

筹资活动流入的现金主要包括：

吸收投资所收到的现金

取得借款所收到的现金

收到的其他与筹资活动有关的现金

筹资活动流出的现金主要包括：

偿还债务所支付的现金

分配股利、利润或偿付利息所支付的现金

支付的其他与筹资活动有关的现金

筹资活动产生的现金流量净额：

本期现金及其等价物净增加额

现金及其等价物的期初余额

现金及其等价物的期末余额

（2）间接法。以本期利润为起算点，将本期利润调整到经营活动的现金流量。分析本期利润和经营活动的现金流量的差异，就三个部分进行调整：

①调整不涉及现金的收入与费用；

②调整非经营活动产生的现金收入和费用；

③调整与经营活动有关的流动资产和流动负债的增减变动。

间接法编制的现金流量表如表6-6所示。

表6-6 现金流量表（间接法）

(1) 来自经营活动的现金流量

净利润额：

调整项目

资产减值准备

固定资产折旧

无形资产摊销

长期待摊费用摊销

处置固定资产、无形资产和其他长期资产的损益

固定资产报废损失

财务费用 投资损失

递延所得税资产

递延所得税负债

存货

经营性应收项目

经营性应付项目

其他

经营活动提供的净现金流量

（2）来自投资活动的现金流量

投资活动流入的现金主要包括：

收回投资所收到的现金

取得投资收益所收到的现金

处置固定资产、无形资产和其他长期资产所收回的现金净额

收到的其他与投资活动有关的现金

投资活动流出的现金主要包括：

购买固定资产、无形资产和其他长期资产所支付的现金

投资所支付的现金

支付的其他与投资活动有关的现金

投资活动产生的现金流量净额

（3）来自筹资活动的净现金流量

筹资活动流入的现金主要包括：

吸收投资所收到的现金

取得借款所收到的现金

收到的其他与筹资活动有关的现金

筹资活动流出的现金主要包括：

偿还债务所支付的现金

分配股利、利润或偿付利息所支付的现金

支付的其他与筹资活动有关的现金

筹资活动产生的现金流量净额：

本期现金及其等价物净增加额

现金及其等价物的期初余额

现金及其等价物的期末余额

现金流量表按照经营活动、投资活动和筹资活动反映企业的现金流量变动，这种分类方法有利于使用者区分三类活动对现金的贡献并进行统筹决策。但现实中，企业的经济行为是在公司战略指导下的整体性行为，这使得企业的经营活动、投资活动和筹资活动之间相互联系、相互影响、相互渗透。因此，在现金流量表反映三类活动的现金流中，也会出现跨越三类活动的现金流量现象。

例如，现金流量表中的企业所得税处理问题。现金流量表（直接法）来自经营活动的现金流量中，"收到的税费返还"和"支付的各项税费"包括返还和支付企业所得税，企业所得税的计算基础是税前利润，而税前利润是一个囊括了经营活动、投资活动和筹资活动的综合数据。严格意义上讲，应将企业所得税区分为经营活动、投资活动和筹资活动的企业所得税，分别列入三类活动中。但这样操作一方面存在技术难度，而且由于三类活动相互联系、相互影响、相互渗透，所以编制者很难区分三类活动的利润及其对应的所得税；另一方面也无此必要，即使可以分三类活动报告企业所得税，使用者可能也会将三类企业所得税合并为一项数据而进行决策。

（四）资产负债表、利润表和现金流量表的关系

资产负债表、利润表和现金流量表的关系如图6-3所示。

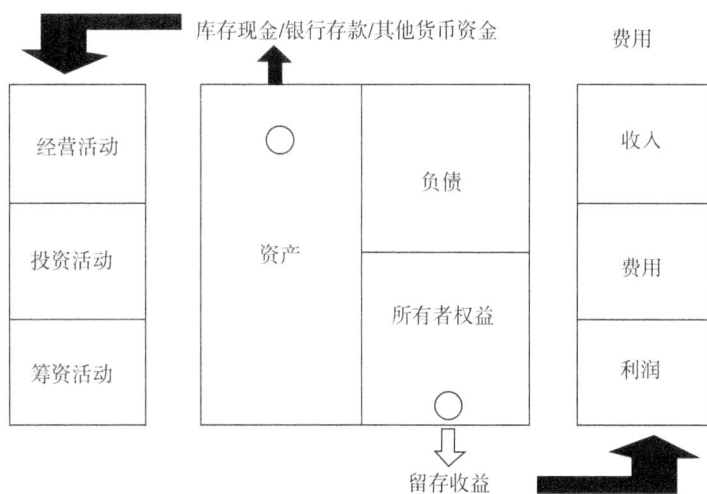

图6-3　资产负债表、利润表和现金流量表的关系

资产负债表、利润表和现金流量表的关系说明如下所述：

1. 时态关系

资产负债表是静态报表，是某个会计时点上的报表；利润表是动态报表，是某个会计期间的报表；现金流量表是动态报表，也是某个会计期间的报表。

资产负债表的期末和期初时点之间的期间正是利润表和现金流量表报告的会计

期间。

2. 勾稽关系

（1）资产负债表与利润表。资产负债表中"留存收益："的期末值－期初值＋负债中"应付股利"的期末值－期初值＝利润表中的税后净利润。

（2）资产负债表与现金流量表。资产负债表中"库存现金""银行存款"和"其他货币资金"的期末值－期初值＝现金流量表中的"经营活动""投资活动"和"筹资活动"三项的净现金流。

3. 总结

三张报表以资产负债表为主；将资产负债表中的"留存收益"和"应付股利"项目期末期初的变化值开一个窗口完整地反映其变化过程的是利润表；将资产负债表中的"库存现金""银行存款"和"其他货币资金"项目期末期初的变化值开一个窗口完整地反映其变化过程的是现金流量表。

（五）所有者权益变动表

所有者权益变动表，也称股东权益变动表，是反映企业所有者权益各组成项目在一定会计期间内增减变动情况的财务报表。

所有者权益的变动体现在五方面：①当期净利润或亏损，表现为直接计入当期损益的利得和损失，这部分变动来自利润表；②其他综合收益，表现为直接计入所有者权益的利得和损失，这部分变动来自资产负债表；③所有者投入资本，表现为所有者增资或减资情况，这部分变动来自资产负债表；④利润分配，表现为提取盈余公积和向投资者分配利润等，这部分变动来自资产负债表；⑤所有者权益内部变动，表现为资本公积转增股本、盈余公积转增股本、未分配利润转增股本以及利用盈余公积弥补亏损等情况，这部分变动来自资产负债表和利润表。

所有者权益变动表反映了企业的经济资源及其要求权的变动情况，使资产负债表和利润表的相关项目相互衔接、相互补充、相互参照，有效沟通了资产负债表和利润表，揭示了引起企业所有者权益各组成内容增减变动的各种问题，有助于使用者全面了解企业所有者权益的变动，为其准确评价企业和进行经济决策提供了重要依据。

所有者权益变动表采用报告式结构，它以所有者权益构成项目的年初余额为起始，继而反映各项目的本年增减变动金额，最后计算得出各项目的本年年余额。该表各项目列示"本年金额"和"上年金额"两栏对比数据，简要格式如表6－7所示。

表 6-7 所有者权益（股东权益）变动表

项目	本年金额						上年金额					
	实收资本	资本公积	盈余公积	未分配利润	库存股	合计	实收资本	资本公积	盈余公积	未分配利润	库存股	合计
一、上年年末余额												
（一）会计政策变更												
（二）会计差错变更												
二、本年年初余额												
三、本年增减变动余额												
（一）净利润												
（二）其他综合收益												
（三）所有者投入资本												
1. 本期投入资本												
2. 本期购回库存股												
3. 股份支付计入所有者权益的金额												
（四）利润分配												
1. 提取盈余公积												
2. 对所有者的分配												
3. 其他												
（五）所有者权益内部结转												
1. 资本公积转增资本												
2. 盈余公积转增资本												
3. 盈余公积弥补亏损												
4. 其他												
四、本年年末余额												

（六）财务报表附注

财务报表附注是对在资产负债表、利润表、现金流量表和所有者权益变动表等报表中列示项目的文字描述或明细资料，以及对未能在这些报表中列示项目的说明。

会计信息在反映纷繁复杂的经济交易或事项时，会遇到两类问题：一类是该经济交易或事项是可以通过格式化的财务报表方式，形成对决策有用的信息，传递给使用者进行决策判断；另一类则是不能够通过格式化的财务报表方式反映该经济交易或事项，但需要进行披露，否则会给投资者带来不利影响，这时便需要财务报表附注。财务报表附注是财务报表的补充，可对财务报表中未包括的内容，或者披露不详尽的内容作进一步的解释和说明，以提高会计信息的质量，更好地为投资者决策服务。

附注一般应当按下列顺序披露：财务报表的编制基础；遵循企业会计准则的说明；重要会计政策的说明；会计政策和会计估计变更以及差错更正的说明；对已在主表中列示的重要项目的进一步说明；包括终止经营税后利润的金额及其构成情况等；或有和承诺事项、资产负债表日后非调整事项、关联方关系及其交易等需要说明的事项。

下列各项未在与财务报表一起公布的其他信息中披露的，企业应当在附注中披露，如企业注册地、组织形式和总部地址，企业的业务性质和主要经营活动，母公司以及集团最终母公司的名称等。

第二节　应计项目和递延项目对财务报表的影响

一、应计项目的概念

应计项目（accruals），又称应计未付项目，是指企业在生产经营和利润分配过程中已经计提而尚未以货币支付的各项目，主要包括应付工资、应付利息、应付职工福利费、应交税金、应付利润或应付红利等。

企业在生产经营活动时，动用了劳力、资金，并产生了应该上交的税金，但是，工资发放、利息支付日期和税金上交日期与资源的使用不在同一时间，往往要滞后一段时期，因此在企业的资产负债表上就相应地出现了应付工资、应计利息和应交税金等科目。应计项目随企业业务量扩大而相应增加，是一项自发生成的资金来源，这种资金的使用不用支付利息，因此应计项目是一种无成本的资金来源。企业应尽可能地多利用这种资金来源。但由于工资总额、工资支付时间是由外界经济环境和企业惯例决定的，税金支付日期是由法律规定的，所以除了扩大业务量外，企业极少有机会自主扩大这部分资金来源。

由此可见，应计项目的数额多少与企业的生产经营规模是密切联系的。规模越大，相应地可以利用的资金也就越多。企业在安排短期筹资时，应认真测算应计项目所导致的可能免费使用的资金数额，然后再考虑其他筹资方式的采用程度。由于企业总是会比较稳定地发生一些应计项目，并有一定数额的资金可供利用，所以应计项目往往被称为定额负债，甚至被视同为自有资金。

二、递延项目的概念

递延项目是指一项已支付的费用或一项已收取的收入的延期确认。

递延费用，特别是能在短期内产生收益的递延费用，在资产负债表中作为流动资产列示，名称叫作预付费用。而可以记入若干经营年度的长期预付款则作为递延借项列示在资产负债表中。

递延收入可以在资产负债表中作为一项流动资产列示，名称叫作未赚取收入或者预收收入。如果涉及的时间较长，则作为递延贷项列示。

三、应计项目和递延项目对财务报表的影响

下面以 A 公司 2020 年 3 月份的经济业务为例来观察时间性差异是如何影响财务报表的，然后再阐述真实企业的财务报表来识别应计项目和递延项目对其产生的影响。

（一）A 公司 2020 年 3 月份的经济业务

表 6-8 列示了 A 公司 2020 年 2 月底的资产负债表。

表 6-8　A 公司资产负债表

2020 年 2 月 28 日　　　　　　　　　　　　　　　　　　　　　　　　　　　（单位：美元）

资产		负债和所有者权益	
现金	6 695	应付账款	800
应收账款	150	其他应付款	50
存货	100		
预付保险费	125	普通股	5 000
		留存收益	1 220
资产合计	7 070	负债和所有者权益合计	7 070

这些金额将被结转至下月，所以这也是 A 公司 2020 年 3 月 1 日的资产负债表。现在我们将根据表 6-9 所示的经济业务带领 A 公司完成 3 月份的运营。

表 6-9　A 公司 3 月份的经济业务

日期	经济业务
1.3 月 1 日	用 1 000 美元现金和 3 000 美元的票据（利率 12%、期限 3 个月）购买了 4 000 美元的电脑。电脑预计使用 3 年，净残值为 400 美元
2.3 月 10 日	支付上个月剩余的广告费 50 美元
3.3 月 15 日	从客户处收到 2 月份的应收账款 150 美元
4.3 月 20 日	支付 2 月的采购款——付清应付账款余额 800 美元
5.3 月 24 日	用现金购买 250 件衬衫，每件 4 美元，总计 1 000 美元
6.3 月 27 日	出售 200 件衬衫，每件 10 美元，全部赊销，总计 2 000 美元

在 3 月底，A 公司编制了财务报表。我们可以看到每一项经济业务对会计等式产生

的影响。

经济业务 1：购买一项长期资产。A 公司购买了一项使用期限超过一年以上的固定资产；因此，它将被分类为长期资产。流动资产是指在一年内将被耗用或者转变为现金的资产。如果一项资产的成本需要分摊在一年以上，那么它被视为长期资产。资产的实际购买被记录为一种资产交换，而不是费用。在暂不考虑折旧费用和利息费用的情况下，下面是用 1 000 美元现金和 3 000 美元的应付票据（年利率 12%、3 个月到期）购买 4 000 美元的电脑对会计等式产生的影响：

资产	=	负债	+	所有者权益		
				实收资本	+	留存收益
（1 000）现金		+3 000 应付票据				
+4 000 电脑						

和电脑成本相关的费用的确认将被递延，直到 A 公司已经使用资产并编制财务报表时。支付电脑款的现金部分将作为投资活动现金流量列示在现金流量表上。

经济业务 2：支出现金以结清一项负债。A 公司在 2 月份雇用了一家公司来做广告。2020 年 2 月 28 日，A 公司还未全额支付这笔款项。因为这项工作是在 2 月份完成的，所以费用被列示在 2 月份的利润表中。3 月份，A 公司支付了 50 美元现金以结清这项负债。下面是现金支出对会计等式产生的影响：

资产	=	负债	+	所有者权益		
				实收资本	+	留存收益
（50）现金		（50）其他应付款				

做广告的行为发生在 2 月份，所以费用列示在 2 月份的利润表中。现金是在 3 月份进行支付的，但是却不在 3 月份确认费用，因为这样做会重复计算费用，一项费用只能被确认一次。这项现金支付属于现金流量表中的经营活动现金流量。

经济业务 3：收取现金以结清一项应收款项。2 月月底，A 公司还未收到所有客户的欠款。因为销售是在 2 月份发生的，所以那些销售带来的收入被计入 2 月份的利润表中。因为在销售发生的当时没有收到现金，A 公司记录了应收账款。应收账款是将会在一年内转变为现金的资产。当客户支付他们的账单时，A 公司记录收款并从记录上消除应收款项。下面是现金收款对会计等式产生的影响：

资产	=	负债	+	所有者权益		
				实收资本	+	留存收益
+150 现金		+3 000 应付票据				
（150）应收账款						

收取现金时不记录收入是因为在销售时已经记录了收入，现在再次计算会导致重复。这项现金收款属于现金流量表中的经营活动现金流量。

经济业务 4：向供货商付款。2 月月底，A 公司的资产负债表上列示了 800 美元的应付账款。这是因为 2 月份的采购还欠供货商的货款。A 公司偿还了这项债务，使应付账款余额为零。这项现金支出属于现金流量表中的经营活动现金流量。

资产	=	负债	+	所有者权益		
				实收资本	+	留存收益
（800）现金		（800）应收账款				

经济业务 5：购买存货。A 公司以每件 4 美元的价格购买了 250 件衬衫，总计 1 000 美元，并全额支付了现金。这项现金支出属于现金流量表中的经营活动现金流量。

资产	=	负债	+	所有者权益		
				实收资本	+	留存收益
（1 000）现金						
+1 000 存货						

经济业务 6：销售。A 公司以每件 10 美元的价格销售了 200 件衬衫，全部是赊销。这意味着公司向他的客户提供了贷款，A 公司将在以后收取现金。

在记录销售收入的同时，A 公司减少了存货。存货的减少量是一项费用，被称为商品销售成本。

资产	=	负债	+	所有者权益		
				实收资本	+	留存收益
（800）存货						（800）商品销售成本

注意到记录的销售收入金额为 A 公司从客户处收取的金额。同时，记录的存货减少量是存货的成本——200 件衬衫，每件 4 美元。

公司记录中没有明确的利润记录。事实上，利润是一个推算出来的金额，它由销售收入减去销售成本计算得出。对于这次销售，利润是 1 200 美元，它被称为销售毛利（gross profit），也被称为边际毛利（gross margin）。毛利减去其他费用得到净利润，也称为净收益。

到现在为止，我们只看到了 3 月份（截至 2020 年 3 月 31 日）的日常经济业务。在月底时，A 公司将因为应计项目和递延项目需要调整公司的记录以保证得到正确的财务报表。

（二）调整会计记录

对 3 月 1 日的资产负债表和 3 月份的经济业务的回顾显示 2020 年 3 月底需要做出

三项调整：

（1）电脑的折旧费用；

（2）当月的保险费用（A 公司在 2 月中旬购买了 3 个月的保险）；

（3）应付票据的利息费用。

现在我们将逐一查看这些调整，看如何计算这些调整的金额。

调整 1：折旧。3 月 1 日购买的电脑必须折旧——部分成本需要被确认为 3 月份的折旧费用。为了计算折旧费用，必须从资产的成本中扣除其净残值，然后再将差额除以资产的预计可使用年限。在这个案例中，净残值为 400 美元，所以这个数额需要从成本 4 000 美元中扣减。剩余的 3 600 美元除以 3 年，得出每年的折旧费用为 1 200 美元。因为我们编制的是月度财务报表，所以将年折旧额除以 12 个月，得到月折旧额 100 美元。做出的调整为减少资产和确认一项费用。

资产	=	负债	+	所有者权益		
				实收资本	+	留存收益
（100）累计折旧						（100）折旧费用

电脑成本的减少按月进行累计，所以会计记录中资产的账面价值每个月减少 100 美元。在会计记录中，我们不会每月简单地从会计等式左边的电脑成本中减去 100 美元，因为 CAAP 要求特定资产的成本和相关资产的累计折旧总额必须分开列出。

减记的金额被称为累计折旧。第一个月后，与这项特定资产相关的累计折旧为 100 美元。第二个月后，累计折旧将是 200 美元。这一金额代表了我们计算的已使用资产的成本，是一项备抵资产，因为它减少了记录的资产价值。

资产的成本减去它的累计折旧是资产的账面价值。每次记录折旧费用时，累计折旧增加，资产的账面价值减少。折旧费用代表了一定期间的费用，其列示在利润表中。

注意，只有在计算折旧费用时才会扣减净残值。在公司的正式记录中资产成本不会扣除净残值。

调整 2：保险费用。A 公司在 2 月中旬用 150 美元购买了 3 个月的保险，即每个月 50 美元。在 3 月 1 日的资产负债表中，作为流动资产的预付保险费的金额为 125 美元。3 月份需要记录一整月的保险费用，同时从预付保险费中扣减相应的金额。

资产	=	负债	+	所有者权益		
				实收资本	+	留存收益
（50）预付保险费						（50）保险费用

调整 3：应计利息费用。3 月 1 日，A 公司签署了一张 3 000 美元的 3 个月期的票据。票据的票面利率是 12%（给出的利率通常是指年利率）。因为企业编制的是月度财务报表，所以需要确认每个月的利息费用。根据利率公式——利息 = 本金 × 利率 × 时

间——计算如下：

$$利息 = 3\ 000 \times 0.12 \times 1/12\ （12 个月中的 1 个月）= 30\ （美元）$$

资产	=	负债	+	所有者权益		
				实收资本	+	留存收益
		+30 应付利息				（30）利息费用

注意计算利息费用时不考虑票据的期限。无论是一张 6 个月期或者两年期还是任意期限长度的票据，利息费用都将是完全一样的。利息费用是用已流逝的时间占一年的比例为基础进行计算的，因为使用的利率是年利率。

为了使 A 公司依据 GAAP 生成正确的财务报表，需要在 2020 年 3 月 31 日做出这些调整。图 6-4 会计等式工作表显示了所有的经济业务和调整。注意每张财务报表是如何反映这些交易的。

	资产			=	负债		+	所有者权益		
	现金	所有其他资产	（账户）		所有负债	（账户）		实收资本 普通股	+	留存收益（账户）
期初余额	6 695	150	应收账款		800	应付账款				
		100	存货		50	其他应付款		5 000		1 220
		125	预付保险费							
经济业务										
1	（1 000）	4 000	电脑		3 000	应付票据				
2	（50）				（50）	其他应付款				
3	150	（150）	应收账款							
4	（800）				（800）	应付账款				
5	（1 000）	1 000	存货							
6		2 000	应收账款							2 000 销售收入
		（800）	存货							（800）商品销售成本
调整1		（100）	累计折旧							（100）折旧费用
调整2		（50）	预付保险费							（50）保险费用
调整3					30	应付利息				（30）利息费用
期末余额	3 995	+ 6 275		=	3 030			5 000	+	2 240

所有其他资产（明细）

2 000	应收账款
300	存货
75	预付保险费
4 000	电脑
−100	累计折旧，电脑
6 275	合计

图 6-4　A 公司 3 月份的会计等式工作表

（三）编制财务报表

第一，A公司编制利润表。收入和费用来自会计等式工作表中的曲线框中。通过组织和汇总生成A公司3月份的利润表，如表6-10所示。利润表涵盖了一段时期的商业活动。在本案例中，它涵盖了一个月的商业活动。

表6-10　A公司3月份的利润表

A公司利润表	截至2020年3月31日	（单位：美元）
销售收入		2 000
费用：		
商品销售成本	100	
折旧费用	80	
保险费用	50	
利息费用	30	980
净收益		1 020

第二，A公司编制所有者权益变动表。所有者权益变动表总结了当期权益的变动，如表6-11所示。和利润表一样，所有者权益变动表涵盖了一个特定的时期，在本案例中是一个月。

表6-11　A公司3月份的所有者权益变动表

A公司所有者权益变动表	截至2020年3月31日	（单位：美元）
期初普通股	5 000	
本月发行的普通股	0	
期末普通股		5 000
期初留存收益	1 220	
当月净收益	1 020	
股利	0	
期末留存收益		2 240
所有者权益合计		7 240

第三，A公司编制资产负债表。资产负债表由三部分组成：资产、负债和所有者权益，每一项都以期末最后一天的金额列示。资产是按其流动性（资产转变为现金的难易程度）进行排序的。流动资产将会在下一个会计年度的某个时点耗用或转变为现金，而长期资产使用年限则超过一年以上。

类似地，流动负债是将要在下一个会计年度中偿还的债务，而长期负债则是不需要在下一个会计年度中偿还的债务。

所有者权益分为两部分进行列示：实收资本和留存收益。因为所有者权益是对会计等式中的所有经济业务的总结，所以如果工作表中没有错误，它应该使等式两边平衡。资产负债表如表 6-12 所示。

表 6-12　A 公司 2020 年 3 月 31 日的资产负债表

A 公司资产负债表		2020 年 3 月 31 日	（单位：美元）
资产		**负债和所有者权益**	
流动资产		流动负债	
现金	3 995	应付利息	30
应收账款	2 000	应付票据	3 000
存货	300	流动负债合计	3 030
预付保险费	75	所有者权益	
流动资产合计	6 370	普通股	5 000
电脑（扣除 100 美元累计折旧的净值）	3 900	留存收益	2 240
		所有者权益合计	7 240
资产合计	10 270	负债和所有者权益合计	10 270

第四，A 公司编制现金流量表。因为前三张报表（利润表、所有者权益变动表和资产负债表）是以权责发生制而不是收付实现制为基础编制的，这三张财务报表没有提供公司现金的详细信息：它来源于哪里，又花费在哪里。资产负债表只给出了会计期末最后一天企业结账时的库存现金总额，而利润表（财务报告的核心）又没有给出关于现金的信息。这就是需要编制现金流量表的原因。即使在权责发生制会计下，利润不是以现金为基础计量的，但是对于企业而言，现金来源和使用的重要性毋庸置疑。现金流量表给出了现金余额从当期第一天到最后一天的详细变化。现金流量表如表 6-13 所示。

表 6-13　A 公司 3 月份的现金流量表

A 公司现金流量表	截至 2020 年 3 月 31 日	（单位：美元）
经营活动产生的现金		
从客户处收到的现金	150	
向供货商支付的现金	（1 800）	
支付广告费用的现金	（50）	
经营活动产生的现金净额		（1 700）
投资活动产生的现金		
支付电脑成本的现金		（1 000）
筹资活动产生的现金		0
现金净减少额		（2 700）
现金期初余额		6 695
现金期末余额		3 995

第三节　现行财务报告的改进研究

现行财务报告体系模式产生于工业经济时代，而当今信息技术革命和经济全球化推动了知识经济的产生与发展。在知识经济时代，使用者在进行决策时对信息的依赖性更强。面对社会经济环境的变迁和使用者信息需求的提高，现行财务报告体系的局限性表现得越来越突出。

一、现行财务报告模式的主要缺陷

20世纪70年代以来，众多的机构及学者从不同的角度对现行财务报告模式的缺陷进行了探讨，并对财务报告的改进提出了建议，如表6–14所示。

表6–14　财务报告模式的缺陷及改进

机构及文献	缺陷及理由	改进意见
ASSC（英国），公司报告（1975）	（1）传统的财务会计与报告目标不合时宜； （2）不能反映日益复杂的经济活动	（1）重新评估会计目标； （2）反映社会责任信息
科尔宾（Corbin）《现代会计手册》第二章	（1）估计及主观性； （2）资产多重备选方案导致净收益的差异； （3）大量的资产项目（如自创商誉）无法在财务报表中体现； （4）资产及负债的相对价格变化无法体现	—
美国FASB的SFAC	（1）重利润而忽视现金流量； （2）收入费用法； （3）财务报表的局限性	（1）将财务报表扩展到财务报告； （2）坚持资产负债观； （3）盈利及全面收益表（1997年已公布"全面收益表"准则）； （4）业主投资及派给业主报表

续表

机构及文献	缺陷及理由	改进意见
ICAEW（1991）"未来财务报告的模式"	（1）企业业绩和财务状况的计量过于侧重成本计量，与业绩预测和价值计量不相关； （2）盈利的单一性； （3）重利润而轻现金流量； （4）财务报告向后看（looking-back）的模式，对使用者帮助不大； （5）重法律形式而轻经济实质	（1）根据资产的特征选择计量属性，使用现行市场价格等计量属性； （2）降低对盈利单一数字的强调； （3）突出现金流量的重要性； （4）提供关于企业未来发展前景的信息； （5）着重考虑交易的经济实质； （6）提供如下报表：目标及战略计划表、资产负债表、收益表、利得表、现金流进表、未来发展前景表、分部信息表
美国会计学会和审计计量委员会	（1）报表信息不完整； （2）不确认自创商誉及将确认的外购商誉分期摊销； （3）资产负债表外项目披露不足； （4）对子公司及准子公司的披露不充分； （5）负债与权益的混淆； （6）财务会计与报告忽略货币的时间价值； （7）缺乏对企业社会业绩的反映	（1）仅在外购商誉的价值减损时才应予以注销，自创商誉应有条件地加以确认； （2）应认识历史成本的缺陷及考虑市场现行价值等属性； （3）财务报表应充分反映货币的时间价值； （4）增加雇员报告、增值表等； （5）企业应报告其社会影响信息； （6）应提供经注册会计师审阅的预测信息
AICPA（1994）"改进企业报告——着眼于用户"	（1）财务报告不能面向未来； （2）会计信息失去相关性； （3）会计信息严重不完整； （4）对使用者的需求关注不足：不同机会与风险的企业分部；企业经营业务的性质；着眼于未来；管理部门的意图；企业报告信息的相对可靠性；竞争对手及其他企业；影响企业的重大变动	新企业报告模式（5类20项） （1）财务与非财务数据； （2）管理当局对财务、非财务数据的分析； （3）前瞻性信息； （4）管理当局与股东的有关信息； （5）公司背景信息。 具体改进意见： （1）区分核心、非核心项目； （2）混合计量属性，但应区分核心、非核心项目； （3）披露非总计信息； （4）摘要信息及财务数据证新表述； （5）中期报告； （6）对尚无准则规范的其他披露

机构及文献	缺陷及理由	改进意见
沃尔曼（Wallman）（1996）"会计与财务报告的未来（Ⅱ）：彩色报告模式"	(1) 未考虑会计主体外延的弹性； (2) 对软资产如人力资源、智力资源未能进行恰当的确认与计量； (3) 财务报告的及时性与预测性严重不足； (4) 会计信息传递渠道不畅通	彩色报告模式： (1) 相关性、可靠性、可定义性和可计量性均符合要求； (2) 相关性、可计量性和可定义性都符合要求，但可靠性存在疑问； (3) 相关性和可计量性符合要求，但可定义性与可靠性存在疑问； (4) 仅相关性符合标准，可靠性、可定义性和可计量性都不符合
IASC（1999）"互联网企业的报告"	(1) 网络为基础报告的增长； (2) 网络为基础交易的增长； (3) 全球化与网络报告的前景； (4) 全球化和信息技术发展对管制市场的冲击	互联网财务报告，含多维报告模式、多种在线资料等
厄普顿（Uplon）（2001）"企业和财务报告：来自新经济的挑战"	投资者需要的信息和企业提供的信息在新经济下存在着巨大的鸿沟	(1) 更多的非财务信息； (2) 更多的前瞻性信息； (3) 更多的无形资产信息
《高质量财务报告》（Miller and Bahnson, 2002）	(1) 低估证券市场； (2) 模糊的表述； (3) 假设与虚构； (4) 利润平滑； (5) 最少限度的报告； (6) 最少限度的审计； (7) 编制报告在成本上的缺乏远见	(1) 完善、改进 CAAP； (2) 补充披露； (3) 改进审计工作内容； (4) 提高报告的频率； (5) 报告市场价值

通过表 6-14 列举的 20 世纪 70 年代以来关于企业财务报告缺陷的介绍及改进的建议，不难发现其中有的已经被采纳并融入到了目前的财务报告的实务中，然而目前的财务报告仍存在如下的缺陷：

（一）通用财务报告难以满足不同信息使用者的信息需求

现行财务报告是通用的，它假定能够满足所有使用者的信息需求，但不同使用者所需的信息各不相同，通用财务报告显然难以同时满足所有使用者的需求。事实上，现行财务报告在形式和内容上都以股东为主要服务对象，它在客观上忽视了企业对其他相关利益集团（如职工、债权人、政府、社会等）所承担的责任，也就很少披露他们所关心的信息。即使是具有相同信息需求的使用者，其信息使用方式也有所差别。有的使用者偏好综合信息，有的使用者习惯于明细信息，有的则倾向于定性信息，有的倾向于定量信息。此外，通用财务报表主要针对具有平均理解能力的（投资者）使用者，这种导向忽视了信息媒介和投资媒介在竞争型市场上的作用，并限制了财务报表对外信息功能的扩大和深化。因此，通用财务报告难于满足使用者的全部信息需要，只能满足其共同的或类似的信息需求。

（二）财务会计信息的及时性不足

及时性是财务会计信息的灵魂。随着生产周期的缩短，经济活动风险的加剧，目前的年度财务报告和季度会计报表体系已不能适应投资者的信息需求了。现行财务报告模式下披露的会计信息，由于会计处理程序和传递渠道的限制，其披露的及时性不够，使得财务报告在公布之前，其信息内涵就已"清空"，这导致会计信息的相关性下降，也使会计信息系统在与其他"信息源"的竞争中处于劣势。为此，必须利用信息技术的便利，在符合成本效益原则的前提下，采取可能的措施，如借助于 XBRL（eXtensible Bulsiness Reporting Language，可扩展商业报告语言）语言，利用互联网来披露会计信息，提高财务报告信息的及时性等。

（三）以提供历史信息为主，导致相关性较低

现行财务报告以过去的交易或事项为基础、以历史成本为重要计量属性，所提供的信息主要是面向过去的历史信息，从而导致信息的相关性较低。

现行财务报告基于历史成本原则的运用，只能提供已经发生或已经执行的交易或事项的信息。然而，使用者的决策总是面向未来的，即要求提供面向未来的预测性信息，投资者及债权人等信息使用者只有能够预测其投资决策的金额、时间及不确定性，才能做出合理的经济决策。现行财务报告只能提供在权责发生制下、基于历史成本的财务信息。在经济环境变化不显著时，人们可以简单地利用反映企业过去经营成果及其行为的财务信息去预测企业的未来；但在知识经济环境下，竞争加剧、企业面临的不确定性加大，人们难以直接利用过去的信息去推断未来。现行财务报告只提供面向过去的信息而不能提供未来的信息，因此其相关性较低。

（四）忽视非货币性信息和非财务信息的提供

货币计量假设要求会计必须将所要披露的信息予以货币度量，而实际上影响企业财务状况和经营成果的所有因素并非都可以用货币予以客观的计量。因此现行财务报告在面临难以用货币计量，但对使用者有用的信息如人力资源、企业的社会声誉、管理人员水平、新产品开发能力、企业供货和销货渠道、市场营销能力等时只有两种选择：①将难以货币化的因素勉强予以量化，这会降低信息的可靠性；②放弃不能或难以

量化的因素，这会降低信息的相关性。现行财务报告基于谨慎性原则的运用，很显然是选择了后者，将难以货币化的因素排斥在财务报表之外。尽管这些信息不能用货币计量或用货币计量不可靠，但我们必须意识到，定性信息的相关性未必比定量信息逊色，非货币信息未必不比货币性信息重要，能用货币计量的信息可靠性并不是绝对的。

（五）财务报告的技术性削弱了信息的有用性

财务报表项目的分类、汇总与排列，本来是为了更有效地实现其沟通职能，让使用者能理解明白，然而它们逐渐演变成纯技术手段，以致只有精通会计与报表规则的使用者才能理解财务报表所提供的信息。同时，许多会计数据正是在分类、汇总、确认和计量过程中丧失了其本身的含义，从而会削弱财务报告信息的有用性。

二、对现行财务报告改进的努力

对财务报告的改进要从对财务报表的改进开始，而财务报表的改进主要包括两个方面：一是业绩报告的扩展；二是财务报表结构的改进。另外，本书对财务报告可理解性的提高也提出了相关的建议。

（一）业绩报告的扩展

以历史成本原则、收入实现原则、配比原则和谨慎性原则为基础的收益确定模式，决定了收益表具有不可克服的缺陷：①由于收益表体现了非常狭隘的经营成果观，它只反映已经实现的收益，排斥或忽视了其他未实现的价值增值，使得当期收益报告不够全面，没有提供对使用者进行经济决策有用的全部信息；②价值增值在产生时不予报告，而推迟到实现时再予报告，这会导致收益确定存在潜在的时间误差，即价值增值发生在某一会计期间而收益列报却在另一个会计期间，这会严重损害到收益报告的及时性，降低收益信息的性质；③已经发生的价值增值报告，为管理当局操纵收益敞开了方便之门。收益操纵的一种典型方式是"利得交易"（gain trading），即对于已经出现的利得和损失，管理当局通过选择其实现的时间和金额来控制报告期间的净收益。例如，企业管理当局为了提高本期报告收益，将现行价值或公允价值超过购买成本的证券先行出售，以确认出售利得，而将现行价值或公允价值低于购买成本的证券继续持有，以避免确认出售损失，而导致利得交易的根本原因就在于收益表不报告未实现的收益（利得）。最终，未实现收益（利得）成为所谓的"收益储存器"，管理当局可以根据需要随意操纵报告收益。

因来自会计学术界和使用者的巨大压力，西方国家的准则制定机构，如英国、美国、国际会计准则委员会以及 G4 + 1 集团（由加拿大、新西兰、澳大利亚、英国、美国组成）都致力于对传统的收益表进行改进，制定了相应的会计准则，要求企业报告提供更为全面的财务业绩信息。

1. 英国 ASB 增列"全部已确认利得和损失表"

1992 年 10 月英国 ASB 正式制定了取代 SSAP 6 的《财务报告准则》第三号（FRS 3）"报告财务业绩"。FRS 3 规定的新的业绩报告有以下两个明显的特点：①它规定一个企业的财务业绩是由"损益表"和"全部已确认利得和损失表"共同表述的。后者也成为基本财务报表之一，起着第四财务报表的作用。②按照 ASB 的设想，损益表的作用并没有减弱，它还是能反映"满计当期全部损益"的要求，凡已实现的全部损益，包括非常项目仍然要在损益表中表述。损益表还须列示投资人最关心的每股收益信息。可以说，一个企业最主要、最重要的业绩信息正是通过损益表来报告的。全部已确认利得和损失表只是补充披露那些不在损益表中表述的，但会影响到所有者权益即净资产变化的未实现的利得和损失。

2. 美国 FASB 要求在收益表之外报告"全面收益"

1980 年 12 月，美国财务会计准则委员会（FASB）首先提出一个不同于传统的"收益"名词的新概念："全面收益"，并将它定义为"企业在报告期内，由企业同所有者以外的交易及其他事项与情况所产生的净资产的变动"。1984 年 12 月 SFAC 第五号再次指出，全面收益的报告，应当成为一整套财务报表的组成部分。

由于一些财务、会计、投资等组织（团体）和学者们的共同推动，FASB 又参考了英国的 FAS3 基于改进反映企业财务业绩增设了"全部已确认利得和损失表"，在 1986 年 10 月 11 日发出的一份"报告全面收益"征求意见稿的基础上，1997 年 6 月正式发布了财务会计准则第一百三十号"报告全面收益"（FAS 130）。至此，报告全面收益的报表便成为美国企业一整套财务报表中的第四财务报表。其基本内容如下：

（1）FAS 130 主要规范全面收益及其组成在企业一整套财务报表中的报告与列示，不涉及全面收益及其组成部分的确认与计量。

（2）FAS 130 关于全面收益及其组成的规定，涉及财务报表中五项有关财务业绩的要素（即收入、费用、利得、损失和全面收益）。它们的定义，与 FASB 的第六号概念公告中的定义完全相同，FAS 130 不再做修改或补充。

（3）全面收益由收入、费用、利得、损失要素共同构成，但作为报告，它可分为两个部分：

全面收益 = 净收益（盈利）（已确认及已实现的收入、费用、利得、损失）+ 其他全面收益（已确认未实现的利得、损失）

上式中，净收益的组成都是已实现的，而其他全面收益的组成仅是已确认的。

（4）净收益的分类仍按照收益表的分类，即：持续经营收益，非持续经营收益，非常项目和会计原则变更的累积影响。这种分类通常不予变动，但其他全面收益的分类（即列示）则根据其本身的性质，例如分为在外币折算项目上的未实现利得和损失，最低养老金负债调整，在特定债券或权益证券上投资的未实现利得和损失等。

（5）FASB 在 FAS130 中，并不强行规定统一的全面收益的报表格式。报告全面收益可以采用下列三种方式之一：

①与收益表合并为一张报表，可称此表为"收益与全面收益表"，该表的上半部分详细列示净收益及其组成，其下半部分列示其他全面收益及其组成。

②全面收益表与收益表分开，均单独编制。这样"全面收益表"就名副其实地成为了第四财务报表。

③在业主权益变动表中详细报告其他全面收益。当然，在这种方法下，收益表还是要单独编制的。

3. 国际会计准则委员会基本上借鉴了英国 FAS 3，提出两种列报已确认未实现利得和损失的表式

1997 年 8 月，国际会计准则委员会对《国际会计准则》第一号进行了重大修订。修订后的 IAS 1 题为"财务报表的列报"。这份准则要求企业财务报表的结果应包括"所有者权益的变动"。准则要求："两个资产负债表日之间的企业权益变动，反映在该期间内它的净资产或净财富的增加或减少，按照采用特定计量原则，在财务报表中予以披露。除企业与它的所有者之间的交易如资本投入和股利分派外，权益的全部变动应表明该期间企业活动所产生的利得与损失总和。"这说明，修订后的 IAS 1 要求财务报表中应有一个独立的组成部分来突出显示企业全部的利得和损失，其中包括直接在权益中确认的项目，据以改进财务报表中反映财务业绩的信息。IAS 1 在附录中提供两种已确认未实现利得和损失的表式，如表 6 - 15 和表 6 - 16 所示。

表 6 - 15　XYZ 集团已确认利得和损失表（截至 20 ×1 年 12 月 31 日的会计年度）

	20 ×1 年 12 月 31 日	20 ×0 年 12 月 31 日
财产重估价盈亏（亏损）		
投资重估价盈余（亏损）		
国外实体财务报表外币折算差异		
未在收益表确认的净利得		
当期净利润		
全部确认的利得和损失		
会计政策变更的影响		

表 6－16　XYZ 集团权益变动表（截至 20×1 年 12 月 31 日的会计年度）

	股本溢价	股本准备	估价准备	折算利润	累积	合计
20×1 年 12 月 31 日余额	X	X	X	（X）	X	X
会计政策变更					（X）	（X）
新表述后的余额	X	X	X	（X）	X	X
财产重估价盈余						X
投资重估价亏损			（X）			（X）
外币折算差异				（X）		（X）
未在收益表中确认的净利得和损失			X	（X）		X
本期净利润				X		X
股利				（X）		（X）
股份的发行						X
20×1 年 12 月 31 日余额	X	X	X	（X）	X	X

4. G4＋1 的财务业绩表

由加拿大、新西兰、澳大利亚、英国、美国组成的 G4＋1 对英国的 FAS 3 和美国的 FAS 130 建议的两个财务业绩报表提出了不同看法。1999 年，G4＋1 发表了题为《报告财务业绩：G4＋1 的建议》的研究报告。报告认为，两份业绩表看起来好像比一份财务业绩报表提供更多的信息，其实，这与把已确认未实现的利得和损失项目列示在资产负债表的权益方没有多大区别。报告财务业绩是通过一张表还是两张表，这是一个应用问题而不是理论问题。两张报表都按照"满计当期损益观"似乎应当在一张业绩报告上反映交易和其他事项的全部影响，通过把已确认利得和损失集合起来，在收益表上刻画完整的财务业绩图像，而不要分裂现存的收益表。两张业绩报表的主要缺点是不恰当地强调其中一张报表而损害另一张报表。此外，G4＋1 还认为两张报表的区别主要在于传统的报表反映已确认、已实现的利得和损失，而新增的财务业绩报表则反映已确认未实现的利得和损失，它们对于利得和损失的来源缺乏有机的、内在的分类。这样，使用者仍难以获得有关一个企业财务业绩的科学的分类信息。

为此，G4＋1 的研究报告建议，反映企业的财务业绩仍用一张报表比改用两张报表更好。

G4＋1 的研究报告推荐的财务业绩报表被称为"财务业绩表"（statement of financial performance）。该表共分为三大类：

第一类：经营（贸易）活动（operatong trading Activities）；

第二类：理财和其他筹资活动（financing and treasury activities）；

第三类：其他利得和损失（other gains and losses）。

上述分别报告三种损益："经营损益""理财收益"和"其他利得和损失"。总体来说，它能把"满计当期损益"更好地贯穿在一张财务业绩报表中，因此，这个建议值得我们加以研究和参考。美国 FASB 已经决定使用最新的报告格式，这种格式从收入开始，最下面一行是综合收益。IASB 也正在考虑把最后一行作为综合收益，所以单一的财务业绩或全面收益表是财务业绩报告的发展方向。

（二）财务报表结构的改进

1994 年，AICPA（American Institute of Certified Public Accountants，美国注册会计师协会）发表了一份题为《改进企业报告：着眼于用户》的研究报告，在肯定现行财务报表的基础上，提出了财务报表结构改革的建议，即将财务报表信息划分为"核心信息"与"非核心信息"。前者为企业核心活动，即主要的、正常和持续经营的业务所形成；后者则为企业非核心活动，即次要的、非正常和不再持续经营的业务所形成。为此，公司应在资产负债表分核心活动的资产与负债、非核心活动的资产与负债；在收益表中区分核心活动盈利、非核心活动盈利；现金流量表中区分核心活动现金流量、非核心活动现金流量。AICPA 的新模式还要求计量每股核心盈利和每股净收益，并相应地计算每股现金流量。区分核心活动与非核心活动，既要在表内反映，又要在报表附注中用详细的标题或文字说明。这样能向用户提供更加有用的、可比的核心活动信息，准确表达公司的核心竞争力。此外，AICPA 对资产负债表项目的排列顺序也进行了改革。现行资产负债表报表项目是按项目的流动性强弱顺序排列的，流动资产列于固定资产之前，固定资产列于无形资产之前。而对资产负债表报表项目排列顺序进行改革的基本趋势是以重要性大小排列。国际会计准则委员会筹划小组于 1995 年 3 月公布的《财务报表编制》的原则说明书中，将资产负债表报表项目排列改为：无形资产列于固定资产之前，固定资产列于流动资产之前。

（三）财务报告的可理解性

会计信息的首要质量特征是决策有用性，信息要具备决策有用性，在用户层面上须具备可理解性，在决策层面上须具备可靠性和相关性。西方学者通过研究普遍认为：上市公司年报对于多数信息使用者不具备可理解性。我国学者通过对我国上市公司年报的可理解性研究发现，我国上市公司年报接近于半专业投资者的理解水平，而对于非专业投资者则是不可理解的。如何提高年度报告对于非专业投资者的可理解水平，是公司报告实务中一个亟待解决的问题。

非专业人士理解年报的最大障碍是年报的专业性过强，会计术语过多。要提高年报的可理解性，行之有效的办法不是从专业化的极端走向通俗化的极端，而是应采取多种形式，在专业化年报的基础上，根据不同专业层次投资者的实际情况，对年报的专业性水平进行重新设计和调整。具体来说，可以考虑以下两种方式：

1. 提供专业化年报，对其中的会计术语加注解释

提供专业化年报，能够在最大程度上保证信息含量及其准确性，需要考虑的只是要在信息的可理解性方面加以补偿。对年报中的会计术语进行定义和解释，可以大大降低年报对于非专业投资者的理解难度。具体来说，可以将全部会计术语分为三类：第一类是人们在日常生活中经常会遇到的会计术语，如收入、费用等；第二类是人们在日常生活中不经常遇到的，但多数成年人能够从字面上大致了解的会计术语，如累计折旧、无形资产等；第三类是日常生活中极少出现，单纯从字面上无法了解其含义的会计术语，如公积金、递延款项、流动比率等。如果建立起会计术语的理解难度分类词汇表，我们就可以在年报中更准确地把握会计术语的运用；凡是属于最高等级的会计术语均应在年报末尾提供解释，并且在解释过程中不能再出现同类别的术语，只使用非会计术语或低等级的会计术语，这样既不影响年报在表达上的准确性和严肃性，又极大地方便了非专业人士对年报信息的利用。

2. 以专业化年报为蓝本，同时提供专业化和简化年报

为了解决投资者理解能力与鉴别报告难度的矛盾，我们可以将所有的投资者按照专业水平分为若干层次，建立一个多层次的年度报告体系。这种多层次的报告体系可以同时兼顾信息的准确性和可理解性。高度专业化的年报全文是构成公司多层次年报体系的基础。在年报全文的基础上，可以考虑采用对应于各专业水平人群的多层次简化年报。简化报告的基本思路是：缩减理解难度最大的内容和与投资决策并不相关的内容，突出重点信息。

三、未来财务报告的发展趋势

薛云奎在《会计大趋势：一种系统分析方法》中认为：企业财务报告的未来发展趋势主要集中体现在以下十一个方面：①从单一报表体系向多元报表体系转变；②从重可靠性到可靠性与相关性并重；③从重历史成本到历史成本与公允价值并重；④从主体信息到主体与关联方信息并重；⑤从有形资源到有形与技术资源并重；⑥从表式信息到表式信息与图像化信息的并重；⑦从货币计量到货币与非货币计量并重；⑧从绝对值信息披露到绝对值与相对值披露并重；⑨从事后信息披露到事后与事前信息披露并重；⑩从年度信息披露到年度与日常信息披露并重；⑪从财务信息披露到财务信息与非财务信息披露并重。

（一）未来财务报告的目标

未来财务报告的目标依然是为利益相关者的决策提供快捷、灵敏的财务信息，并提供有关现金流量的数额、时间分布及不确定性的信息。财务信息的质量特征仍然要坚持可靠性、相关性、及时性与可比性，尤其在可靠性与相关性的权衡中更偏向于相关性，当然历史信息要满足可靠性，同时也是相关性的基础；未来预测（事前）信息满足相关性，强调对预测信息的规范，尽可能提高预测信息的可信度和可靠性。

（二）未来财务报告的内容

为了实现财务报告的目标，未来财务报告的内容将更加复杂与丰富，并会随着会计环境的变化与要求而不断创新。

1. 坚持财务信息的核心地位，通过非财务信息提升财务信息的价值

企业的信息由企业内各子系统生成与发布，例如统计信息系统、技术信息系统、物流信息系统等。现行在财务报表附注中以及其他财务报告中纳入了大量的非财务信息，财务报告是会计人员与其他有关人员合作的成果，财务报告中的许多内容是非会计性质的事项，财务报告只是公司报告的一个主要部分。可以预见未来的会计应在拓展财务信息的深度与广度上下功夫，并将非财务信息作为增加财务信息的价值服务，随着计量技术的进步，非货币计量的信息将能以货币计量。

2. 历史成本与公允价值计量并行

公允价值目前已得到承认和运用，美国、英国、加拿大、澳大利亚以及国际会计准则委员会在现行会计准则中，都已普遍使用公允价值概念，我国在 2014 年修订的会计准则中特别强调了公允价值的运用。我们相信，在未来财务报告中，能用历史成本计价但不失可靠性与相关性的信息仍占一席之地；用历史成本计价既失可靠性又失相关性的信息，肯定要被公允价值计量属性所取代；用历史成本计价虽具可靠性但相关性不足的信息，则可用公允价值计量的信息作为补充信息提供；公允价值计量的信息既可靠又相关时，公允价值将取代历史成本。

3. 无形资产和人力资产将成为未来财务报告的重心

随着知识经济时代的到来，无形资产和人力资产在企业总资产中的比重大大提高，有形资产的比重则相应地大大下降，会计必然要转向对无形资产和人力资产的确认、计量、记录和报告，以增强会计信息的有用性，而必须实现财务报告重心的转移，及时准确地报告企业无形资产和人力资产的价值，着重解决无形资产和人力资产的确认和计量问题，将无形资产和人力资产纳入财务报告的范畴。

4. 增加相对值信息，提高财务信息的可比性

在近 20 年的财务信息披露发展的历程中我们可以看到，越来越多的证券监管机构要求提供更多的、能够直接用于投资决策评价的相对值信息，如一些重要的财务比率（每股盈利、资产报酬率、股东权益报酬率等）。随着财务信息决策用途的增强，以相对值信息披露的方式会演变为未来财务报表发展的主流，从而形成绝对值信息与相对值信息并存的格局。

5. 未来财务报告的时效

随着财务信息决策用途的增强和信息技术的高速发展，基于会计分期假设的定期报告将受到挑战。年度信息披露与投资决策对信息的及时性提出了更高的要求，信息技术的发展，使信息生产成本大幅度下降，对财务信息进行日常披露甚至实时报告成为可能。"同步财务报告系统"或"全天候财务报告系统"将成为常态。

（三）未来财务报告的灵活性

现行通用目的的财务报告，不能适应信息使用者的多样化的信息需求，未来的财务报告将会呈现出多元化的报告模式：

（1）多栏式报告模式。将同一经济业务按多种会计方法处理得到不同的信息在财务报告中予以披露，使会计信息从单一化走向多元化，满足不同信息使用者的特别需求。

（2）交互式按需报告模式。允许报告单位与信息使用者双向、直接、快速地沟通，共同完成实时报告，从而能比传统报告模式更好地满足使用者的多样化信息需求，进而减轻信息不对称程度，提高资本市场效率。

（3）差别报告模式。为不同使用者提供在内容和时间上有差别的财务报告。信息使用者的信息需求和获取信息的途径或方式不相同，某些特定使用者不满足通用财务报告，企业可以有选择地、有重点地对外披露某些符合使用者特殊需要的信息。例如，主要债权人收到的信息比一般股东更为详细和及时，债券评估机构收到的信息也应比年度报告更为详细等。通过差别报告，企业既可满足特定使用者及其集团的特殊信息需要，又可避免因广泛对外披露而对企业产生不利影响。

（4）事项会计模式。在事项法下，企业向投资者传递的企业经营情况的资料，不再拘泥于价值或净收益，也不再通过现在的三张报表——资产负债表、利润表和现金流量表来提供。平时借助于发达的通信技术，对企业经济活动的有关情况进行归类，通过"经营事项表"的形式，实时传递给投资者，保证信息的及时性。若有必要，可以进行提示性的结构排列，以便投资者更好地进行决策。按照事项法，会计人员可以在很大程度上从传统的、复杂的记账、算账和报账工作中摆脱出来，着力于对经营活

动进行各种预测、分析，更好地发挥参与决策的作用。

（四）未来财务报告的方式

未来财务报告在信息载体、传递方式、表述方式（格式）等方面都将与传统方式有极大的不同。随着信息技术的应用与提高，未来会取消纸质财务报告的印刷与传递，而是在网上发布信息。在信息的表述方式上，不再限于文字与表格方式，而是更多地运用图形与音像方式恰如其分地表达信息内涵，做到图文并茂、声像俱全，使信息的表达更形象、直观，更易于被使用者接受和理解。因此，未来财务报告应是在网络上转输的、表式信息与音像化信息相结合的、更为简明易懂的一种实时报告。

▶ 第七章

合并会计：同一控制与非同一控制

企业在其发展过程中，需要做大做强，其途径一般有两个：其一是依靠自身经营，通过扩大业务、提高效率，逐步占领市场，实现发展目标；其二是通过资本市场开展并购活动，通过企业的并购行为，实现横向上的规模化经营、纵向上的一体化经营、跨行业的多元化经营，从而扩大市场份额，实现发展目标。而随着我国综合国力的增强，资本市场进一步发展壮大，人民币国际化进程也在不断加快①，跨国企业合并业务发展迅速，也对合并会计提出了更高的要求。

第一节　合并会计概述

从经济学角度而言，企业合并是对资源进行的重新配置，是产权关系的重新调整，本质是控制权的转移。从会计学的角度而言，企业合并的过程是两个或两个以上独立的会计主体集合为一个报告主体的过程，合并前的单一型报告主体转变为合并后的复合型报告主体，经济资源及其要求权重新调整后，会计要素需要重新确认、计量和报告。

---

① 2015 年 11 月 30 日，国际货币基金组织（IMF）主席拉加德宣布将人民币纳入 IMF 特别提款权（SDR）货币篮子，决议于 2016 年 10 月 1 日生效。这在人民币国际化进程中具有里程碑意义。

一、企业合并的含义

（一）企业合并的定义

我国《企业会计准则第 20 号——企业合并》第一章第二条规定："企业合并，是指将两个或者两个以上单独的企业合并形成一个报告主体的交易或事项。"

解读上述定义，事前是两个或者两个以上单独的企业，事后是形成一个报告主体，企业合并既可能是买卖性质的交易（购买法），也可能是联合性质的事项（权益结合法）。

《国际财务报告准则第 3 号——企业合并》对企业合并的定义为："企业合并是指通过一个企业取得对另一个企业净资产和经营活动的控制权，而将各单独的企业合并成一个经济实体。"在国际财务报告准则中，只允许采用购买法，禁止采用权益结合法。

（二）企业合并的形式

一般而言，根据参与企业合并的各方在合并前后法律地位的变化，企业合并分为三种形式：新设合并、吸收合并和控股合并。

1. 新设合并

新设合并是指参与合并的各方在合并后法人资格均被注销，重新注册成立一家新的企业。

以两家企业的新设合并为例，如图 7-1 所示。

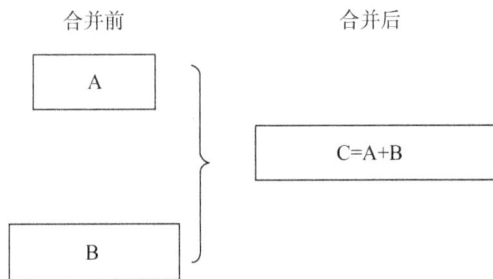

图 7-1　新设合并示意图

新设合并后，合并前的各方全部注销法人资格，新设的公司是单一的经济实体、法律主体和报告主体。

2. 吸收合并

吸收合并是指合并方通过企业合并取得被合并方的全部资产，合并后注销被合并方的法人资格，被合并方原持有的资产、负债，在合并后成为合并方的资产、负债。

以两家企业的吸收合并为例，如图 7-2 所示。

吸收合并后，被合并方在合并后注销法人资格，合并方仍保留法人资格，是单一的经济实体、法律主体和报告主体。

3．控股合并

控股合并是指合并方在企业合并中取得对被合并方的控制权，被合并方在合并后仍保留独立的法人资格并持续经营，合并方确认企业合并形成的对被合并方的投资。

以两家企业的控股合并为例，如图 7-3 所示。

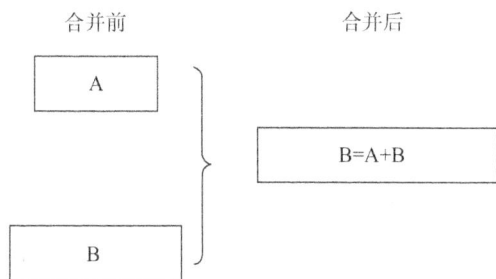

图 7-2　吸收合并示意图　　　　图 7-3　控股合并示意图

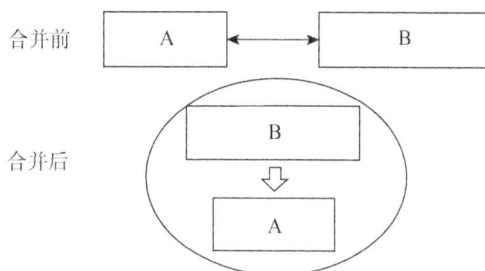

控股合并后，被合并方和合并方在合并后均保留法人资格，但被合并方的财务和经营决策权属于合并方；各方均是单一的经济实体、法律主体和报告主体，但需要以合并方为首，编制各方的合并财务报告。

（三）企业合并的本质

企业合并产生了报告主体及其报告内容的变化，本质是控制权的转移。

1．形式上而言，企业合并后报告主体及其报告内容均发生变化

合并之前，参与合并的各方是独立的报告主体，各自报告其经济资源、经济资源的要求权及其变动情况。合并之后，报告主体发生了变化，其报告内容也发生变化：在新设合并下，参与各方均解散，新设立一个报告主体报告经济资源、经济资源的要求权及其变动情况；在吸收合并下，被合并方解散，合并方仍是报告主体，但其报告的内容还需要包含被合并方的经济资源、经济资源的要求权及其变动情况；在控股合并下，合并前各方在合并后仍是报告主体，但还需要以合并方为主再次形成一个新的报告主体报告该主体的经济资源、经济资源的要求权及其变动情况。

2．从实质上而言，企业合并更注重控制权的转移

企业合并从形式上看，交易的对象是原企业的资产和负债，通过企业合并，整合资产和负债等经济资源，形成新的资源配置，实质上改变了经济资源的要求权，在这

一过程中，控制权发生了转移。例如在新设合并下，合并前各方的经济资源整合到新设立的企业中，经济资源的要求权和控制权归属于新设立的企业；在吸收合并下，被合并企业的经济资源整合到合并企业中，经济资源的要求权和控制权归属于合并方企业；在控股合并下，被合并企业经济资源的要求权并未发生变化，但其财务和经营的决策权发生了变化，控制权在合并一方。

在企业合并中，需要在形式上识别报告主体的变化，还需要在实质上洞悉合并过程中的控制权及其转移，实质重于形式是理解和判断企业合并的关键。

例 7－1　A 公司令其全资子公司 B 公司与 C 公司签订了两个协议。B 公司出 1 元认购 C 公司 1 股普通股（C 公司总股本为 218 万股）；同时，C 公司向 B 公司发行价值 125 万元的可转换债券定向用于收购 D 公司的部分资产。B 公司可在债券有效期（5 年）的任何时刻选择一次性或分步将债权转换为股权。如 B 公司将全部可转换债券转成股本，B 公司将持有颉利 61.1％ 的股权。此外，根据协议，C 公司董事会有权决定公司的一切事宜，所有决议超过半数选票即可通过。C 公司董事会七位董事中，B 公司有权任命其中四位董事。

要求：B 公司与 C 公司之间是否存在控制关系？职业判断关键信息是什么？

解析：实质重于形式是理解和判断企业合并的关键。

本例中有三条重要信息显示 B 公司和 C 公司之间的关系：

（1）B 公司出 1 元认购 C 公司 1 股普通股（C 公司总股本为 218 万股）；

（2）如 B 公司将全部可转换债券转成股本，B 公司将持有颉利 61.1％ 的股权；

（3）根据协议，C 公司董事会有权决定公司的一切事宜，所有决议超过半数选票即可通过。C 公司董事会七位董事中，B 公司有权任命其中四位董事。

分析三项信息：

对于（1）来说，B 公司拥有 C 公司 1 股普通股不能对 C 公司实现控制；

对于（2）来说，B 公司目前尚未将可转换债券转成股本，持有 61.1％ 股权尚未成为事实，因此，不能对 C 公司实现控制；

对于（3）来说，B 公司有权任命 C 公司董事会七名成员中的四名，由此可判断 B 公司实质上控制了 C 公司的董事会，而 C 公司董事会对 C 公司有最终决策权。因此，可据此判断 B 公司对 C 公司实施了控制。

在该例题中，第三条信息是判断控制的关键。因此，仅凭形式上的股权比例来判断公司间的控制与被控制关系还远远不够，要判断控制与被控制关系需要更为精确的信息。因此，信息披露是实务中需要注意的问题。

本章主要阐述控股合并问题，如无特殊说明，后文的企业合并都指控股合并。

二、资源配置机制与企业合并

企业合并本质上是对资源进行重新配置，资源配置存在市场机制和企业机制（非市场机制，计划机制）两种方式，大量的理论研究和经验数据都证明了这两种机制的存在，并且两种机制不可或缺。在市场机制下，主要靠价格进行资源配置；而在企业机制下，主要依靠命令或指令进行资源配置。追本溯源，可以发现，结论与资源配置的机制相对应，当采用企业机制进行资源配置时，企业持有资产的目的是持续经营并获取长期稳定收益，因而采用历史成本计量；而采用市场机制进行资源配置时，企业持有资产的目的是通过买卖差价获取一次性收益，因而采用公允价值计量。因此，按照这一逻辑继续延伸，可以得到资源配置与计量属性在直觉上的对应关系，如图7－4所示。下文将运用这一关系来分析和处理同一控制与非同一控制下的企业合并问题。

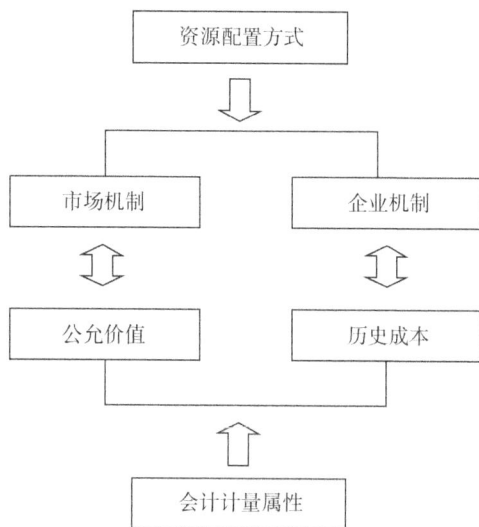

图 7－4　资源配置与计量属性组合图

我国《企业会计准则第20号——企业合并》第一章第二条规定："企业合并分为同一控制下的企业合并和非同一控制下的企业合并。"

将企业合并分为同一控制与非同一控制体现了资源配置的机制问题：同一控制下是企业机制在配置资源，企业集团最终控制人的命令发挥了资源配置的作用；非同一控制下是市场机制在配置资源，市场价格发挥了资源配置的作用。

（一）同一控制下的企业合并

参与合并的企业在合并前后均受同一方或相同的多方最终控制且该控制并非暂时性的，为同一控制下的企业合并。

　　同一控制下的企业合并一般是同一企业集团内部资源的重新整合，决策权掌握在集团最终控制人手中，由最终控制人对集团内的资源进行最终决策，企业合并最终由集团最终控制人的命令（指令）决定。这是企业这种组织结构通过命令来发挥资源配置的作用，而非市场通过价格进行交易的机制。同一控制下的企业合并如图7-5所示。

　　在图7-5中，左边图形表示企业 A_1、B_1、C_1、D_1 和 E_1 在企业集团G内，A_1 控制 B_1 和 C_1，B_1 控制 D_1 和 E_1。现在企业集团内发生企业合并，E_1 合并 C_1，合并后如右边图形所示。图形中的企业合并有三个特点：

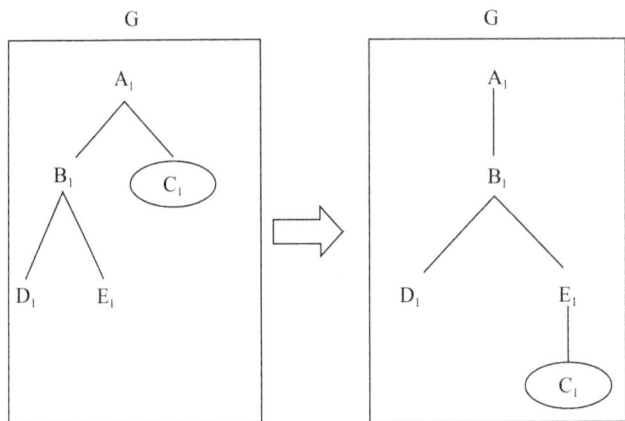

图 7-5　同一控制下的企业合并示意图

　　1. 合并过程中企业机制发挥了资源配置的作用

　　由于 E_1 受到 B_1 控制，而 B_1 受到 A_1 控制，A_1 是最终控制人，间接控制 E_1，对 E_1 的财务和经营行为行使最终决策权，因此 E_1 与 A_1 之间的资产换取股权行为并非真正意义上的市场交易行为，而是因集团内部执行最终控制人的命令而产生的资源配置行为。

　　2. 合并事项发生后，集团内的一部分资产在空间上发生了转移，总量和种类没有变化

　　E_1 的部分资产转移到 A_1，A_1 对 C_1 的股权转移到 E_1，资产和股权的存放地点发生了变化，但对于整个企业集团G而言，总资产的金额和种类均未发生变化，不考虑相关税费等交易费用问题的话，集团内的资产总量没有变化。

　　3. 合并事项发生后，企业集团G的组织结构发生了变化

　　经过企业合并后，A_1 可以用更少的资源控制 C_1。假定合并前 A_1 对 C_1 有51%的股权，A_1 对 B_1 有51%的股权，B_1 对 E_1 有51%的股权；合并后，A_1 对 B_1 有51%的股权，B_1 对 E_1 有51%的股权，E_1 对 C_1 有51%的股权，这样 A_1 对 C_1 的股权为：$51\% \times 51\% \times 51\% \approx 13.27\%$，相比较原51%，节约了36.73%的财务资源。

　　我国《企业会计准则第20号——企业合并》第二章第五条规定："参与合并的企业在合并前后均受同一方或相同的多方最终控制且该控制并非暂时性的，为同一控制

下的企业合并。同一控制下的企业合并，在合并日取得对其他参与合并企业控制权的一方为合并方，参与合并的其他企业为被合并方。合并日，是指合并方实际取得对被合并方控制权的日期。"

（二）非同一控制下的企业合并

参与合并的各方在合并前后不受同一方或相同的多方最终控制的，为非同一控制下的企业合并。

非同一控制下的企业合并，其本质是运用市场机制解决资源配置问题，合并方从被合并方原控股股东手中购买被合并方的股权，从而实现企业合并。合并方与被合并方原股东对被合并方的股权通过讨价还价形成均衡价格，最终达成交易，实现企业合并。

非同一控制下的企业合并如图 7-6 和图 7-7 所示。

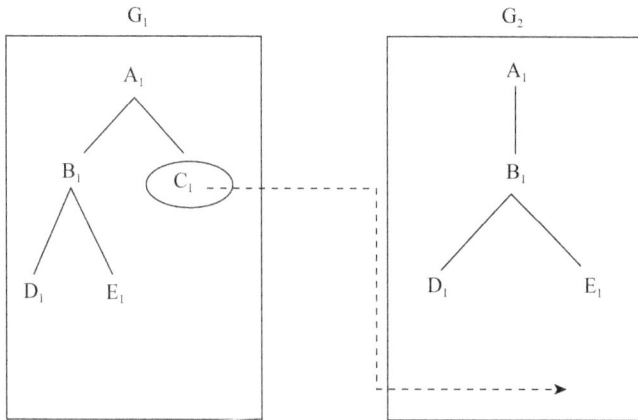

图 7-6　非同一控制下的企业合并示意图（事前）

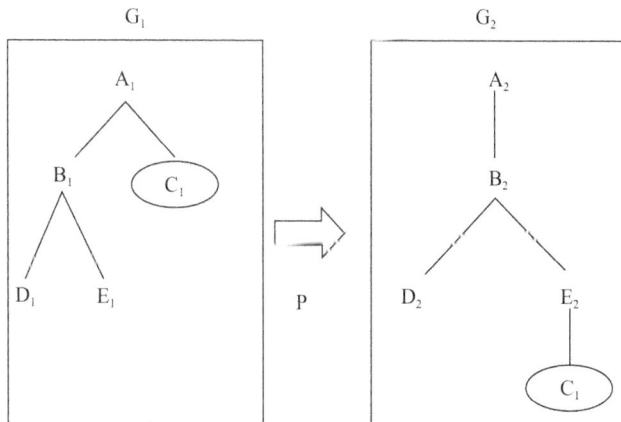

图 7-7　非同一控制下的企业合并示意图（事后）

在图 7-6 中，左边图形表示企业 A_1、B_1、C_1、D_1 和 E_1 在企业集团 G_1 内，A_1 控制 B_1 和 C_1，B_1 控制 D_1 和 E_1；右边图形表示 A_2、B_2、D_2 和 E_2 在企业集团 G_2 内，A_2 控制 B_2，B_2 控制 D_2 和 E_2。

现在 G_2 内的企业 E_2 要控制 G_1 内的企业 C_1，合并后如图 7-7 所示，合并过程中，企业集团 G_2 内的企业 E_2 向企业集团 G_1 内的企业 A_1 支付了价格 P，获得了 A_1 持有的 C_1 的股权，从而实现对 C_1 的控制，完成了对 C_1 的合并。

图形中的企业合并有三个特点：

1. 合并过程中市场机制发挥了资源配置的作用

C_1 和 E_2 分别属于不同的企业集团 G_1 和 G_2，E_2 要取得 C_1 的股权必须通过价格购买实现，而不可能直接命令 A_1。这是两个企业集团之间的交易，需要通过讨价还价形成均衡价格 P，最终通过购买 A_1 手中 C_1 的股权，才能实现 E_2 对 C_1 的合并。因此 E_2 与 A_1 之间的资产换取股权行为是真正意义上的市场交易行为，合并方 E_2 与被合并方原股东 A_1 对被合并方 C_1 的股权通过讨价还价形成均衡价格，最终达成交易，实现企业合并。

2. 合并事项发生后，两个企业集团的资产在空间上发生了转移，种类发生了变化

E_2 的部分资产转移到 A_1，存放地点由企业集团 G_2 转到了 G_1；A_1 对 C_1 的股权转移到 E_2，存放地点企业集团 G_1 转到了 G_2。企业集团 G_1 原有的股权资产转换为其他资产，企业集团 G_1 原有的资产转换为股权资产，在不考虑相关税费等交易费用的情况下，由于交换时可能存在价格差异，因此，两个集团内部的资产总量可能发生变化。

3. 合并事项发生后，两个企业集团的组织结构发生了变化

经过企业合并后，C_1 从企业集团 G_1 到了企业集团 G_2 内，两个企业的组织结构均因为企业合并行为而发生了变化。

我国《企业会计准则第 20 号——企业合并》第三章第十条规定："参与合并的各方在合并前后不受同一方或相同的多方最终控制的，为非同一控制下的企业合并。非同一控制下的企业合并，在购买日取得对其他参与合并企业控制权的一方为购买方，参与合并的其他企业为被购买方。购买日，是指购买方实际取得对被购买方控制权的日期。"

三、合并会计：权益结合法和购买法

企业合并是一个资源配置问题，同一控制下的企业合并与非同一控制下的企业合并分别采用了企业机制和市场机制进行资源配置，两种机制下的合同权利和合同义务

不同，因此，会计信息在反映两类企业合并事项时也应当区别对待。

在企业合并的会计处理过程中，对被合并方而言，一般只涉及股本与资本公积的变化，相对比较简单。对于合并方而言，则涉及三类问题：一是计量属性。具体而言，涉及被合并方净资产和合并方合并成本（支付对价）是选择历史成本（账面价值）还是公允价值（市场价格）计量。二是合并商誉。具体而言，需要判断两层问题：一层是被合并方净资产与合并方支付对价之间差额是不是合并商誉，另一层是判断为合并商誉后，该如何处理。三是合并报表。具体而言，在合并日，是否需要编制资产负债表、利润表和现金流量表这三张合并财务报表。

根据以上三类问题的理解，合并方的会计处理分权益结合法和购买法。

（一）权益结合法（pooling of interests method）

权益结合法，又称权益联营法或权益合并法，是将企业合并看作是各方所有者权益结合的事项，而不是交易行为的会计处理方法。通常情况下，合并方与被合并方通过交换股票而非通过购买行为完成合并，其实质是被合并方的所有者权益在合并方的联合和继续。这类合并没有购买价格，会计计量基础不变。

同一控制下的企业合并采用企业机制进行资源配置，没有购买价格，企业合并后，最终控制人没有变化。同一控制下的企业合并采用权益结合法进行会计处理，有如下三个特点：

1. 同一控制下的企业合并采用历史成本计量

同一控制下的企业合并采用企业机制完成，企业合并行为是集团内部执行最终控制人的命令而产生的资源配置行为，部分资产在集团内发生空间转移，不影响资产的金额和种类。因此，会计按照历史成本计量，而不需要市场价格。同一控制下的企业可以采用交换股票的方式进行合并，还可以采用支付现金和非现金资产、发行债券承担债务的方式进行合并。因此，对应的会计处理不仅包括交换股票的会计处理，还包括支付对价（支付资产或承担债务）的会计处理，而且上述会计处理均基于历史成本进行计量。

2. 同一控制下的企业合并没有合并商誉问题

会计上将商誉定义为未来超额利润的折现值，一般采用购买价格与被合并企业净资产的公允价值之间的差额计量商誉。同一控制下的企业合并是企业机制通过命令配置资源，导致资产在集团内发生空间转移，而不影响资产的金额和种类，不存在市场价格，也无法计量商誉。但企业合并往往伴随着组织结构、人员配备以及工艺流程等的变化，这种变化实际上会影响企业的经营效率，从而影响其未来的超额利润，产生事实上的商誉。但由于没有市场机制进行重新定价，还是不可能计量这种商誉。因此，同一控制下的企业合并不存在商誉问题。

3. 同一控制下的企业合并在合并日可以编制三张报表

同一控制下的企业合并是企业这种组织结构在发挥资源配置的作用，而非通过市场交易进行资源配置。合并过程中，最终控制人对集团内的资源行使最终决策权，经济资源及其要求权的转移均由集团最终控制人决定。合并完成后，企业的组织结构发生了变化，具体到某个企业时，其经济资源及其要求权也可能发生了变化，但最终控制人不变，最终控制人依然拥有合并日前集团的经济资源及其要求权以及要求权的变动。因此，在合并日可以编制合并的资产负债表、利润表和现金流量表这三张报表。

严格意义上讲，同一控制下的企业合并采用的会计处理方法要比权益结合法的定义更加广泛，例如权益结合法仅限于股权的交换，而同一控制下的企业可以采用交换股票的方式进行合并，也可以采用支付现金和非现金资产的方式进行合并，还可以采用发行债券承担债务的方式进行合并。因此，这种合并方式下所用的方法可以称之为扩大的权益结合法。

企业机制配置资源是导致采用权益结合法进行会计处理的根本原因。

（二） 购买法 （purchase method）

购买法将企业合并看作是一种购买行为，是合并方通过转让资产、承担债务或发行股票等方式购入被合并方净资产和经营活动控制权的交易行为。这类合并通过购买行为完成企业合并，因而需要采用公允价值进行会计计量。

非同一控制下的企业合并采用市场机制，通过价格进行资源配置，企业合并后，最终控制人发生了变化。非同一控制下的企业合并采用购买法进行会计处理，有如下三个特点：

1. 非同一控制下的企业合并采用公允价值计量

非同一控制下的企业合并采用市场机制完成，企业合并是不同企业集团通过讨价还价形成均衡价格，通过价格实现资源配置的行为。合并完成后，资产在不同企业集团间发生了空间转移，资产的金额和种类也发生了变化。因此，会计按照公允价值计量，需要市场价格。非同一控制下的企业可以采用交换股票的方式进行合并，还可以采用支付现金和非现金资产、发行债券承担债务的方式进行合并。因此，对应的会计处理不仅包括交换股票的会计处理，还包括支付对价（支付资产或承担债务）的会计处理，而且上述会计处理均基于公允价值进行计量。

2. 非同一控制下的企业合并存在合并商誉问题

如上文所述，会计上将商誉定义为未来超额利润的折现值，一般用购买价格与被合并企业净资产的公允价值之间的差额计量商誉，在企业被兼并时可能获得确认。首先，非同一控制下的企业合并是市场机制通过价格配置资源，这一经济事项导致资产在不同集团间发生了空间转移，不同集团内部的资产金额和种类发生了变化，存在市场价格，为计量商誉提供了必要条件；其次，非同一控制下的企业合并导致了不同企业集团组织结构的变化，也引起了资产构成、人员配备等的一系列变化，这些变化将影响企业的经营效率，从而影响其未来的超额利润，有商誉存在；再次，在企业合并日编制合并会计报表时，被合并的企业视为已被新的虚拟主体吸收合并，而且可以按照购买价格与被合并企业净资产的公允价值之间的差额计量商誉。因此，在编制合并会计报表时需要确认商誉。

3. 非同一控制下的企业合并在合并日编制合并资产负债表

非同一控制下的企业合并是市场机制通过价格进行资源配置。合并过程中，不同集团间通过协商谈判获得均衡价格，通过支付对价实现经济资源及其要求权的转移。合并完成后，资源的最终控制人在合并日发生了变化，企业的组织结构也发生了变化，但合并日新的最终控制人并没有影响合并日前的经济资源及其要求权的变动。因此，在合并日只需要编制资产负债表。

市场机制配置资源是导致采用购买法进行会计处理的根本原因。

表7-1是权益结合法和购买法的比较。

表7-1 权益结合法和购买法的比较表

处理方法	资源配置机制	合并分类	计量基础	合并商誉	合并报表
权益结合法	企业机制	同一控制	历史成本	无商誉	三张报表
购买法	市场机制	非同一控制	公允价值	有商誉	资产负债表

四、合并报表的基本理念

合并报表需要理论指导，理论源自实践，在长期的会计实践中，合并报表形成了三种理念，即母公司理论、实体理论和所有权理论，这三种理念的区别主要体现在合并方与被合并方的关系以及对被合并方的其他股东权益的认识两个方面。

（一）母公司理论（parent company theory）

母公司理论认为，在控股合并下，合并方与被合并方是母子公司关系，子公司是母公司的一项资产，母公司控制子公司。因此，母公司需要向其投资者反映其所控制的经济资源及其要求权，以及经济资源及其要求权的变动，合并报表主要为母公司的股东提供信息。

1. 关于子公司所有者权益

少数股东权益列入合并资产负债表的负债。母公司按其股权比例享有子公司所有者权益，少数股东按其股权比例享有剩余的子公司所有者权益，母公司理论强调母公司事实上控制子公司，因此应享有子公司的全部所有者权益，但少数股东享有的少数股东权益受到法律保护，这里便产生了经济实质与法律形式的冲突。在这种情况下，母公司必须依法认可少数股东权益并履行相应的法律义务。根据负债定义，负债是指企业过去的交易或者事项形成的现实义务，履行该义务将导致经济利益流出企业。这样，归少数股东享有的子公司所有者权益符合合并资产负债表中负债的定义，因此将少数股东权益列入合并资产负债表的负债。

2. 关于子公司的当期利润

少数股东收益列入合并利润表的费用。母公司按其股权比例享有子公司的当期利润，少数股东按其股权比例享有剩余的子公司当期利润。同样，由于母公司理论强调控制关系的存在，母公司决定子公司的财务和经营决策，而少数股东依法按其股权比例享有子公司的当期利润，仍存在经济实质与法律形式的冲突。在这种情况下，母公司必须依法将子公司其他股东享有的少数股东收益单独列示。根据费用的定义，费用是指企业在日常活动中发生的、会导致所有者权益减少的、与向所有者分配利润无关的经济利益的总流出。这样，归少数股东享有的子公司的当期利润符合合并利润表中费用的定义，因此将少数股东收益列入合并利润表的费用。

3. 关于合并商誉

母公司按其股权比例确认购买子公司而形成的合并商誉，不确认少数股东的商誉。母公司理论认为子公司是母公司的一项资产，由于母公司购买了子公司的控制权而享有子公司的权益，按照商誉的定义和计量方法，购买价格与被合并企业净资产的公允价值之间的差额确认为商誉。而母公司股权比例之外的股权，依然为少数股东所有，这部分少数股东权益并未在市场进行交易，不存在商誉问题。即使在市场交易，按照法律要求，其所对应的差额部分也属于少数股东的商誉，不属于母公司商誉。

母公司理论更强调经济实质，可以与前文资产负债表理念中的"业主权论"部分相类比。

（二）实体理论（entity theory）

实体理论认为，在控股合并下，合并方与被合并方是母子公司关系，母公司控制子公司，但子公司与母公司一样，是平等的法律主体。因此，母公司需要向合并主体的全体投资者反映合并主体的经济资源及其要求权以及经济资源及其要求权的变动。

1. 关于子公司所有者权益

少数股东权益列入合并资产负债表的所有者权益。尽管母公司事实上控制子公司，但实体理论更强调法律形式上的平等关系，合并主体由企业集团中所有企业构成，合并报表是为整个合并主体服务的，必须在合并报表中反映出集团内各个企业的信息。母公司按其股权比例享有子公司所有者权益，少数股东按其股权比例享有剩余的子公司所有者权益，按照实体理论，子公司的所有者权益都应反映在合并主体中。因此，少数股东权益列入合并资产负债表中的所有者权益进行反映。

2. 关于子公司的当期利润

少数股东收益列入合并利润表的净收益。同样，由于控制关系的存在，母公司决定子公司的财务和经营决策，少数股东依法按其股权比例享有子公司的当期利润，仍存在经济实质与法律形式的冲突。在这种情况下，母公司必须依法将子公司其他股东享有的少数股东收益单独列示。母公司按其股权比例享有子公司的当期利润，少数股东按其股权比例享有剩余的子公司当期利润。实体理论强调法律形式的平等关系，子公司的所有当期利润都必须包含在合并主体的合并报表中，因此将少数股东收益列入合并利润表的少数股东收益。

3. 关于合并商誉

合并商誉既包括母公司按其股权比例确认购买子公司而形成的商誉，也包括少数股东的推定购买商誉。母公司购买子公司的控制权而享有子公司的权益，按照商誉的定义和计量方法，购买价格与被合并企业净资产的公允价值之间的差额确认为商誉。母公司股权比例之外的股权，虽未在市场上进行交易，但可以根据母公司的交易数据进行推定，从而计算出少数股东的商誉。实体理论强调法律形式的平等关系，子公司的所有资产都必须包含在合并主体的合并报表中。因此，合并商誉既包括母公司按其股权比例确认购买子公司而形成的商誉，也包括少数股东的推定购买商誉。

当前我国会计准则对合并报表的编制采用的是实体理论，但在商誉的处理上，只确认母公司的商誉，而不确认少数股东的商誉。因此，严格意义上，应该称之为"准实体理论"。

实体理论更强调法律形式，可以与前文资产负债表理念中的"企业主体论"部分相类比。

（三）所有权理论（ownership theory）

所有权理论认为，只要母公司在其他公司拥有一定比例的所有权，无论是否控制该公司，都需要编制合并报表。

所有权理论侧重于向母公司股东报告其所拥有的资源，按母公司实际拥有的股权比例，合并子公司的资产、负债和所有者权益；按母公司实际拥有的股权比例，合并子公司的收入、费用、利得和损失。在合并报表上一般按照母公司拥有的股权比例反映属于母公司的权益和收益，不反映被投资公司其他股东的权益和收益，也不确认商誉。

所有权理论作为一种合并报表的理念，没有强调实际控制，而是将有股权关系的公司都编入合并报表中，这种做法并不能如实反映合并主体对经济资源及其要求权以及要求权的变动。因此其实用性比较差，在实务中鲜见应用。

表 7-2 是母公司理论、实体理论和所有权理论的比较。

表 7-2 母公司理论、实体理论和所有权理论的比较表

项目	母公司理论	实体理论	所有权理论
公司关系	控制与被控制	控制与被控制	有股权关系
少数股东权益	负债	所有权权益	不反映
少数股东收益	费用	利润	不反映
少数股东商誉	不确认	确认	不确认

例 7-2 2021 年 1 月 19 日，A 公司以 180 000 元购入 B 公司 80% 的股权，B 公司 2020 年 12 月 31 日所有者权益的账面价值和公允价值分别为 120 000 元和 150 000 元。

要求：按照母公司理论、实体理论和准实体理论计算少数股东权益和商誉。

解析：母公司理论下，少数股东权益按照 B 公司少数股东比例和所有者权益的账面值计算，商誉按照购买价格与所有者权益公允价值的比例数的差额计算；

实体理论下，少数股东权益按照 B 公司少数股东比例和所有者权益的公允价值计算，商誉按照推定的购买价格和所有者权益公允价值的差额计算；

准实体理论下，少数股东权益与实体理论下一致，商誉与母公司理论一致。母公司理论下：

少数股东权益：120 000 × 20% = 24 000（元）

商誉：180 000 - 150 000 × 80% = 60 000（元）

实体理论下：

少数股东权益：150 000 × 20% = 30 000（元）

商誉：180 000 ÷ 80% - 150 000 = 75 000（元）

准实体理论下：

少数股东权益：150 000 × 20% = 30 000（元）

商誉：180 000 - 150 000 × 80% = 60 000（元）

第二节 同一控制下的会计处理

参与合并的企业在合并前后均受同一方或相同的多方最终控制且该控制并非暂时性的，为同一控制下的企业合并。合并过程中企业机制发挥了资源配置的作用；合并事项发生后，集团内的部分资产在空间上会发生转移，种类不会变化；合并事项发生后，企业集团的组织结构会发生变化。同一控制下的企业合并采用权益结合法进行会计处理。

一、会计处理原则

同一控制下的企业合并采用权益结合法，其实质是被合并方的所有者权益在合并方的联合和继续。同一控制下的企业合并采用企业机制进行资源配置，没有购买价格，会计计量基础不变。企业合并后，最终控制人没有变化，集团内的部分资产在空间上发生了转移，种类没有变化。企业合并编制合并报表需要编制抵消分录，找到同一项目在不同企业的对应会计科目，进行合并抵销处理，以避免重复加总。在不考虑相关交易费用的情况下，集团内的资产总量没有发生变化。

（一）被合并方净资产与合并方支付对价采用历史成本计量

同一控制下的企业可以采用交换股票的方式进行合并，也可以采用支付现金和非现金资产的方式进行合并，还可以采用发行债券承担债务的方式进行合并。由于采用企业机制进行资源配置，合并前后的经济资源及其要求权对整个企业集团而言没有变化，合并前后的最终控制人也没有变化。

这种情况下需要计量两方面内容：一是被合并方净资产，二是合并方的支付对价，包括交换出的股权价值、支付现金和非现金资产的价值、发行债券承担债务的价值等三种对价。由于合并过程是企业机制通过命令方式配置资源，没有市场价格，所以上述两个方面的资产、负债和所有者权益均用合并日的账面价值进行计量，本质上是历史成本计量。

（二）被合并方净资产与合并方支付对价之间的差额计入所有者权益

由于没有采用市场机制配置资源，因而同一控制下的企业合并对被合并方净资产和合并对价均采用历史成本计量；对于整个企业集团而言，经济资源及其要求权仅是在空间上发生了转移；合并前后的最终控制人不变。因此，企业合并行为不产生商誉。被合并方净资产与合并方支付对价之间的差额是一种集团内部的资本性交易，因而在所有者权益中进行反映。

被合并方净资产与合并方支付对价之间的差额如果在贷方，直接计入合并方"资本公积"，如果在借方，先冲减合并方"资本公积"，如果"资本公积"账户余额不足，依次冲减"留存收益"，即先计入"盈余公积"，如果"盈余公积"账户余的不足，再计入"利润分配——未分配利润"。

（三）合并日编制合并资产负债表、合并利润表和合并现金流量表

在同一控制下的企业合并中，合并前后的最终控制人没有发生变化，对于整个企业集团而言，经济资源及其要求权在集团内成员的分布上发生了变化，企业集团的组织结构也发生了变化。因而，在合并日当天，需要编制合并资产负债表、合并利润表和合并现金流量表，以反映经济资源及其要求权以及经济资源及其要求权的变动。

此外，同一控制下的企业合并中，被合并方采用的会计政策与合并方不一致的，合并方在合并日应当按照本企业会计政策对被合并方的财务报表相关项目进行调整。

二、会计处理实例

同一控制下的企业合并采用企业机制进行资源配置，不牵扯到市场价格，合并完成后企业集团的组织结构发生变化，而最终控制人不变。初始投资成本按照子公司的账面价值入账，被合并方净资产与合并方支付对价之间的差额计入所有者权益，合并日需要编制合并资产负债表、合并利润表和合并现金流量表。

（一）支付对价的账面价值＝子公司净资产的账面价值×持股比例

例7-3　A公司和B公司为同属C公司的子公司，如图7-8所示。2021年3月1日A公司以发行3 680万股面值为10元的普通股股票从C公司换取了B公司80%的股权，如图7-9所示。假定C公司对B公司的长期股权投资为36 800万元，假定A公司和B公司以前没有任何业务往来，资产负债表和利润表数据如表7-3和表7-4所示，现金流量表略。

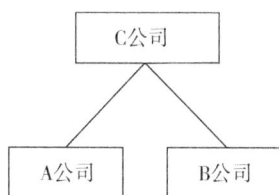

图 7-8 合并前的组织结构

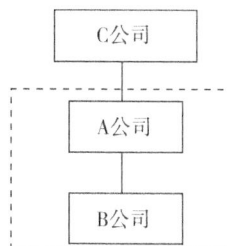

图 7-9 合并后的组织结构

要求：编制 A 公司合并日当天的合并资产负债表和合并利润表。

表 7-3 为 A 公司和 B 公司的资产负债表。

表 7-3 A 公司和 B 公司的资产负债表

2021 年 3 月 1 日 （单位：万元）

项目	A 公司	B 公司
资产类		
银行存款	22 000	12 000
应收账款	21 000	10 000
存货	23 000	10 000
固定资产	50 000	20 000
资产合计	116 000	52 000
负债类		
应付账款	5 000	2 000
短期借款	6 000	4 000
负债合计	11 000	6 000
所有者权益类		
股本	40 000	20 000
资本公积	10 000	4 000
盈余公积	5 000	2 000
未分配利润	50 000	20 000
所有者权益合计	105 000	46 000
负债和所有者权益合计	116 000	52 000

表 7-4 为 A 公司和 B 公司的合并利润表。

表7-4 A公司和B公司的合并利润表

2021年1月1日至3月1日 (单位：万元)

项目	A公司	B公司
一、营业收入	160 000	70 000
减：营业成本	48 000	20 000
营业税金及附加	12 000	5 000
销售费用	8 000	4 800
管理费用	17 400	10 000
财务费用	600	200
二、营业利润	74 000	30 000
减：所得税费用	18 500	7 500
三、净利润	55 500	22 500

解析： 同一控制下的企业合并，被合并方净资产与合并方支付对价采用历史成本计量，被合并方净资产与合并方支付对价之间的差额计入所有者权益，合并日编制合并资产负债表、合并利润表和合并现金流量表。

本例中，支付对价的账面价值与子公司净资产的账面价值乘以持股比例相等，不需要调整所有者权益。

1. 2021年3月1日，A公司取得80%股权：

借：长期股权投资——B公司（46 000×80%）   36 800

    贷：股本   36 800

2. 合并日编制合并报表，A公司应编制抵消分录如下：

(1) 借：股本   20 000

    资本公积   4 000

    盈余公积   2 000

    未分配利润   20 000

    贷：长期股权投资——B公司   36 800

        少数股东权益（46 000×20%）   9 200

(2) 借：少数股东收益   4 000

    贷：少数股东权益   4 000

(3) 借：未分配利润   4000

    贷：少数股东收益   4 000

表7-5为A公司的合并报表工作底稿。

表 7-5　A 公司合并报表工作底稿

2021 年 3 月 1 日　　　　　　　　　　　（单位：万元）

项目	A 公司	B 公司	抵消分录 借	抵消分录 贷	合并后余额
资产负债表					
资产类					
银行存款	22 000	12 000			34 000
应收账款	21 000	10 000			31 000
存货	23 000	10 000			33 000
长期股权投资——B 公司	**36 800**			(1) 36 800	**0**
固定资产	50 000	20 000			70 000
资产合计	152 800	52 000		36 800	**168 000**
负债类					
应付账款	5 000	2 000			7 000
短期借款	6 000	4 000			10 000
负债合计	11 000	6 000			17 000
所有者权益类					
股本	**76 800**	20 000	(1) 20 000		**76 800**
资本公积	10 000	4 000	(1) 4 000		**10 000**
盈余公积	5 000	2 000	(1) 2 000		**5 000**
未分配利润	50 000	20 000	(1) 20 000 (3) 4 000	13 200	
少数股东权益				(1) 9 200 (2) 4 000	**13 200**
所有者权益合计	**141 800**	46 000	50 000	13 200	151 000
负债和所有者权益合计	**152 800**	52 000	50 000	13 200	**168 000**
利润表					
一、营业收入	160 000	70 000			115 000
减：营业成本	48 000	20 000			34 000
营业税金及附加	12 000	5 000			8 500
销售费用	8 000	4 800			6 400
管理费用	17 400	10 000			13 700
财务费用	600	200			400
二、营业利润	74 000	30 000			104 000
减：所得税费用	18 500	7 500			26 000
三、净利润	55 500	22 500	(2) 4 000	(3) 4 000	**78 000**

（二）支付对价的账面价值＞子公司净资产的账面价值×持股比例

这种情况下进行会计处理，需先冲减合并方的"资本公积"，如果"资本公积"账户余额不足，依次冲减"留存收益"，即先计入"盈余公积"，如果"盈余公积"账户余的不足，再计入"利润分配——未分配利润"。

例7-4 A公司和B公司为同属C公司的子公司，2021年3月1日A公司以发行4 580万股面值为10元的普通股股票从C公司换取了B公司80%的股权，假定C公司对B公司的长期股权投资为36 800万元，假定A公司和B公司以前没有任何业务往来，资产负债表和利润表数据如表7-3和表7-4所示，现金流量表略。

要求： 编制A公司合并日当天的合并资产负债表和合并利润表。

解析： 同一控制下的企业合并，被合并方净资产与合并方支付对价采用历史成本计量，被合并方净资产与合并方支付对价之间的差额计入所有者权益，合并日编制合并资产负债表、合并利润表和合并现金流量表。

本例中，支付对价的账面价值＞子公司净资产的账面价值乘以持股比例，需要调整所有者权益。本例中，差额900（4 580×10-36 800）万元小于合并方"资本公积"账户余额10 000万元，直接冲减"资本公积"即可。

1. 2021年3月1日，A公司取得80%股权：

借：长期股权投资——B公司（46 000×80%）　　　　　36 800
　　资本公积——股本溢价　　　　　　　　　　　　　　9 000
　贷：股本　　　　　　　　　　　　　　　　　　　　　　45 800

2. 合并日编制合并报表，A公司应编制抵消分录如下：

（1）借：股本　　　　　　　　　　　　　　　　　　　20 000
　　　　资本公积　　　　　　　　　　　　　　　　　　4 000
　　　　盈余公积　　　　　　　　　　　　　　　　　　2 000
　　　　未分配利润　　　　　　　　　　　　　　　　　20 000
　　　贷：长期股权投资——B公司　　　　　　　　　　　36 800
　　　　　少数股东权益（46 000×20%）　　　　　　　　　9 200

（2）借：少数股东收益　　　　　　　　　　　　　　　　4 000
　　　贷：少数股东权益　　　　　　　　　　　　　　　　4 000

（3）借：未分配利润　　　　　　　　　　　　　　　　　4 000
　　　贷：少数股东收益　　　　　　　　　　　　　　　　4 000

表7-6为A公司的合并报表工作底稿。

表7-6　A公司合并报表工作底稿

2021年3月1日　　　　　　　　　　　　　　　（单位：万元）

项目	A公司	B公司	抵消分录 借	抵消分录 贷	合并后余额
资产负债表					
资产类					
银行存款	22 000	12 000			34 000
应收账款	21 000	10 000			31 000
存货	23 000	10 000			33 000
长期股权投资——B公司	36 800			（1）36 800	0
固定资产	50 000	20 000			70 000
资产合计	152 800	52 000		36 800	168 000
负债类					
应付账款	5 000	2 000			7 000
短期借款	6 000	4 000			10 000
负债合计	11 000	6 000			17 000
所有者权益类					
股本	85 800	20 000	（1）20 000		85 800
资本公积	1 000	4 000	（1）4 000		1 000
盈余公积	5 000	2 000	（1）2 000		5 000
未分配利润	50 000	20 000	（1）20 000 （3）4 000		46 000
少数股东权益				（1）9 200 （2）4 000	13 200
所有者权益合计	141 800	46 000	50 000	13 200	151 000
负债和所有者权益合计	152 800	52 000	50 000	13 200	168 000
利润表					
一、营业收入	160 000	70 000			115 000
减：营业成本	48 000	20 000			34 000
营业税金及附加	12 000	5 000			8 500
销售费用	8 000	4 800			6 400
管理费用	17 400	10 000			13 700
财务费用	600	200			400
二、营业利润	74 000	30 000			104 000
减：所得税费用	18 500	7 500			26 000
三、净利润	55 500	22 500	（2）4 000	（3）4 000	78 000

例 7-5 A公司和B公司为同属C公司的子公司，2021年3月1日，A公司以发行5 000万股面值为10元的普通股股票从C公司换取了B公司80%的股权，假定C公司对B公司的长期股权投资为36 800万元，假定A公司和B公司以前没有任何业务往来，资产负债表和利润表数据如表7-3和表7-4所示，现金流量表略。

要求：编制A公司合并日当天的合并资产负债表和合并利润表。

解析：同一控制下的企业合并，被合并方净资产与合并方支付对价采用历史成本计量，被合并方净资产与合并方支付对价之间的差额计入所有者权益，合并日编制合并资产负债表、合并利润表和合并现金流量表。

本例中，支付对价的账面价值>子公司净资产的账面价值乘以持股比例，需要调整所有者权益。本例中，中差额13 200（5 000×10 - 36 800）万元大于合并方"资本公积"账户余额10 000万元，先冲减"资本公积"，剩余3 200万元小于合并方"盈余公积"账户余额5 000万元，直接冲减"盈余公积"即可。

1. 2021年3月1日，A公司取得80%股权：

借：长期股权投资——B公司（46 000×80%）　　　　　　　36 800
　　资本公积——股本溢价　　　　　　　　　　　　　　　　10 000
　　盈余公积　　　　　　　　　　　　　　　　　　　　　　3 200
　　贷：股本　　　　　　　　　　　　　　　　　　　　　　50 000

2. 合并日编制合并报表，B公司应编制抵消分录如下：

（1）借：股本　　　　　　　　　　　　　　　　　　　　　20 000
　　　　资本公积　　　　　　　　　　　　　　　　　　　　4 000
　　　　盈余公积　　　　　　　　　　　　　　　　　　　　2 000
　　　　未分配利润　　　　　　　　　　　　　　　　　　　20 000
　　　　贷：长期股权投资——B公司　　　　　　　　　　　36 800
　　　　　　少数股东权益（46 000×20%）　　　　　　　　9 200

（2）借：少数股东收益　　　　　　　　　　　　　　　　　4 000
　　　　贷：少数股东权益　　　　　　　　　　　　　　　　4 000

（3）借：未分配利润　　　　　　　　　　　　　　　　　　4 000
　　　　贷：少数股东收益　　　　　　　　　　　　　　　　4 000

表7-7为A公司的合并报表工作底稿。

表 7 - 7　A 公司合并报表工作底稿

2021 年 3 月 1 日　　　　　　　　　　　　　　　　　　（单位：万元）

项目	A 公司	B 公司	抵消分录 借	抵消分录 贷	合并后余额
资产负债表					
资产类					
银行存款	22 000	12 000			34 000
应收账款	21 000	10 000			31 000
存货	23 000	10 000			33 000
长期股权投资——B 公司	**36 800**			（1）36 800	**0**
固定资产	50 000	20 000			70 000
资产合计	**152 800**	52 000		36 800	**168 000**
负债类					
应付账款	5 000	2 000			7 000
短期借款	6 000	4 000			10 000
负债合计	11 000	6 000			17 000
所有者权益类					
股本	**90 000**	20 000	（1）20 000		**90 000**
资本公积	**0**	4 000	（1）4 000		**0**
盈余公积	**1 800**	2 000	（1）2 000		**1 800**
未分配利润	50 000	20 000	（1）20 000 （3）4 000		**46 000**
少数股东权益				（1）9 200 （2）4 000	**13 200**
所有者权益合计	**141 800**	46 000	50 000	13 200	151 000
负债和所有者权益合计	**152 800**	52 000	50 000	13 200	168 000
利润表					
一、营业收入	160 000	70 000			115 000
减：营业成本	48 000	20 000			34 000
营业税金及附加	12 000	5 000			8 500
销售费用	8 000	4 800			6 400
管理费用	17 400	10 000			13 700
财务费用	600	200			400
二、营业利润	74 000	30 000			104 000
减：所得税费用	18 500	7 500			26 000
三、净利润	55 500	22 500	（2）4 000	（3）4 000	**78 000**

例7-6 A公司和B公司为同属C公司的子公司，2021年3月1日，A公司以发行5 200万股面值为10元的普通股股票从C公司换取了B公司80%的股权，假定C公司对B公司的长期股权投资为36 800万元，假定A公司和B公司以前没有任何业务往来，资产负债表和利润表数据如表7-3和表7-4所示，现金流量表略。

要求：编制A公司合并日当天的合并资产负债表和合并利润表。

解析：同一控制下的企业合并，被合并方净资产与合并方支付对价采用历史成本计量，被合并方净资产与合并方支付对价之间的差额计入所有者权益，合并日编制合并资产负债表、合并利润表和合并现金流量表。

本例中，支付对价的账面价值>子公司净资产的账面价值乘以持股比例，需要调整所有者权益。本例中，差额15 200（5 200×10-36 800）万元大于合并方"资本公积"账户余额10 000万元，先冲减"资本公积"，剩余5 200万元大于合并方"盈余公积"账户余额5 000万元，再冲减"盈余公积"，剩余200万元直接冲减"未分配利润"。

1.2021年3月1日，A公司取得80%股权：

借：长期股权投资——B公司（46 000×80%）　　　　　　　　36 800

　　资本公积——股本溢价　　　　　　　　　　　　　　　　10 000

　　盈余公积　　　　　　　　　　　　　　　　　　　　　　5 000

　　未分配利润　　　　　　　　　　　　　　　　　　　　　　200

　　贷：股本　　　　　　　　　　　　　　　　　　　　　　　52 000

2. 合并日编制合并报表，A公司应编制抵消分录如下：

（1）借：股本　　　　　　　　　　　　　　　　　　　　　20 000

　　　　资本公积　　　　　　　　　　　　　　　　　　　　4 000

　　　　盈余公积　　　　　　　　　　　　　　　　　　　　2 000

　　　　未分配利润　　　　　　　　　　　　　　　　　　　20 000

　　　　贷：长期股权投资——B公司　　　　　　　　　　　　36 800

　　　　　　少数股东权益（46 000×20%）　　　　　　　　　9 200

（2）借：少数股东收益　　　　　　　　　　　　　　　　　4000

　　　　贷：少数股东权益　　　　　　　　　　　　　　　　4 000

（3）借：未分配利润　　　　　　　　　　　　　　　　　　4 000

　　　　贷：少数股东收益　　　　　　　　　　　　　　　　4 000

表7-8为A公司的合并报表工作底稿。

表 7 - 8　A 公司合并报表工作底稿

2021 年 3 月 1 日　　　　　　　　　　　　（单位：万元）

项目	A 公司	B 公司	抵消分录 借	抵消分录 贷	合并后余额
资产负债表					
资产类					
银行存款	22 000	12 000			34 000
应收账款	21 000	10 000			31 000
存货	23 000	10 000			33 000
长期股权投资——B 公司	36 800			（1）36 800	0
固定资产	50 000	20 000			70 000
资产合计	152 800	52 000		36 800	168 000
负债类					
应付账款	5 000	2 000			7 000
短期借款	6 000	4 000			10 000
负债合计	11 000	6 000			17 000
所有者权益类					
股本	92 000	20 000	（1）20 000		92 000
资本公积	0	4 000	（1）4 000		0
盈余公积	0	2 000	（1）2 000		0
未分配利润	49 800	20 000	（1）20 000 （3）4 000		45 800
少数股东权益				（1）9 200 （2）4 000	13 200
所有者权益合计	141 800	46 000	50 000	13 200	151 000
负债和所有者权益合计	152 800	52 000	50 000	13 200	168 000
利润表					
一、营业收入	160 000	70 000			115 000
减：营业成本	48 000	20 000			34 000
营业税金及附加	12 000	5 000			8 500
销售费用	8 000	4 800			6 400
管理费用	17 400	10 000			13 700
财务费用	600	200			400
二、营业利润	74 000	30 000			104 000
减：所得税费用	18 500	7 500			26 000
三、净利润	55 500	22 500	（2）4 000	（3）4 000	78 000

（三）支付对价的账面价值＜子公司净资产的账面价值×持股比例

这种情况下进行会计处理，直接增加"资本公积"。

例 7 - 7 A 公司和 B 公司为同属 C 公司的子公司，2021 年 3 月 1 日，A 公司以发行 3 600 万股面值为 10 元的普通股股票从 C 公司换取了 B 公司 80% 的股权，假定 C 公司对 B 公司的长期股权投资为 36 800 万元，假定 A 公司和 B 公司以前没有任何业务往来，资产负债表和利润表数据如表 7-3 和表 7-4 所示，现金流量表略。

要求： 编制 A 公司合并日当天的合并资产负债表和合并利润表。

解析： 同一控制下的企业合并，被合并方净资产与合并方支付对价采用历史成本计量，被合并方净资产与合并方支付对价之间的差额计入所有者权益，合并日编制合并资产负债表、合并利润表和合并现金流量表。

本例中，支付对价的账面价值＜子公司净资产的账面价值乘以持股比例，需要调整所有者权益。

1. 2021 年 3 月 1 日，A 公司取得 80% 股权：

借：长期股权投资——B 公司（46 000 ×80%）　　　　　　　　　　36 800
　　贷：股本　　　　　　　　　　　　　　　　　　　　　　　　　　36 000
　　　　资本公积——股本溢价　　　　　　　　　　　　　　　　　　　　800

2. 合并日编制合并报表，A 公司应编制抵消分录如下：

（1）借：股本　　　　　　　　　　　　　　　　　　　　　　　　20 000
　　　　　资本公积　　　　　　　　　　　　　　　　　　　　　　　4 000
　　　　　盈余公积　　　　　　　　　　　　　　　　　　　　　　　2 000
　　　　　未分配利润　　　　　　　　　　　　　　　　　　　　　　20 000
　　　　　　贷：长期股权投资——B 公司　　　　　　　　　　　　　36 800
　　　　　　　　少数股东权益（46 000 ×20%）　　　　　　　　　　9 200

（2）借：少数股东收益　　　　　　　　　　　　　　　　　　　　4 000
　　　　　　贷：少数股东权益　　　　　　　　　　　　　　　　　　　4 000

（3）借：未分配利润　　　　　　　　　　　　　　　　　　　　　4 000
　　　　　　贷：少数股东收益　　　　　　　　　　　　　　　　　　　4 000

表 7-9 为 A 公司的合并报表工作底稿。

表 7 - 9 A 公司合并报表工作底稿

2021 年 3 月 1 日 （单位：万元）

项目	A 公司	B 公司	抵消分录 借	抵消分录 贷	合并后余额
资产负债表					
资产类					
银行存款	22 000	12 000			34 000
应收账款	21 000	10 000			31 000
存货	23 000	10 000			33 000
长期股权投资——B 公司	36 800			（1）36 800	0
固定资产	50 000	20 000			70 000
资产合计	152 800	52 000		36 800	168 000
负债类					
应付账款	5 000	2 000			7 000
短期借款	6 000	4 000			10 000
负债合计	11 000	6 000			17 000
所有者权益类					
股本	76 000	20 000	（1）20 000		76 000
资本公积	10 800	4 000	（1）4 000		10 800
盈余公积	5 000	2 000	（1）2 000		5 000
未分配利润	50 000	20 000	（1）20 000 （3）4 000		46 000
少数股东权益				（1）9 200 （2）4 000	13 200
所有者权益合计	141 800	46 000	50 000	13 200	151 000
负债和所有者权益合计	152 800	52 000	50 000	13 200	168 000
利润表					
一、营业收入	160 000	70 000			115 000
减：营业成本	48 000	20 000			34 000
营业税金及附加	12 000	5 000			8 500
销售费用	8 000	4 800			6 400
管理费用	17 400	10 000			13 700
财务费用	600	200			400
二、营业利润	74 000	30 000			104 000
减：所得税费用	18 500	7 500			26 000
三、净利润	55 500	22 500	（2）4 000	（3）4 000	78 000

三、总结与思考

同一控制下的企业合并采用企业机制进行资源配置，采用历史成本计量，因为最终控制人不变，所以不会改变企业集团内部经济资源及其所有权以及经济资源及其所有权的变动。因此，企业合并编制合并报表时需要编制抵消分录，找到同一项目在不同企业的对应会计科目，进行合并抵销处理，以避免重复加总。

（一）当前会计实务的处理

例 7 - 7 中，2021 年 3 月 1 日，A 公司取得 80% 股权，在进行会计处理时"资本公积——股本溢价"出现贷方发生额，当前会计实务要求对"资本公积——股本溢价"在编制合并报表时也要求进行抵销。具体处理分为两种情况：

（1）控股合并形成后，合并方资本公积（资本溢价或股本溢价）的贷方余额高于被合并方在合并前实现的留存收益中归属于合并方的部分。这种情况下，在合并资产负债表中，将被合并方在合并前实现的留存收益中归属于合并方的部分自"资本公积"转入"盈余公积"和"未分配利润"。在合并工作底稿中

借：资本公积

　贷：盈余公积

　　　未分配利润

（2）合并方资本公积（资本溢价或股本溢价）的贷方余额低于被合并方在合并前实现的留存收益中归属于合并方的部分。这种情况下，在合并资产负债表中，以合并方资本公积（资本溢价或股本溢价）的贷方余额为限，将被合并方在合并前实现的留存收益中归属于合并方的部分按比例自"资本公积"转入"盈余公积"和"未分配利润"。在合并工作底稿中

借：资本公积

　贷：盈余公积

　　　未分配利润

此外，合并方还需要在会计报表附注中对这一情况进行说明。

（二）"资本公积——股本溢价"的对应项目

根据例 7 - 7 中的信息，A 公司和 B 公司同属 C 公司的子公司，按照同一控制下企业合并的原理，合并过程中企业机制发挥了资源配置的作用，合并事项发生后，集团内的总资产的金额和种类均未发生变化，但集团的组织结构发生了变化。因此，就整

个企业集团而言，应该是经济资源及其要求权发生了变动，但不应出现新的资产、负债和所有者权益项目。分析该例，根据集团内相关企业的会计处理来看"资本公积——股本溢价"的对应项目。

1. 集团内各个企业的会计处理

2021年3月1日，A公司以发行3 600万股面值为10元的普通股股票从C公司换取了B公司80%的股权。可以解读为C公司以持有的B公司股权向A公司继续投资，合并结束后，C公司对B公司的长期股权投资换为对A公司的长期股权投资，A公司获得B公司股权形成长期股权投资，同时增加C公司的股本，B公司更换股东，由C公司更换为A公司。

编制C公司、A公司和B公司的会计分录如下所述：

（1）C公司。

借：长期股权投资——A公司　　　　　　　　　　　　　　　　36 000

　　投资收益　　　　　　　　　　　　　　　　　　　　　　　800

　　贷：长期股权投资——B公司（46 000×80%）　　　　　　　36 800

（2）A公司。

借：长期股权投资——B公司（46 000×80%）　　　　　　　　36 800

　　贷：股本　　　　　　　　　　　　　　　　　　　　　　　36 000

　　　　资本公积——股本溢价　　　　　　　　　　　　　　　　800

（3）B公司。

借：股本——C公司　　　　　　　　　　　　　　　　　　　　16 000

　　贷：股本——A公司　　　　　　　　　　　　　　　　　　16 000

在合并日，以A公司为主体编制A公司和B公司的合并报表。

（4）抵消分录。

借：股本　　　　　　　　　　　　　　　　　　　　　　　　20 000

　　资本公积　　　　　　　　　　　　　　　　　　　　　　　4 000

　　盈余公积　　　　　　　　　　　　　　　　　　　　　　　2 000

　　未分配利润　　　　　　　　　　　　　　　　　　　　　　20 000

　　贷：长期股权投资——B公司　　　　　　　　　　　　　　36 800

　　　　少数股东权益（46 000×20%）　　　　　　　　　　　　9 200

2. "资本公积——股本溢价"应与"投资收益"相对应

分析以上会计分录可以发现：第一个会计分录中出现的"资本公积——股本溢价"项目的出现是由于合并企业的支付对价——A公司以发行3 600万股面值为10元的普

通股股票——36 000 万元小于被合并企业所有者权益账面价值的比例数 36 800 万元所致。如前所述，就整个企业集团而言，合并使得集团内部组织结构发生了变化，如图 7-9 所示，结果应该是经济资源及其要求权发生了变动，但不应出现新的资产、负债和所有者权益项目。对于整个企业集团而言，"资本公积——股本溢价"这一项目的产生源自 C 公司与 A 公司之间的资本性交易，A 公司贷方出现的"资本公积——股本溢价"项目在集团内一定有一个借方项目与之对应，借贷方相抵后，整个集团的资产、负债和所有者权益不变。分录（1）和分录（2）分别记录了 C 公司和 A 公司对集团内企业合并这一资本性交易的会计处理。比较分录（1）和分录（2），A 公司的"资本公积——股本溢价"项目与 C 公司"投资收益"项目刚好相对应，金额相同，方向相反，正是相抵销的两个项目。

按照当前会计实务的处理要求，例 7-7 符合第二种情况，合并方资本公积（资本溢价或股本溢价）的贷方余额低于被合并方在合并前实现的留存收益中归属于合并方的部分。这种情况下，在合并资产负债表中，以合并方资本公积（资本溢价或股本溢价）的贷方余额为限，将被合并方在合并前实现的留存收益中归属于合并方的部分按比例自'资本公积'转入'盈余公积'和'未分配利润'。"那么根据这一情况需要做抵消分录如下：

借：资本公积——股本溢价   800

     贷：盈余公积（800÷22 000×2 000）   72.73

        未分配利润（800÷22 000×20 000）   727.27

显然，当前的会计实务下，A 公司的"资本公积"与 B 公司的"留存收益"项目对应。

（三）进一步的分析

1. 合并日之前的"留存收益"归属

合并日前的"留存收益"属于 C 公司。在合并资产负债表中，将被合并方在合并前实现的留存收益中归属于合并方的部分自"资本公积"转入"盈余公积"和"未分配利润"，这意味着合并方可以享受被合并方在合并日之前的"留存收益"，在 A 公司和 B 公司作为一个会计主体的情况下（图 7-9 中虚线的范围），该处理具有一定合理性。但事实上，合并日前 C 公司控制 B 公司，从而控制 B 公司的财务和经营决策，因此，"留存收益"应属于 C 公司，而不能并入新的会计主体。

2. "资本公积——股本溢价"的产生原因

在例 7-7 中出现"资本公积——股本溢价"的根本原因在于 C 公司与 A 公司在同一集团内的资本性交易。A 公司从 B 公司原股东 C 公司处取得了 B 公司的股权，对 B

公司实施控制。在这种情况下，A 公司以低价换取了 B 公司的股权，形成 A 公司的"资本公积——股本溢价"项目；C 公司的"长期股权投资"项目中，二级科目则有 B 公司换为 A 公司；B 公司则更换股东，除"股本"外，所有者权益的其他项目不变。A 公司与 C 公司发生的股权交换导致了 A 公司"资本公积——股本溢价"的产生，其经济实质是 C 公司以 B 公司的股权对 A 公司进行投资，换出 B 公司的股权，换入 A 公司的股权，同时产生"投资收益"。如果按照现行实务的方法进行抵消，那么当最终控制人编制合并会计报表时，C 公司的"投资收益"部分就没有合适的对应项目。因此，A 公司的"资本公积——股本溢价"与 C 公司的"投资收益"对应，而不是与 B 公司的"留存收益"对应。

3. 最终控制人不变是同一控制下可以编制合并利润表的原因

同一控制下的企业合并，在合并日可以编制利润表的原因在于这类企业合并发生后，最终控制人——C 公司不变，因而可以在合并报表中反映合并日之前的留存收益部分，以充分披露会计信息。将 A 公司和 B 公司视为一个会计主体后（图7-9 中虚线的范围），A 公司作为控制人享有 B 公司的所有者权益，但不能享有合并日之前的留存收益部分。而将 A 公司的"资本公积——股本溢价"与 B 公司的"留存收益"相抵消则是认可了 A 公司可以享有 B 公司合并日之前的留存收益，忽视了最终控制人不变才是 A 公司可以享有 B 公司合并日之前的留存收益这一根本原因。

4. 抵消分录的实质

抵消分录的实质是厘清产权归属，剔除合并报表中产生重复的项目，因此必须要找到相互对应的项目，才能实现抵销。在对应项目上，上述五个例题具有内在的逻辑一致性：在例7-3 的情况下，合并对价与被合并方的所有者权益账面价值比例数相等，A 公司没有所有者权益的调整项目，C 公司也没有"投资收益"项目，因而没有差额抵消问题；而其余四种情况均有差额抵消问题，无论差额是正数还是负数，其对应的项目均为与 C 公司进行股权交易过程中 C 公司产生的"投资收益"，而非股权交易完成后元芳公司的"留存收益"。

现行实务中，当支付对价的账面价值＜子公司净资产的账面价值×持股比例时，即在例7-7 的情形下，需要对 A 公司的"资本公积——股本溢价"项目和 R 公司的"留存收益"项目进行抵销处理，但这两个项目并非一一对应关系。因此，当支付对价的账面价值＞子公司净资产的账面价值×持股比例时，即在例7-4、例7-5 和例7-6 的情形下，如何进行抵销处理就显得颇为棘手。究其实，还是产权关系以及对应项目产生了偏差。

总之，在同一控制下，需要从整个企业集团的角度出发，把握最终控制人，整体对待对应关系，提供企业集团的会计信息。合并报表在技术上较为复杂，但是厘清产权关系更为重要，厘清产权关系，才能厘清经济资源及其所有权以及经济资源及其所有权的变动，才能搞清楚各个要素项目的对应关系，进行合理的抵销处理，保证合并报表信息的有用性。

第三节　非同一控制下的会计处理

参与合并的各方在合并前后不受同一方或相同的多方最终控制的，为非同一控制下的企业合并。合并过程中市场机制发挥了资源配置的作用；合并事项发生后，不同企业集团的资产在空间上发生了转移，种类发生了变化；合并事项发生后，不同企业集团的组织结构均会发生变化。非同一控制下的企业合并采用购买法进行会计处理。

一、会计处理原则

非同一控制下的企业合并采用购买法，其实质是合并方通过转让资产、承担债务或发行股票等方式购入被合并方净资产和经营活动控制权的交易行为。非同一控制下的企业合并采用市场机制进行资源配置，存在市场价格，会计计量基础发生变化。企业合并后，最终控制人发生变化，资产在不同集团间发生了转移，种类发生了变化。企业合并编制合并报表需要编制抵消分录，找到同一项目在不同企业的对应会计科目，进行合并抵销处理，以避免重复加总。在不考虑相关交易费用的情况下，如果将参与交易的各个企业集团视为一个整体，那么其内部的资产总量不会发生变化，但就单个企业集团而言，其资产总量会发生变化。

(一) 被合并方净资产与合并方支付对价采用公允价值计量

同一控制下的企业可以采用交换股票的方式进行合并，也可以采用支付现金和非现金资产的方式进行合并，还可以采用发行债券承担债务的方式进行合并。由于采用市场机制进行资源配置，合并前后的经济资源及其要求权对整个企业集团而言都发生了变化，合并前后的最终控制人也发生了变化。

这种情况下需要计量两方面内容：一是被合并方净资产，二是合并方的支付对价，包括交换出的股权价值、支付现金和非现金资产的价值、发行债券承担债务的价值三种对价。由于合并过程是运用市场机制进行配置资源的，各方必须通过市场价格完成交易，才能实现经济资源及其要求权的转移。因此，上述两个方面的资产、负债和所有者权益均用合并日的市场价格进行计量，本质上是公允价值计量。

（二）被合并方净资产公允价值与合并方支付对价之间的差额在合并报表时一般计入商誉或营业外收入

由于采用市场机制配置资源，因而非同一控制下的企业合并对被合并方净资产和合并对价均采用公允价值计量；对于各个企业集团而言，经济资源及其要求权仅是在空间上发生了转移；合并前后的最终控制人发生了变化。被合并方净资产与合并方支付对价之间的差额是合并方为获得未来超额利润而付出的溢价，这是不同集团间的交易，因而在合并报表时需要区分情况处理。

如果被合并方净资产小于合并方支付的对价，那么在合并报表时将差额部分计入合并商誉；如果被合并方净资产大于合并方支付的对价，那么在合并报表时，理论上应将差额部分计入合并负商誉，而在实务当中，一般将差额部分计入营业外收入①。这样进行规范有利于鼓励兼并收购，符合当前的市场要求，但却不符合对称性，当出现这类问题时，往往需要考虑现实的需要。因此，如果现实当中不再鼓励兼并收购时，修改上述会计准则条款也属情理之中。

（三）合并日编制合并合并资产负债表

在非同一控制下的企业合并中，合并前后的最终控制人发生了变化，对于不同企业集团而言，经济资源及其要求权的分布发生了变化，不同企业集团的组织结构也发生了变化。合并后的企业并没有对合并前的经济资源及其要求权的变动产生影响，因而，在合并日当天，只需要编制合并资产负债表。

此外，非同一控制下的企业合并中，被合并方采用的会计政策与合并方不一致的，购买日不需要对被合并方的会计记录进行调整。

二、会计处理实例

非同一控制下的企业合并采用市场机制进行资源配置，需要市场价格，合并完成后各企业集团的组织结构会发生变化，具体企业的最终控制人也会发生改变。初始投资成本按照合并方的初始投资成本入账，被合并方所有者权益与合并方支付对价之间的差额在合并报表时分情况计入合并商誉或营业外收入，合并日需要编制合并合并资

---

① 在这里应注意一点，当合并方采用发行股票的方式进行合并时，被合并方净资产如果大于合并方支付的对价，合并时的差额部分不能再记入营业外收入，应记入资本公积项目，详细说明见后文例7-11。

产负债表。

（一）支付对价＝被合并方净资产公允价值的比例数

这种情况下，支付对价与被合并方所有者权益公允价值的比例数相等，不存在合并商誉问题，编制抵消分录，母公司的长期股权投资和子公司净资产公允价值的比例数相对应，差额部分为少数股东权益。

例7-8　A 公司和 B 公司为同属 C 公司的子公司，D 公司和 E 公司为同属 F 公司的子公司，如图7-10所示。2021年1月1日，B 公司以银行存款购买 E 公司的80%的股权，交易完成后，如图7-11所示。假定 E 公司已经过重估，B 公司共支付银行存款8 320万元，假定 B 公司和 E 公司以前没有任何业务往来，两个公司的资产负债表数据如表7-10所示。

图7-10　合并前的组织结构

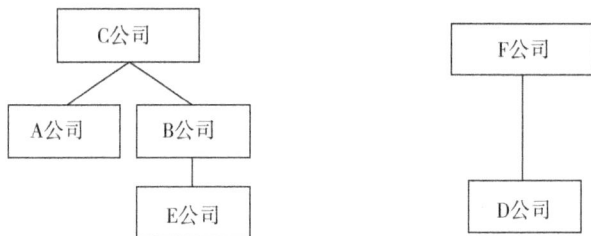

图7-11　合并后的组织结构

要求：编制合并日当天的合并资产负债表。

表7-10为 B 公司和 E 公司的资产负债表。

表7-10　B 公司和 E 公司的资产负债表

20×5年3月1日　　　　　　　　　　　　　　　　　　（单位：万元）

项目	B 公司	E 公司
资产类		
银行存款	19 000	8 000
应收账款	3 000	2 000

续表

项目	B公司	E公司
资产类		
存货	3 600	2 400
无形资产	12 000	6 000
资产总计	37 600	18 400
负债类		
应付账款	2 400	2 000
应付债券	10 000	6 000
负债合计	12 400	8 000
所有者权益类		
股本	16 000	8 000
资本公积	4 000	2 000
盈余公积	2 600	200
未分配利润	2 600	200
所有者权益合计	25 200	10 400
负债和所有者权益总计	37 600	18 400

解析：非同一控制下的企业合并，被合并方净资产与合并方支付对价采用公允价值计量，被合并方净资产与合并方支付对价之间的差额分情况合并报表时计入"商誉"或"营业外收入"，合并日编制合并资产负债表。

本例中，支付对价=被合并方所有者权益公允价值的比例数，合并报表时没有商誉问题。

1. 2021年1月1日，B公司取得E公司80%股权：

借：长期股权投资——E公司　　　　　　　　　　　　　　　　　　8 320

　　贷：银行存款　　　　　　　　　　　　　　　　　　　　　　　　　8 320

2. 合并日编制合并报表，B公司应编制抵消分录如下：

借：股本　　　　　　　　　　　　　　　　　　　　　　　　　　　8 000

　　资本公积　　　　　　　　　　　　　　　　　　　　　　　　　2 000

　　盈余公积　　　　　　　　　　　　　　　　　　　　　　　　　　200

　　未分配利润　　　　　　　　　　　　　　　　　　　　　　　　　200

　　贷：长期股权投资——E公司　　　　　　　　　　　　　　　　　8 320

　　　　少数股东权益（10 400×20%）　　　　　　　　　　　　　　2 080

表7-11为B公司的合并报表工作底稿。

表7-11 B公司合并报表工作底稿

2021年1月1日 　　　　　　　　　　　　　　　　　　　（单位：万元）

项目	B公司	E公司	抵消分录 借	抵消分录 贷	合并后余额
资产负债表					
资产类					
银行存款	10 680	8 000			18 680
应收账款	3 000	2 000			5 000
存货	3 600	2 400			6 000
长期股权投资——颉利公司	8 320			8 320	0
无形资产	12 000	6 000			18 000
资产合计	37 600	18 400		8 320	47 680
负债类					
应付账款	2 400	2 000			4 400
应付债券	10 000	6 000			16 000
负债合计	12 400	8 000			20 400
所有者权益类					
股本	16 000	8 000	8 000		16 000
资本公积	4 000	2 000	2 000		4 000
盈余公积	2 600	200	200		2 600
未分配利润	2 600	200	200		2 600
少数股东权益				2 080	2 080
所有者权益合计	25 200	10 400	10 400	2 080	27 280
负债和所有者权益合计	37 600	18 400	10 400	2 080	47 680

（二）支付对价＞被合并方净资产公允价值的比例数

这种情况下，支付对价高于被合并方所有者权益公允价值的比例数，有商誉存在。编制抵消分录时，母公司的长期股权投资高出子公司净资产公允价值的比例数的部分在合并资产负债表时计入合并主体的商誉，其余部分为少数股东权益。

例7-9　A公司和B公司为同属C公司的子公司，D公司和E公司为同属F公司的子公司，如图7-10所示。2021年1月1日，B公司以银行存款购买E公司的80%的股权，交易完成后，如图7-11所示。假定E公司已完成重估，B公司共支付银行存款8 820万元，假定B公司和E公司以前没有任何业务往来，两个公司的资产负债表数据如表7-10所示。

要求：编制合并日当天的合并资产负债表。

解析：非同一控制下的企业合并，被合并方净资产与合并方支付对价采用公允价值计量，被合并方净资产与合并方支付对价之间的差额分情况合并报表时计入"商誉"或"营业外收入"，合并日编制合并资产负债表。

本例中，支付对价＞被合并方净资产公允价值的比例数，合并报表时差额计入商誉。

1. 2021年1月1日，B公司取得E公司80%股权：

借：长期股权投资——E公司　　　　　　　　　　　　　8 820
　　贷：银行存款　　　　　　　　　　　　　　　　　　　　8 820

2. 合并日编制合并报表，B公司应编制抵消分录如下：

借：股本　　　　　　　　　　　　　　　　　　　　　　8 000
　　资本公积　　　　　　　　　　　　　　　　　　　　　2 000
　　盈余公积　　　　　　　　　　　　　　　　　　　　　　200
　　未分配利润　　　　　　　　　　　　　　　　　　　　　200
　　商誉　　　　　　　　　　　　　　　　　　　　　　　　500
　　贷：长期股权投资——E公司　　　　　　　　　　　　8 820
　　　　少数股东权益（10 400×20%）　　　　　　　　　2 080

表7-12为B公司的合并报表工作底稿。

表7-12　B公司合并报表工作底稿

2021年1月1日　　　　　　　　　　　　　　　（单位：万元）

项目	B公司	E公司	抵消分录		合并后余额
			借	贷	
资产负债表					
资产类					
银行存款	10 180	8 000			18 180
应收账款	3 000	2 000			5 000
存货	3 600	2 400			6 000
长期股权投资——颉利公司	8 820			8 820	0
无形资产	12 000	6 000			18 000
商誉	0	0	500		500
资产总计	37 600	18 400	500	8 820	47 680

项目	B 公司	E 公司	抵消分录		合并后余额
			借	贷	
负债类					
应付账款	2 400	2 000			4 400
应付债券	10 000	6 000			16 000
负债合计	12 400	8 000			20 400
所有者权益类					
股本	16 000	8 000	**8 000**		16 000
资本公积	4 000	2 000	**2 000**		4 000
盈余公积	2 600	200	**200**		2 600
未分配利润	2 600	200	**200**		2 600
少数股东权益				2 080	2 080
所有者权益合计	25 200	10 400	**10 400**	2 080	27 280
负债和所有者权益合计	37 600	18 400	**10 400**	2 080	47 680

（三）支付对价＜被合并方净资产公允价值的比例数

这种情况下，支付对价低于被合并方所有者权益公允价值的比例数，有负商誉存在。编制抵消分录时，母公司的长期股权投资低于子公司净资产公允价值的比例数的部分在合并资产负债表时计入合并主体的营业外收入，其余部分为少数股东权益。

例 7-10　A 公司和 B 公司为同属 C 公司的子公司，D 公司和 E 公司为同属 F 公司的子公司，如图 7-10 所示。2021 年 1 月 1 日，B 公司以银行存款购买 E 公司的 80%的股权，交易完成后，如图 7-11 所示。假定 E 公司已完成重估，B 公司共支付银行存款 8 020 万元，假定 B 公司和 E 公司以前没有任何业务往来，两个公司的资产负债表数据如表 7-10 所示。

要求：编制合并日当天的合并资产负债表。

解析：非同一控制下的企业合并，被合并方净资产与合并方支付对价采用公允价值计量，被合并方净资产与合并方支付对价之间的差额分情况合并报表时计入"商誉"或"营业外收入"，合并日编制合并资产负债表。

本例中，支付对价＜被合并方净资产公允价值的比例数，合并报表时差额计入营业外收入。

1. 2021 年 1 月 1 日，B 公司取得 E 公司 80%股权：

借：长期股权投资——E 公司　　　　　　　　　　　　　　8 020

　　贷：银行存款　　　　　　　　　　　　　　　　　　　　　8 020

2. 合并日编制合并报表，B 公司应编制抵消分录如下：

借：股本　　　　　　　　　　　　　　　　　　　8 000

　　资本公积　　　　　　　　　　　　　　　　　2 000

　　盈余公积　　　　　　　　　　　　　　　　　200

　　未分配利润　　　　　　　　　　　　　　　　200

　　贷：长期股权投资——E 公司　　　　　　　　8 020

　　　　少数股东权益（10 400×200/0）　　　　2 080

　　　　营业外收入　　　　　　　　　　　　　　300

表 7－13 为 B 公司的合并报表工作底稿。

表 7－13　B 公司合并报表工作底稿

2021 年 1 月 1 日　　　　　　　　　　　　　　　　　（单位：万元）

项目	B 公司	E 公司	抵消分录		合并后余额
			借	贷	
资产负债表					
资产类					
银行存款	**10 980**	8 000			**18 980**
应收账款	3 000	2 000			5 000
存货	3 600	2 400			6 000
长期股权投资——颉利公司	**8 020**			8 020	**0**
无形资产	12 000	6 000			18 000
资产合计	**37 600**	18 400		8 020	47 980
负债类					
应付账款	2 400	2 000			4 400
应付债券	10 000	6 000			16 000
负债合计	12 400	8 000			20 400
所有者权益类					
股本	16 000	8 000	**8 000**		**16 000**
资本公积	4 000	2 000	**2 000**		**4 000**
盈余公积	2 600	200	**200**		**2 600**
未分配利润	2 600	200	**200**	300	2 900
少数股东权益				2 080	2 080
所有者权益合计	25 200	10 400	**10 400**	2 380	27 580
负债和所有者权益合计	37 600	18 400	**10 400**	2 380	47 980

例 7－11　A 公司和 B 公司为同属 C 公司的子公司，D 公司和 E 公司为同属 F 公司的子公司，如图 7－10 所示。2021 年 1 月 1 日，B 公司发行 802 万股面值为 10 元的股

票从 F 公司换得 E 公司的 80% 的股权，交易完成后，如图 7-11 所示。假定 E 公司已完成重估，假定 B 公司和 E 公司以前没有任何业务往来，两个公司的资产负债表数据如表 7-10 所示。

要求：编制合并日当天的合并资产负债表。

解析：非同一控制下的企业合并，被合并方净资产与合并方支付对价采用公允价值计量，被合并方净资产与合并方支付对价之间的差额分情况合并报表时计入"商誉"或"营业外收入"，合并日编制合并资产负债表。

本例中，支付对价＜被合并方净资产公允价值的比例数，这是通过换股方式支付对价。此时差额应计入合并报表的资本公积项目，而不能计入营业外收入。因为这种情况下，合并方与原合并方股东进行的资本性交易，相当于原被合并方股东将被合并方投资到合并方，与前面三个例题中的资产换资产有本质区别。

合并报表时差额需要区别对待。

1. 2021 年 1 月 1 日，B 公司取得 E 公司 80% 股权：

借：长期股权投资——E 公司   8 020

  贷：股本   8 020

2. 合并日编制合并报表，B 公司应编制抵消分录如下：

借：股本   8 000

  资本公积   2 000

  盈余公积   200

  未分配利润   200

  贷：长期股权投资——E 公司   8 020

   少数股东权益（10 400×200/0）   2 080

   资本公积——股本溢价   300

表 7-14 为 B 公司的合并报表工作底稿。

表 7-14　B 公司合并报表工作底稿

2021 年 1 月 1 日   （单位：万元）

项目	B 公司	E 公司	抵消分录		合并后余额
			借	贷	
资产负债表					
资产类					
银行存款	19 000	8 000			27 000
应收账款	3 000	2 000			5 000

续表

项目	B 公司	E 公司	抵消分录 借	抵消分录 贷	合并后余额
资产负债表					
存货	3 600	2 400			6 000
长期股权投资——颉利公司	8 020			8 020	0
无形资产	12 000	6 000			18 000
资产合计	45 620	18 400		8 020	56 000
负债类					
应付账款	2 400	2 000			4 400
应付债券	10 000	6 000			16 000
负债合计	12 400	8 000			20 400
所有者权益类					
股本	24 020	8 000	8 000		24 020
资本公积	4 000	2 000	2 000	300	4 300
盈余公积	2 600	200	200		2 600
未分配利润	2 600	200	200		2 600
少数股东权益				2 080	2 080
所有者权益合计	33 220	10 400	10 400	2 380	35 600
负债和所有者权益合计	45 620	18 400	10 400	2 380	56 000

三、总结与思考

非同一控制下的企业合并采用市场机制进行资源配置，采用公允价值计量。由于分属不同企业集团，最终控制人不同，所以企业集团内部经济资源及其所有权会发生变动。因此，企业合并编制合并报表时需要编制抵消分录，找到同一项目在不同企业的对应会计科目，进行合并抵销处理，由于分属不同企业集团，所以对应项目抵销完毕后会出现差额现象。上述会计处理原则和例题已经详细阐明并列示了处理的原理和方法。进一步讨论差额，会有一些有趣的现象。

（一）商誉及其计算

在支付对价 > 被合并方净资产公允价值的比例数的情况下（见例 7-9），在合并资产负债表时将差额部分计入商誉。理论上，根据净盈余理论（clean surplus theory）：$PA_t = bv_t + g_t$，某个时点 t 的企业价值 PA_t 由两部分组成：①bv_t，净资产的账面价值；②g_t，企业未来超额利润的期望现值，即商誉。

商誉为 0（$g_t = 0$）代表 F & O 模型的一个特例，称为无偏会计（unbiased accounting）。在无偏会计下，企业价值等于净资产账面价值，$PA_t = bv_t$，此时，企业价值表现于资产负债表，利润表无信息含量，净盈余理论直接导致了现值计量观，为公允价值计量奠定了理论基础。

作为企业超额获利能力的商誉，涉及因素众多，稍加列举如下：企业的组织结构、地理位置、历史、生产效率、人员素质、客户群、被并购后为本企业带来的便利等，诸如此类。它们技术上难于量化、很难完善，因此直接计量商誉比较困难。

对商誉的确认与计量采取了间接方法，即将 $PA_t = bv_t + g_t$ 变形得到 $g_t = PA_t - bv_t$。因此，商誉在会计上一般采用购买价格与被合并企业净资产公允价值之间的差额进行计量，在企业被兼并时可能获得确认，此时被收购企业所拥有的超额获利能力均包含于收购价格中，可以通过收购价与净资产公允价值之间的差额获得商誉的计量。

（二）控制权溢价

在收购兼并等财务活动中，存在一种现象：在超过一定股权比例后，公司收购的股票数量越多，单张股票的收购价格可能会越高①。也就是说，收购者要以高出被收购方企业价值的价格进行收购，财务一般将这种现象解释为收购方为获得被收购方的控制权而付出的溢价。如果套用本章中非同一控制下企业合并的相关价格，收购价即为合并方的购买价格，被合并方企业价值即为被合并方收购时的公允价值。

这样，会计上的商誉概念与财务上的控制权溢价概念便发生了重合，这时按照计算公式计算所得的商誉价值中，至少有一部分价值是由控制权的转让而导致的，这部分价值全部计入商誉并不合理。

（三）现实当中的价格形成过程

假定市场上存在供求双方，供给方提供某一商品的成本为 10，需求方能够接受的最高卖价为 100。其价格形成的分析过程如下：

1. 交易的价格区间

如果成交价为 10，那么需求方的效用为：100 − 10 = 90，需求方效用最大，但供给方的效用为：10 − 10 = 0，供给方效用最小，此时不能达成交易。

如果成交价为 100，那么供给方的效用为：100 − 10 = 90，供给方效用最大，但需求方的效用为：100 − 100 = 0，需求方效用最小，此时也不能达成交易。

这样，该商品的成交价格 p 应处于区间（10，100）内，成交后，需求方的效用

---

① 经济学中有一种所谓的"吉芬商品"，价格越高，需求量越大。

为：$100-p$；供给方的效用为：$p-10$；如图 7-12 所示。

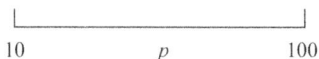

图 7-12 价格形成示意图

2. 实际的成交价格

如果双方的谈判能力相当，最后的成交价应满足：$100-p=p-10$，p 为 55。这样，需求方的效用为 $100-55=45$，供给方的效用为：$55-10=45$，双方平均分配整个区间内的效用。但现实中双方的谈判能力存在差别，谈判能力较强的一方将会取得更多的效用。因此，最后形成的价格 p 往往不是 55。

如果需求方的谈判能力很强，需求方只需让供给方的效用大于 0 即可，那么均衡价格 p 会更接近 10。

如果供给方的谈判能力很强，供给方只需让需求方的效用大于 0 即可，那么均衡价格 p 会更接近 100。

3. 非同一控制下购买价格的形成

将上述分析套用在本章中非同一控制下企业合并的相关价格，收购价格就变成了一个谈判的过程，价格高低取决于合并方和被合并方原股东的谈判能力。其结果是谈判能力较高的一方获得较大的效用，这样一来，按照计算公式计算所得的商誉价值中，至少有一部分价值是由于买卖双方谈判能力差异造成的技术性差异，而不见得是未来超额获利能力的折现值，此时与商誉的概念不符。因此，这部分价值全部计入商誉也不合理。

通过以上分析可知，尽管会计上采用收购价与净资产公允价值之间的差额计量商誉，但是收购价与净资产公允价值之间的差额，其经济含义却超过商誉的含义，这一差额既包含会计上的企业未来超额利润的期望现值，也包含财务上的控制权溢价，还包含了现实当中由于供需双方谈判能力差异而形成的技术性差额，因此，对商誉的定义和会计处理，还需要进一步研究。

▶ 第八章

会计政策、会计估计与信息披露

〜〜〜〜〜〜〜〜〜〜〜〜〜〜〜〜〜〜〜〜〜〜〜〜

会计政策和会计估计是现代企业财务会计的重要组成部分。由于企业规模日趋扩大，经营业务日趋多样化与繁杂，任何准则和制度都很难对企业的所有交易或者事项的确认和计量做出明确的具体规定，赋予会计师一定的职业判断空间是大势所趋，而会计师的职业判断通常是通过会计政策和会计估计来体现的。企业会计师有必要在财务报告中披露所采用的会计政策与会计估计。

第一节　会计政策和会计估计概述

一、会计政策与会计估计

采取权责发生制的会计基础，就有必要对发生的经济业务做出判断，明确应当列入的会计要素项目，确认计入当期损益的收入和费用。可采取以下两种方式进行会计判断：

（一）通过统一会计核算制度做出规范和判断

国家可通过出台统一财务会计核算制度，对不同情况下的会计要素确认做出明确和详细的具体规定。按照这种思路，应通过企业财务会计核算制度的具体规定，以避免会计师职业判断可能出现的主观随意性。如果经济业务种类相对单一，经济业务数量相对较少，在企业统一财务会计核算制度中做出明确规定的设想也许具有可行性。在中华人民共和国成立后较长的一个时期，受当时特定的政治体制、社会环境和经济发展水平等诸因素的影响，对企业会计核算的规范，基本采取了这种思路。但是在经济全球化发展、企业生产经营业务数量日趋繁多、经济业务种类日趋繁杂的状况下，任何企业统一财务会计核算制度的具体规定都难免会出现遗漏。制度的空缺往往会为权力提供运作的空间。

（二）会计师职业判断

现代会计允许企业的会计师对所发生经济交易与事项的会计确认和计量在一定范围内自主作出职业判断。按照这种思路，不同的会计师，有可能对同一种业务的会计处理做出不同的职业判断。不同企业的会计师可根据各自股东的不同要求作出相应会计师职业判断，所形成的相关财务信息也许不具有企业之间的可比性。例如按照《公路经营企业会计制度》（财会字〔1998〕19 号）的规定，高速公路建成通车交付使用的试运营期间收取的车辆通行费，应确认为企业的营业收入。在实务中，绝大多数高速公路经营企业执行了这一规定。但湖南省高速公路建设开发总公司却采取了将试运营期间收取的车辆通行费用于冲减建设成本的会计处理。2014 年和 2015 年，用于冲减建设成本的车辆通行费分别为 13.04 亿元和 10.20 亿元；贵州高速公路集团有限公司也在 2015 年将处于试运营阶段高速公路收取的车辆通行费 15.21 亿元用于冲减项目建设成本。

现行体制采取了制度规范与会计师职业判断相结合的方式。制度规范对会计师职业判断的空间范围做出限定；在限定的空间范围内，允许会计师根据对经济业务以及准则原则规定的理解做出相应的职业判断。

这意味着，会计师职业判断是指会计师根据会计法律法规、会计原理和会计原则等会计标准，充分考虑企业现实与未来的理财环境和经营特点，精确分析企业的业务性质，运用自身专业知识，通过分析、比较、计算等方法，客观公正地对应列入会计系统某一要素的项目进行判断与选择的过程。

（三）会计师职业判断与会计政策和会计估计

会计师的职业判断主要体现为对会计政策和会计估计的选择及其应用。

例如，IASB 和财政部均允许企业会计师选择先进先出法、加权平均法等方法进行存货的后续计量；财政部允许企业会计师在年限平均法、工作量法、年数总和法和双倍余额递减法四种方法中选择适当的方法对固定资产在使用过程中发生的价值损耗做出职业判断；企业会计师对固定资产折旧方法的选择，体现为其做出的会计估计。

会计准则允许会计师在限定空间范围内选择会计政策和会计估计，意味着会计师可通过会计政策与会计估计的选择对企业提供的财务会计信息质量产生影响。

二、对会计政策和会计估计的规范

（一）IFRS 体系中对会计政策和会计估计的规范

IASB 要求主体在编制财务报表需要依据其采纳的会计政策和会计估计。为了科学规范主体选择和采纳会计政策和会计估计的行为，IASC 曾于 1978 年 12 月发布了《国际会计准则第 8 号：非正常与前期项目和会计政策变动》（IAS 8）；1993 年 12 月将 IAS 8 更名为"当期净利润或亏损、基本差错和会计政策变动"。IASB 于 2003 年 12 月 18 日发布了 IAS 8 的修订版，并更名为《会计政策、会计估计变更和差错》，从 2005 年 1 月 1 日起开始生效。

2017 年底在用的 IAS 8（2003）涉及以下对会计政策和会计估计规范的内容：①对会计政策、会计估计变更和国际财务报告准则、重要性以及前期差错的定义；②会计政策应用和选择；③会计政策的一致性；④会计政策变更；⑤与会计政策变更相关的信息披露；⑥会计估计变更；⑦与会计估计变更相关的信息披露。

（二）英国财务报告准则中的规范

英国会计准则理事会 2000 年 12 月发布的《财务报告准则第 18 号：会计政策》（FRS 18）中，主要对以下事项进行了规范：①会计政策与财务报表；②会计政策选择的目标和约束；③检查与改变会计政策；④会计政策披露。

2015 年 1 月 1 日起 FRS 18 废止后，FRS 102 第 10 部分："会计政策、估计与差错"为编制财务报表采用的会计政策的选择提供了应用指南，同时也包括了会计估计变更以及前期财务报表中差错内容的更正。

1. 会计政策选择和应用

FRS 102 中定义了会计政策的概念，并明确了选择与应用会计政策的具体要求。

2. 会计政策一致性

按此要求，类似的交易或其他事项应当选择和应用一致的会计政策，除非 FRS 要求或者允许采用其他更适当的会计政策。

3. 会计政策变更

FRS 102 中规定了主体变更会计政策所需具备的条件，以及对会计政策变更的限定。FRS 102 要求根据会计政策的变更对相关信息进行追溯调整，以保证相关会计期间的财务信息具有可比性。

4. 会计政策变更披露

需要在财务报表中披露与会计政策变更相关的信息,包括会计政策变更的性质、对各会计期间财务信息的影响等。

5. 会计估计变更

FRS 102 中定义了会计估计变更的概念,但没有对会计估计的概念进行定义。会计估计变更只应当对当期和以后会计期间的损益产生影响。

会计估计变更的性质以及对当期资产、负债、收益和费用的影响应当进行披露。

6. 前期差错更正

FRS 102 中定义了前期差错的概念,以及前期差错更正的基本要求。

(三) 中国准则中对会计政策和会计估计的规范

财政部曾于 1998 年 6 月 25 日印发了中国第一个涉及会计政策和会计估计的具体准则:《企业会计准则——会计政策、会计估计变更和会计差错更正》(财会〔1998〕28号),自 1999 年 1 月 1 日起在上市公司执行。2001 年 1 月 18 日财会〔2001〕7 号文对其进行了修订,自 2001 年 1 月 1 日起在所有企业施行。

2006 年 2 月 15 日财政部印发的 CAS 28,成为规范会计政策和会计估计行为的最新会计处理规范。

CAS 28 涉及的主要规范内容如下:

1. 会计政策

CAS 28 对会计政策的概念进行了定义,明确了会计政策的采纳以及会计政策变更的条件,并对追溯调整法和未来适用法及其应用进行了界定。

2. 会计估计变更

CAS 28 定义了会计估计变更的概念以及规范会计估计变更的基本要求,但同样没有对会计估计的概念做出定义或解释。

3. 前期差错更正

CAS 28 对前期差错的概念进行了定义,并对更正前期差错提出了具体要求。

4. 披露

CAS 28 明确了有关会计政策、会计估计及其变更信息披露的基本要求。

CAS 28 应用指南中对会计政策和会计估计的确定、会计政策及其变更、前期差错及其更正等内容做出了相关解释。

第二节　会　计　政　策

一、会计政策及其披露

（一）会计政策

IAS 8 中对会计政策的定义是：会计政策是主体在编制和列报财务报表时所采用的专门原则、基础、惯例、规则和实务。FRS 102 中采用了与其基本一致的定义。

CAS 28 中对会计政策的定义为：会计政策是指企业在会计确认、计量和报告中所采用的原则、基础和会计处理方法。

1. 原则

原则是指按照企业会计准则规定的、使用于企业会计核算所采用的具体会计原则，例如收入确认的原则，成本与可变现净值孰低的原则等。

以收入确认为例，尽管 CAS 14 中明确了收入确认的基本要求，但企业针对特定业务收入（例如道路旅客运输收入、房地产销售收入等）确认的原则，仍有必要在财务报表附注中予以说明。

2. 基础

基础是指为了将会计原则应用于交易或事项而采用的基础，例如历史成本、重置成本、可变现净值、现值、公允价值等计量属性或计量基础等。

如果某企业按照 CAS 3 的规定选择用公允价值对投资性房地产进行后续计量，就有必要在财务报表附注中明确投资性房地产公允价值的取值方式。

3. 会计处理方法

会计处理方法是指企业在会计核算中按照法律、法规或者国家统一会计制度等规定采用或者选择的、使用于本企业的具体会计处理方法，例如确认劳务收入所采用的投入法和产出法；长期股权投资后续计量中所采用的权益法和成本法；计量发出存货成本所采用的先进先出法；等等。

（二）会计政策的选择与应用

IAS 8 中对会计政策选择与应用有以下规定：

（1）如果 IFRS 中对应用的会计政策有明确的规定，主体应当选择和应用。例如，修订后的 IAS 2 要求从 2005 年 1 月 1 日开始取消"后进先出"存货计量方法。对此，执行 IFRS 的企业，应从编制 2005 年度财务报表开始，不再选择"后进先出"法计量发出存货的成本。

国际财务报告准则解释委员会于 2006 年 11 月 30 日发布了 IFRIC 12，要求从 2008 年 1 月 1 日开始，将采取特许经营方式建造的基础设施，确认为主体的一项无形资产或金融资产。对此，执行 IFRS 的企业，应从编制 2008 年度财务报表开始，选择和应用这一会计政策。

（2）如果缺乏 IFRS 针对特定交易、其他事项或状况的明确规定，主体应当根据自身对以下的判断来制定和应用会计政策：①有助于提供对使用者制定经济决策有用的信息；②有助于保证财务报表中的信息可靠。

（三）会计政策的一致性

按照一致性的要求，在编制合并财务报表时，所有纳入合并范围的企业（包括母公司和所有的子公司）应当采取一致的会计政策。子公司通常采取与母公司一致的会计政策。如果子公司采取的会计政策与母公司不符，应当予以调整。

但母公司编制单独财务报表所采取的会计政策也许与编制合并财务报表采取的会计政策不一致。例如，按照欧盟的要求，法国 VINCI 集团需要依据 IFRS 的规定编制合并财务报表，但需要依据法国会计理事会的通用惯例编制单独财务报表。与此相类似，西班牙阿伯蒂斯基础设施股份有限公司（ABERTIS）编制合并财务报表，执行的是 IFRS 的规定；编制单独财务报表，依据的则是西班牙商务法、有限责任公司法等法律的规定。

（四）会计政策披露

会计政策划分为重要的会计政策和不具有重要性的会计政策。CAS 30 要求企业对采取的重要会计政策作出说明，包括财务报表项目的计量基础和会计政策的确定依据等。

不具有重要性的会计政策可以不予披露。

重要的会计政策一般包括以下内容：

1. 发出存货计量的方法

依据 CAS 1 的规定，企业可供选择的发出存货计量方法包括：先进先出法、加权平均法和个别计价法。企业可在 CAS 1 规定范围内选择发出存货的具体计量方法，并在财务报表附注中披露。

2. 长期股权投资后续计量的方法

企业应当依据 CAS 2 的规定，分别采用成本法和权益法对不同的长期股权投资进行后续计量。其中，对子公司的股权投资采用成本法进行后续计量；对合营企业和联营企业的股权投资采用权益法进行后续计量。

3. 固定资产初始计量的方法

企业应当依据 CAS 4 以及其他相关原则的规定，对采取外购、自行建造、投资者投入、非货币性资产交换、债务重组、租入等不同方式取得固定资产的初始计量方法进行必要说明。

4. 无形资产的确认方法

企业在项目开发阶段的支出，是予以资本化，还是在发生时计入当期损益？这取决于开发阶段的支出是否符合资本化的条件。

5. 收入的确认、合同收入与费用的确认方法

（1）收入确认方法。会计准则中规定了商品销售收入、劳务收入和使用费收入确认的一般要求。但针对一些特殊经营业务收入的确认，例如不同情况下房地产销售业务收入的确认、采取预售商务借记卡方式销售商品收入的确认、运输业务收入的确认、联网收费方式下车辆通行费收入的确认等，有必要在财务报表附注中予以明确。

（2）合同收入和合同费用确认方法。针对建造合同收入和费用的确认，CAS 14（2018）要求企业应选择采用投入法或产出法来科学衡量其履约进度。但针对不同的建造合同业务，有必要结合其具体情况选择适当的收入与费用确认方法，并在财务报表附注中予以披露。

二、会计政策变更及其披露

（一）会计政策变更的原因

会计政策变更是指企业对相同的交易或事项由原来采用的会计政策改用另一会计政策的行为。

1. 国际会计准则的相关规定

IAS 8 提出，如果出现以下变化，主体需要变更相应的会计政策：

（1）一项 IFRS 提出了变更会计政策的要求。例如，按照 IFRS 10 的规定，执行 IFRS 的主体从 2013 年 1 月 1 日开始，不得再采用比例合并法完成对合营企业的合并。

（2）变更会计政策将导致财务报表能够提供更可靠、更具有关联性的有关交易和其他事项、状况的信息，这些交易、其他事项和状况涉及主体的财务状况、财务业绩

或现金流量。

IASB 于 2014 年修订 IAS 27 后，允许主体在编制单独财务报表时可自主选择采用权益法或者成本法核算子公司、联营企业和合营企业的股权投资。但如果没有所在国法律的明确规定，IASB 似乎更倾向于建议选择成本法。

2. 中国会计准则的相关规定

CAS 28 中提出，企业采取的会计政策，在每一会计期间和前后各期应当保持一致，不得随意变更。但是，满足以下条件之一的，可以变更会计政策。

（1）法律、行政法规或者国家统一的会计制度等要求变更。例如，由于 CAS 1 不允许企业采用后进先出的方法核算发出存货的成本，从 2007 年初开始执行 CAS 体系的新长征实业股份有限公司决定从 2007 年初开始变更本公司发出存货的计价政策，将后进先出法变更为先进先出法。

CAS 2（2014）要求将原确认为一项长期股权投资的其他股权投资重新确认为一项可供出售金融资产，这涉及对该项资产后续计量会计政策的变更。

（2）会计政策变更能够提供更可靠、更相关的会计信息。按照 CAS 1 的规定，企业可自主选择先进先出法、加权平均法等不同的存货发出计量方法计算发出存货的成本。

在这种状况下，存在着企业在准则规定的范围内自主选择的会计政策发生变更的可能性。

可见，CAS 体系和 IFRS 体系中有关会计政策变更的规定基本上是一致的。

（二）追溯调整

追溯调整法是指对某项交易或事项变更会计政策，视同该项交易或事项初次发生时即采用变更后的会计政策，并以此对财务报表相关项目进行调整的方法。

追溯调整是一致性会计信息质量要求在会计政策实施中的重要体现。对前期列报项目的追溯调整，使得前期项目能够按照调整后的会计政策进行重新列报，以保证财务报表前期与后期的一致性。

IAS 8 设定了有关追溯调整的条款。按此要求，一家主体对其会计政策进行变更，需要相应调整前期列报的相关项目。

财政部也提出了追溯调整的要求。CAS 28 规定，会计政策变更能够提供更可靠、更相关的会计信息的，应当采用追溯调整法处理，将会计政策变更累积影响数调整列报前期最早期初留存收益，其他相关项目的期初余额和列报前期披露的其他比较数据也应当一并调整。

会计政策的追溯调整应当追溯到哪一会计期间，取决于比较财务报表编制的需要。

如果进行比较的会计期间是当年和上一年度，则利润表项目应当追溯到上一年度；资产负债表项目应当追溯到上一年度的年初。

追溯调整的金额应当体现在比较财务报表中的追溯调整年份，无须调整追溯调整年度的财务报表。

（三）会计政策变更的披露

IAS 8 中对会计政策及其变更的披露做出了规定。

（1）主体开始在当期或者任何前期采纳一项新的 IFRS 涉及的会计政策及其变动的披露。

（2）主体自愿在当期或任何前期进行的会计政策变更的披露。

第三节 会 计 估 计

一、会计估计概述

（一）会计估计

会计估计是指企业对结果不确定的交易或者事项以最近可利用的信息为基础所做出的判断。例如，对坏账的估计；对固定资产使用寿命和预期消耗方式的估计；对担保债务的估计，等等。

IAS 8 中没有对会计估计进行定义。IAS 8 认为，会计估计是由于营业活动的不确定性所导致的。许多项目在财务报表中无法准确地予以计量，只能进行估计。英国财务报告准则、CAS 28 等准则中也没有定义会计估计。可通过相关准则中对会计估计变更的定义来理解会计估计。

（二）会计估计涉及的内容

会计估计一般涉及：①对坏账和其他资产减值损失的估计；②对过期存货的估计；③对金融资产和金融负债公允价值的估计；④对应计提折旧或摊销的资产的使用寿命、未来经济利益耗用方式的估计；⑤对担保义务的估计，等等。

（三）会计估计披露

按照 CAS 30 的规定，企业应当披露重要的会计估计。有关重要会计估计的说明包括下一会计期间内很有可能导致资产、负债账面价值重大调整的会计估计的确定依据等。

重要的会计估计一般包含以下内容：

1. 存货可变现净值的确定

按照 CAS 1 的规定，可变现净值是指在日常活动中，存货的估计售价减去至完工时估计将要发生的成本、估计的销售费用以及相关税费后的金额。

当存货的可变现净值低于存货成本时，不仅需要计提存货跌价准备，还需要将确定存货的可变现价值在附注中披露。

2. 采用公允价值模式下的投资性房地产公允价值的确定

投资性房地产的公允价值可通过活跃市场获得，或者按照公允价值准则中的相关规定采取一定的程序或方法计算确定。

采用公允价值进行投资性房地产的后续计量，其公允价值变动将对当期损益造成影响。

3. 固定资产预计使用寿命和折旧方法

（1）固定资产的预期使用寿命。由于固定资产成本需要在其预期使用寿命期间内进行摊销，故固定资产预期使用寿命对计提的固定资产折旧具有非常重要的影响。

（2）固定资产折旧方法。按照固定资产折旧理论，折旧体现的是对固定资产使用过程中价值磨损的估计。

IAS 16 中没有规定固定资产的折旧方法；英国、美国、澳大利亚、新西兰等国家的会计准则中也没有规定企业计提固定资产折旧必须采用的折旧方法。这样，折旧方法的选择，就成为西方企业会计估计的一项重要内容。

西方国家的企业最常选择采用的会计折旧方法，仍然是年限平均法（或直线法）和工作量法。也有一些企业选择了余额递减法。在香港，一些企业还选择采用偿债基金折旧法。

CAS 4 中规定的固定资产的折旧方法是年限平均法、工作量法、双倍余额递减法和年数总和法。

在实务中，中国的公司制企业基本选择使用的是年限平均法和工作量法。

4. 使用寿命有限的无形资产的预计使用寿命、价值摊销方法

（1）无形资产的预期使用寿命。商标权、专利权、特许经营权等无形资产的预期

使用寿命一般受到有关法律的影响。例如在中国，由于《收费公路管理条例》规定东部地区和中西部地区公路经营的最长期限分别为25年和30年，这就必然会影响和制约着公路经营权这一无形资产价值摊销的最长期限。

（2）无形资产价值摊销方法。按照无形资产摊销理论，价值摊销体现的是对无形资产使用过程中价值减少的估计。对此，无形资产摊销的方法，可以选择年限平均法，也可以选择工作量法或者其他方法。

IAS 38 和 CAS 6 均没有具体规定无形资产的摊销方法。

5. 金融资产中权益工具公允价值的确定

由于符合准则规定条件的权益工具需要按照公允价值进行后续计量，所以需要对资产负债表日这些权益工具的公允价值做出估计。

6. 金融资产中债务工具公允价值的确定

由于符合准则规定条件的债务工具需要按照公允价值进行后续计量，所以需要对资产负债表日这些债务工具的公允价值做出估计。

7. 承租人对未确认融资费用的分摊

承租人对未确认融资费用分摊的主要依据，是对实际利率做出的估计。一般来说，实际利率应当反映市场利率，但具体采用的实际利率，需要取决于会计师的职业判断。

8. 其他重要的会计估计

除了以上会计估计以外，还存在企业采用权责发生制确认计量会计要素所需做出的其他会计估计。这些会计估计也需要在财务报表中披露。

（四）会计折旧估计探讨

在企业选择采用的各种会计估计中，会计折旧估计很具有代表性。本书认为很有必要以此为例来进行会计估计的研究。

针对一些文献研究中的局限性，本书认为，区别计税折旧和会计折旧对于研究会计估计具有重要的研究价值。

对于会计估计中选择的折旧方法，传统的方法是直线法或年限平均法。从20世纪60年代开始，为适应科技水平不断进步与发展的新形势下计量固定资产价值损耗的需要，会计理论界提出了加速折旧的理论与方法，并体现在随后大多数财务会计学著作中。

但有资料表明，加速折旧政策是有关国家在1954年首先在企业所得税法中明确的。英美等西方国家在税法中允许采取加速折旧的方法进行税前扣除，是为了通过推迟纳税的时间鼓励企业进行固定资产更新改造。

例如，美国 1986 年修订后的国内税收法规，对快速成本补偿制度进行了修订。修订加速成本补偿制度（Modified Accelerated Cost Recovery System，MACRS）规定的计税折旧方法是类似于余额递减的方法。美国国内税务署将资产按照折旧年限划分为八类，其中动产六类，分别为 3 年、5 年、7 年、10 年、15 年和 20 年计提折旧；不动产分别按照 27.5 年和 31.5 年计提折旧。

使用 MACRS 折旧率，不考虑资产的余值，并假设所有的固定资产在年度中间投入使用或者停止使用。对此五年折旧期限的固定资产（一般包括小客车和轻型货车）需要在 6 年的期间进行折旧。MACRS 折旧率如表 8 - 2 所示。

表 8 - 2　MACRS 折旧率分析表

年数	五年级别的折旧率	年数	五年级别的折旧率
1	20.0%	5	11.5%
2	32.0%	6	5.8%
3	19.2%	合计	100%
4	11.5%		

需要关注会计折旧方法与计税折旧方法的区别。卡尔·S. 沃伦（Carl S. Warren）等认为，将纳税折旧率用于财务报表对企业是有害的，因为较低的固定资产账面价值有可能导致银行认为不适合对该企业贷款，从而使得该企业丧失获取生产订单赚取利润的机会。对此，用于财务会计报表列报的折旧方法，一般采用的是直线法或年限平均法。

在英国，公司所得税法中规定的计税折旧方法是余额递减法。

中国在改革开放以后开始涉及有关加速折旧理论的研究；从 1993 年开始允许加速折旧在财务会计中应用。不过中国会计准则、制度中仅仅将加速折旧方法局限为双倍余额递减和年数总和两种方法。

与西方国家不同，虽然财政部、国家税务总局分别在 2014 年 10 月 20 日和 2015 年 9 月 27 日通过印发《关于完善固定资产企业加速折旧所得税政策的通知》（财税〔2014〕75 号）和《关于进一步完善固定资产加速折旧企业所得税政策的通知》（财税〔2015〕106 号）允许相关行业和领域的企业可采取缩短折旧年限或加速折旧的方法进行税前扣除，但总体来看，税法上仍然对加速折旧扣税有严格的限制。

现代财务会计理论似乎不再鼓励或支持加速折旧。这是因为，会计折旧影响的只是会计利润，并不会对企业的现金流量产生任何影响。而现代企业的可持续发展更为重视的是现金流量，而不是会计利润。如果企业的某项固定资产确实会由于科技进步而出现比预期更快的贬值，采取缩短固定资产预期折旧年限或者计提固定资产减值准备的方式似乎比加速折旧更为行之有效。

总体来看，选择加速折旧方法的国内外企业凤毛麟角，在一定程度上印证了这一思路。

二、会计估计变更及其披露

（一）对会计估计变更的界定

当会计师继续会计估计所依赖的各种环境条件发生明显变化时，需要对会计估计做出相应变更。

IAS 8 中对会计估计变更的定义是：会计估计变更是指由于对预期的未来效益和义务以及相关的资产和负债进行重估而引发的对资产或负债的账面价值以及相关费用进行的调整。

FRS 100 中对会计估计变更的定义是：会计估计变更是指由于对资产和负债的当前状况以及这些资产或负债的预期未来利益和义务的评估而对资产或负债的账面价值或者资产的定期消耗金额的调整。

CAS 28 中指出：会计估计变更，是指由于资产和负债的当前状况及预期经济利益和义务发生了变化，从而对资产和负债的账面价值或者资产的定期消耗金额进行调整。

可以看出，相关定义基本上是一致的，但 CAS 28 的定义更容易被理解。

（二）会计估计变更的应用

1. 会计估计变更的方法

按照 CAS 28 的规定，企业对会计估计变更应当采用未来适用法处理。

会计估计变更仅影响变更当期的，其影响数应当在变更当期予以确认；既影响变更当期又影响未来期间的，其影响数应当在变更当期和未来期间予以确认。

2. 会计估计变更对损益的影响

IAS 8 中对会计估计变更的要求是：会计估计变更的效果，应当分别在其影响的会计期间损益中予以确认。如果其影响只局限于当期，其影响计入当期损益；如果其影响涉及当期和未来会计期间，需要分别在各期损益中确认。

3. 会计估计变更对资产、负债和权益的影响

IAS 8 中对会计估计变更的要求是：如果会计估计变更影响的是资产、负债和相关的权益，则需要调整变更会计期间相关资产、负债或权益项目的账面金额。

这意味着，对会计估计变更的处理，采取的是未来适用法。

假设佩斯山隧道有限公司将投资 60 000 万元取得的全长 18 公里的佩斯山公路隧道收费权按照 IFRS 的规定确认为一项无形资产，转让协议约定的收费期限为 20 年；佩斯公司采取车流量法摊销其价值。经营 5 年后佩斯公司认为年限平均法能够更好地反映无形资产价值的减少，故决定变更摊销方法为年限平均法。如果在 5 年的经营中该公司共摊销了 13 200 万元，则在变更摊销方法后每年的摊销额可计算如下：

年摊销额 =（60 000 – 13 200）÷ 15 = 3 120（万元）

月摊销额 = 3 120 ÷ 12 = 260（万元）

该公司应当在会计估计变更的当期和以后期间，将按照年限平均法摊销的无形资产价值计入损益。

假设兴安交通实业有限公司将投资 25 亿元建造取得的四车道长兴高速公路 25 年收费权确认为固定资产，并采取年限平均法计提固定资产折旧。由于交通量的持续增长，在经营 9 年后公司决定对长兴高速公路进行"四扩八"扩建改造，总投资 33 亿元。扩建改造工期为一年。经所在地省级人民政府批准，延长收费年限 5 年。兴安公司在扩建改造工程完工交付使用的会计年度变更了该项固定资产折旧年限，调整后折旧额计算如下：

年折旧额 =［250 000 –（250 000 ÷ 25 × 10）+ 330 000］÷（25 – 10 + 5）= 24 000（万元）

月折旧额 = 24 000 ÷ 12 = 2 000（万元）

计提的折旧费用应计入主营业务成本。

如果企业难以对某项变更区分为会计政策变更或会计估计变更的，应当将其作为会计估计变更处理。

（三）会计估计及其变更的披露

IAS 8 要求企业披露会计估计变更的性质和影响的金额，包括对当期影响的效果以及有可能对未来期间影响的效果。如果对未来影响的效果的估计不可行则不需要进行披露。

参考文献

[1] 陈少华. 财务会计研究 [M]. 北京：中国金融出版社，2007.

[2] 常勋. 国际会计研究 [M]. 北京：中国金融出版社，2005.

[3] 沈颖玲. 国际财务报告准则——阐释与应用 [M]. 上海：立信会计出版社，2007.

[4] 汪祥耀，邵毅平. 美国会计准则研究——从经济大萧条到全球金融危机 [M]. 上海：立信会计出版社，2010.

[5] 财政部. 企业会计准则2006 [M]. 北京：经济科学出版社，2006.

[6] 财政部. 企业会计准则——应用指南 [M]. 北京：中国财政经济出版社，2006.

[7] 财政部会计司编写组. 企业会计准则讲解2010 [M]. 北京：人民出版社，2010.

[8] 耿建新，杜美杰，续芹. 高级会计学 [M]. 北京：北京大学出版社，2009.

[9] 常勋. 高级财务会计 [M]. 沈阳：辽宁人民出版社，1995.

[10] 杜兴强. 高级财务会计 [M]. 厦门：厦门大学出版社，2007.

[11] 刘永泽，傅荣. 高级财务会计 [M]. 大连：东北财经大学出版社，2012.

[12] 耿建新，戴德明. 高级会计学 [M]. 北京：中国人民大学出版社，2016.

[13] 中国会计准则委员会. 国际财务报告准则2015 [M]. 中国财政经济出版社，2015.

[14] 冀锋昌，孙园园，孟宪胜，等. 财务会计理论研究 [M]. 北京：中国财政经济出版社，2016.

[15] 周华. 法律制度与会计规则——关于会计理论的反思 [M]. 中国人民大学出版社，2016.

[16] 天职国际会计师税务所（特殊普通合伙）专业技术委员会. 会计准则内在逻辑 [M]. 北京：中国财政经济出版社，2016.